Gesellschaft für Musikforschung Berlin, anouymous, anouymous

Publikation älterer praktischer und theoretischer Musikwerke des XV. und

XVI. Jahrhunderts

Gesellschaft für Musikforschung Berlin, anouymous, anouymous

Publikation älterer praktischer und theoretischer Musikwerke des XV. und XVI. Jahrhunderts

ISBN/EAN: 9783743413108

Hergestellt in Europa, USA, Kanada, Australien, Japan

Cover: Foto ©Thomas Meinert / pixelio.de

Manufactured and distributed by brebook publishing software (www.brebook.com)

Gesellschaft für Musikforschung Berlin, anouymous, anouymous

Publikation älterer praktischer und theoretischer Musikwerke des XV. und

XVI. Jahrhunderts

MICHAEL PRAETORIUS'
SYNTAGMA.

II. TEIL
VON DEN INSTRUMENTEN.

WOLFENBÜTTEL 1618.

NEUER ABDRUCK.

13. BAND
DER
PUBLIKATION
ÄLTERER PRAKTISCHER UND THEORETISCHER MUSIKWERKE
HERAUSGEGEBEN VON DER GESELLSCHAFT FÜR MUSIKFORSCHUNG
UNTER PROTECTION SR. KGL. HOHEIT DES PRINZEN
GEORG VON PREUSSEN.

BERLIN 1884.
T. TRAUTWEIN'SCHE KGL. HOF-BUCH- U. MUSIKHANDLUNG
W. LEIPZIGER-STRASSE 130.

Preis 10 Mark

SYNTAGMATIS MuSICI

MICHAELIS PRAETORII C.

TOMuS SECuNDuS

De

ORGANOGRAPHIA,

Darinnen

Aller Musicalischen Alten vnd Newen/ sowol Ausländischen / Barbarischen / Bäwrischen vnd vnbekandten / als Einheimischen /

Kunstreichen / Lieblichen vnd bekandten Instrumenten Nomenclatur,
Intonation vnnd Eigenschafft / sampt deroselben Justen
Abriß vnd eigentlicher Conterfeyung:

Dann auch

Der Alten vnnd Newen Orgeln

gewisse Beschreibung / Manual= vnnd Pedal Clavier / Blaßbälge /
Disposition vnd mancherley Art Stimmen / auch wie die Regal vnnd
Clavicymbel/ rein vnnd leicht zu stimmen : vnd was in vberliefferung einer Orgeln in acht zu nehmen sampt angehengtem
außfürlichem Register befindlichen:

Nicht allein Organisten / Instrumentisten / Orgel=
vnnd Instrumentmachern / sampt allen den Musis zugethanen gantz nützlich vnd nötig / sondern auch Philosophis, Philologis vnd Historicis sehr lustig vnnd
anmütig zu lesen.

❊❊❊

Gedruckt zu Wolffenbütttel / bey Elias Holwein Fürstl. Braunsch.
Buchtrucker vnnd Formschneider.

M. DC. XVIII.

ORGANOGRAPHIA

sind fünf Theil oder *Partes* begriffen:

Im I. Theil

wird *tractiret*

Instrumentorum Musicalium Nomenclatura:

Aller musicalischen Instrumenten, so zu unser jetzigen Zeit im Gebrauch, *Distribution* und Begriff in unterschiedenen Abtheilungen, sampt deroselben Namen oder Nennung mit beigesetzter *Tabell.*

Im II. Theil.

Intonatio & Proprietas:

Der Blasenden und Besaiteten Instrumenten mancherlei Stimmen, und deroselben Ton, nach ihrer Gröfse und Eigenschaft, möglicher Höhe und Tiefe zu erzwingen: In einer *Tabell* und beigefügter Erklärung.

Im III. Theil.

Historia Veterum Organorum:

Von der ersten *Invention* der alten Orgeln, ihrer *Disposition*, der Clavirn, Laden, Blasbälgen und was sonst mehr dazu gehörig: Auch wie das alles von einer Zeit zur andern vermehret und verbessert, und bis zum jetzigen Stande gebracht worden.

Im IV. Theil. [2. Bl. b.]

Historia Novorum:

Der neuen und unser jetzigen Orgeln Beschreibung, Eigenschaft und

1*

Disposition mancherleier Stimmen und was demselben mehr angehörig ist. Mit angehängter Form und Weise ein *Regal*, *Clavicymbel*, *Symphony* und dergleichen, an sich selbst recht und rein zu *accordiren* und einzustimmen.

NB. Censura Novorum Organorum.

Allhier wäre sehr nötig einen vollkommenen Bericht mit einzubringen: Wie und welcher gestalt eine neue Orgel recht *probiret*, *revidiret* und geliefert werden könne und solle: Damit manche Kirchen hinfürter nicht so jämmerlich berückt werden möchten: Vor Organisten und anfahende Orgelmacher hochnötig zu wissen. Dieweil es aber sich hieher allerdings nicht so gar wol schicken wollen: So ist solches in einem absonderlichen *Tractat* allbereit beim Drucker vorhanden.

Im V. Theil.
Dispositio Organorum:

Etliche *Dispositiones* und Verzeichnis aller Stimmen und Registern, so in den fürnembsten Orgeln Teutsches Landes gefunden werden.

Im VI. Theil.
SCIAGRAPHIA: oder Theatrum
Instrumentorum.

Eigentlicher Abriss und Abconterfeyung eines jeden Instruments Größe, Länge und Dicke, gar just nach dem Maßstabe gezeichnet und abgetheilet.

Allen *Organiſten*, *Inſtrumentiſten*, *Orgel-* und *Inſtrumentmachern*, und
denen die *Muſicam Inſtrumentalem*, nicht allein Teutscher sondern
auch anderer *Nationen*, *exerciren* und Liebhaben:

Vnschet der *Autor* neben gebürlichem Grufs, und nach Standes gebühr seiner Dienste, Glück, Segen und alle Wolfart: Und bittet dienst-
freundlich, es wolle ein jeder diese seine wolgemeinte Arbeit, welche er nicht mit geringer Mühe und Unkosten, sowol aus andern bewehrten
Schriften, *Relationibus*, als auch sonsten aus eigner fleifsiger Erforsch- und
Erfahrung zusammen bracht, im besten, und nicht dergestalt aufnemen
oder vermerken, ob wolte er diese Kunst zu gemeine machen, und vor
einen jeden deroselben Unwissenden Hümp und Stümpler in unser Teutschen Mutter sprach an tag geben. In mafsen ihme denn allbereit
solches von etlichen flachgelehrten Klüglingen zur ungebür beigemessen
und aufgerücket worden: All dieweil dieses ja keine *Sacra Veſtae*, oder
Matris Deorum, welche *prophanum vulgus*, wie der *Poët* redet, vorbei gehen
müssen; noch *Magiſterium Lapidis Philoſophici*, welches *Secretioris Philoſo-
phiae Authores* vor ein sonderlich *Myſterium* halten; noch *Speculum Arche-
typum*, daraus jetziger zeit die *Fratres Roſae Crucis* viele sachen sehen
und erfahren wollen: noch in der Natur verborgene *rationes* und ursachen,
warumb der *Nympharum Inſulae in Lydia* auf der Pfeiffen Ton sich vom
Erdreich ab, mitten in die See begeben und Kreutzweise sich bewegen,
als führeten sie einen Reigen, und hernach wieder an ihren Ort an den
Ufer kehren, welches *M. Varro*, als der es selbsten mit Augen angesehen
haben will, bezeuget.

Es weifs sich auch der *Autor* gar wol, ohn einiges erinnern zu bescheiden, dass er *Primum Tomum* in Lateinischer Sprach an Tag geben, deme denn billich die andern *Tomi* in gleicher Gestalt hätten folgen sollen, wo er nicht genugsame Ursachen gehabt hätte, diesen II. und auch III. *Tomum* in Teutscher Sprach zu *divulgiren*, weil eine jede Sprache nit allein ihre besondere *Idiomata* im reden, sondern auch absonderliche und eigene *Terminos* hat, welche   [3. Bl. b.] bei den jetzigen *Italis* und *Germanis* im gebrauch, nicht wol mit eigentlichen und deutlichen Lateinischen *dictionibus* und Wörtern *vertiret* werden können, und dahero die Rede vielmehr verdunkelter und unverstendlicher als deutlicher würde, bevorab, weil meistentheils *Orgel-* und *Instrumenten-macher*, *Organisten* und *Instrumentisten* der Lateinischen Sprach nicht kündig sein.

So hat der *Autor* in diesem, wie auch in allen andern seinen *Operibus* dahin gesehen, dass er mit seinem von Gott dem *HERRN* aus Gnaden ihme verliehenen *Talento* und Gaben, gemeinem Vaterlande Teutscher *Nation* dienen möchte, und der *Posteritet*, so kurtz denn auch noch diese zum Ende nahende vergängliche Welt stehen mag, zum Gedächtnis wolmeinend nach sich verlassen: Was nemblich vor unterschiedliche *Musicalische Instrumenta* zu dieser letzten noch übrigen zeit, GOTT Lob so wol in Kaiser, König, Chur und Fürstlichen Capellen, als anderen Kirchen zu Gottes Ehren und unserer Hertzen seliger aufmunterung im löblichen und stetigen gebrauch sein.

Zu wünschen wäre es wol, dass man, was eigentlich für *Musicalische Instrumenta* vor und zu *Davidis*, auch nach dessen zeiten, und wie ein jedes nach seiner Art eigentlich gestalt, gestimmet und beschaffen gewesen, jetziger zeit wissen und zum gebrauch haben könnte. Es ist aber solches leider in keinen *Antiquitäten* hinterlassen, daher uns denn der Alten *Musica Instrumentalis* so wenig, ja gantz und gar unbekannt blieben. — Man findet in etlichen *Bibliotheken* ein Buch *Anno Christi 1511* zu Basel in 4to getruckt,*) darinn etliche der Alten, sowol auch etliche der jetzigen *Instru-*

---

*) Seb. Virdung's Musica getutscht. Anmerkung des Herausgebers.

menta abgerissen: Aber es ist ein solches Werk so gar alt nicht, und kan noch darzu der abgerissenen *Inſtrumenten* gebrauch und eigenschaft nicht sonderlich daraus vernommen werden. [4. Bl. a.]

Derowegen verhoffet der *Autor,* vorgenannte *Zoili* werden sich eines andern und bessern bedenken: Und wenn sie betrachten, wie viel herrlicher Sachen und treffliche Künste von vornehmen *Medicis, Chirurgis, Mathematicis, Geometris, Pictoribus* und andern der Freien Künsten erfahrnen *publiciret* und an tag gegeben, damit der *poſteritet* merklichen gedienet worden: Auch seine wol und gemeinem Nutz zum besten gemeinte *labores* mit besserm Betracht und Nachdenken ansehen: Kann auch gern geschehen lassen, dass hiernächst andere und vortrefflichere Leute, welche sich viel Jahre in den *Antiquitäten* nicht allein der *Musicorum,* sondern auch *Historicorum* und *Philosophorum* ziemlich weit vmbgesehen, daher Ursach nehmen, diese schlechte *delineationes* und geringe Anleitung merklichen zu verbessern, auch deutlicher und vollkommener an tag zu bringen: Andern anfahenden aber will er hiemit zu fernerem nachforschen und nachdenken nur ein wenig anlass gegeben haben; und dofern er ja in einem oder andern sowol in seinen Ersten als diesen jetzigen *Operibus halluciniret* oder geirret, zu viel oder zu wenig gesetzt oder geschrieben hätte: So zweifelt er nicht, es werden vernünftige aufrichtige Hertzen, die nicht aus *affecten,* Hass, Neid (oder Missgunst) so sie etwa zu seiner Person ohn Ursach und unverschuldet tragen möchten, urtheilen und *judiciren,* sondern alles im besten verstehen und aufnehmen, auch darbei betrachten, dass ihme wegen des vielen hin- und herwiederreisens, Leibes schwachheit und anderer grofsen Beschwerung, Unruh und andern unsäglichen verhindernüssen, unmüglich alle Dinge ebenso genau auf die Goldwage zu legen: Welches die jenigen, so sonsten nichts gedenken, als wie sie einem ehrlichen Mann ein Makel anhängen mögen, und allein das, was sie thun, für Köstlich und Rühmlich achten und halten, billich thun sollten: Damit ihnen nicht vorgeworfen werden möchte, das Alte *Proverbium: Hic Rhodus, hic salta.* Welches er doch dahin gestellt sein lassen und gedenken muss, *Ne Jovem quidem, sive se-* [4. Bl. b.]

sive plurium, omnibus placere posse. Will sich aber hiemit in aller
afenen ufrichtigen *Musicorum & Musices amantium benevolentz* und
um besten anbefohlen, und darneben seines theils zu allen müg-
Diensten, so lang ihm der liebe GOtt das Leben gönnet, nach ge-
erboten haben *Valete.*

um. Wulffenbüttel, am Sonntage *Palmarum:* im Jahr Christi:
o ChrIste seI DV Vns sVnDern gneDIg.

V.

Michaël Praetorius C.

ERSTER THEIL

Dieses

TOMI SECUNDI.

Von der Musicalischen Instrumenten, (so jetziger zeit im brauch) *general* oder gemeinen Beschreibung: Und dann auch von derselben Namen, Abteilung und vollkomlichen unterscheid.

I.

Was die Beschreibung der Musicalischen Instrumenten anlangen thut, so werden sie beschrieben, dass es sein Kunstreiche Werke vornehmer und tiefsinniger Künstler, welche dieselbe aus fleifsigem nachdenken und embsiger übung erfunden, aus tüchtiger Materie zubereitet, und mit eigentlichen und *proportionirten* Figuren aus der Kunst *cformiret,* durch welche sie eine schöne *harmoniam* oder wollautende zusammenstimmung von sich geben, und zu ausbreitung Göttlicher Ehre, auch zu der Menschen rechtmäfsigen und geziemenden Wollust und Ergötzungen gebraucht werden.

II.

Was aber die Abtheilung solcher Musicalischen Instrumenten belangt, so kann man dieselben von einander füglich nicht unterscheiden, als nach ihrem Ton und Klang.

Erstlich, *quo ad qualitativam generationem,* wie nemlich und mit was bewegung der Instrument und Menschlichen Glieder derselbe Schall und Klang verursacht wird.

Zum Andern, *quo ad quantitativam mensurationem,* wenn wir der Instrumenten Schall und Ton, nachdem er lange wehret, oder hoch und niedrig kann gebracht werden, betrachten.

III.

Belangend nun der Musicalischen Instrumenten Ton oder Anstimmung, *quo ad qualitativam generationem:* so sein etliche Instrument, welche durch [2] die Luft klingend und tönend gemacht werden: Wenn nemblich die Luft in die kunstreiche gänge derselben geleitet wird, und sie dadurch einen wolklingenden schall von sich geben: Und werden genandt *Instrumenta* ἐμπνευστα, einblasende oder anblasende Instrumenta.

IV.

Es ist aber hierunter noch ein unterscheid: denn etliche durch hülfe der natürlichen Luft klingend gemacht werden; etliche aber werden durch den menschlichen Athem angeblasen.

V.

Der ersten art sein die Instrumenta, welche, wenn der Wind oder die Luft durch aufziehen der Blasebälge in die Pfeiffen gelassen wird, durch schlagen der Clavir zum schall oder klang verursachet werden: Als,

Organum pneumaticum, die Orgel.

Positivum, Positiv.

Organum portatile, ein Positiv, welches im Tragen kann geschlagen werden.

Regale, ein Regal.

Und diese könnte man pfeiffende Instrumenta nennen.

VI.

Welche aber durch den menschlichen Athem angeblasen werden, die nennet man *Inflatilia,* blasende Instrumenta. Und derselben sein etliche, die allein mit dem Munde angeblasen und *intonirt* werden, ohn einiges bewegen des Instrumentes; als da ist,

Tuba, ein Trommeten.

Etliche aber werden über das einblasen des menschlichen Athems zugleich mit den Händen gezogen, oder mit Fingern geregirt, und haben entweder keine Löcher, als,

Buccina seu Trombone, die Posaune.

da mit der einen Hand aber auch mit einem Griff die unterste Röhren oder Züge bald aus- bald eingezogen werden müssen.

Etliche aber haben Löcher, welche, wenn man drin bläset, mit den Fingern bald zugedruckt, bald wiederumb offen gelassen werden, nachdem der Ton im Gesang solches erfordern thut.

VII.

Diese Instrumente, welche Löcher haben, seindt abermal dreierley. Die ersten [3] haben die Löcher allein vornen, die andern haben sie vornen und hinten, die dritten haben dieselben vornen, hinten und an den seiten.

VIII.

Was die ersten anlanget, welche vornen allein und hinten keine Daumenlöcher haben, so sind dieselben noch zweierley arten: denn etliche haben darbei einen Sack anhängend, als da ist,

Tibia utricularis, Schaforgel oder Schäferpfeiffe.

Etliche aber haben keinen, als,

Fiffari, Tibia transversa vel Traversa, Querflöte, Querpfeiffe.

Lituus, Schallmeye.

Piffari, kleine Alt Bombarten.

IX.

Der ander Art Instrumenten, welche nemlich ihre Löcher vornen und hinten haben, sind diese:

Cornu, Cornetto, Cornet, ein schwarzer krummer Zinck.

Cornamuti, ein gelber und gerader Zinck.

Cornamuse, Krumbhörner.
Tibia, Fistula, Flauti, ein Flöte oder Plockpfeiffe.
Fagotti, Dolsaine, Dulcian, Fagott.
Bombyces, Grofse Bass und andere Pommern.
Bassanelli & caeterae tibiae utriculares, als Bock, Hümmelchen,
Dudey, etc.

X.

Zum dritten, welche vornen, hinten und darneben, auch an den seiten
löcher haben, und mit den Ballen an Händen zugedrücket werden, sind
diese:

Rackette, Sordunen, Doppionen, Schryari, Schreyerpfeiffen.

XI

Und dieses seind also die ἔμπνευστα, *Inflata,* pfeiffende Instrument.
Nun folgen, welche ἄπνευστα und sonderlich κρουστὰ *percussa,* klopfende Instrument genennet werden.

Und seind diese, welche mit sonderlichen Höltzern oder andern Sachen
geklopft werden; und diese werden wiederumb unterschieden, denn etliche
haben keine Saiten, ἄχορδα, etliche aber haben Saiten, ἔγχορδα.

XII.   [4]

Welche keine Saiten haben, dieselbe werden allein durch schlagen
oder klopfen klingend und tönend gemacht: Und solches geschieht,
1. Durch eiserne oder höltzerne Schlägel oder Stöcklein, als da sein:

Tympanum, eine Pauke, Trummel.
Crepitaculum, ein Triangel.
Clavitympana, die Strohfiedel.

2. Durch Klöppel oder Kügelchen, als,

Campanae, Glocken.
Tintinnabula, Glöcklein.
Cymbala, Cymbeln.

Sistra, Röllichen.
Nolae, Schellichen.

XIII.

Die Instrumente, welche ἔγχορδα, *Fidicinia*, Saiten- oder besaitete Instrumenta genannt werden; derselben haben etliche Gedärmsaiten, aus den Därmen der Thiere und sonderlich der Schafe gemacht; etliche aber haben Ertzsaiten, aus Stahl, Silber, Eisen, Messing oder andern Materien zubereitet.

XIV.

Welche nun Gedärmsaiten haben, dieselbe geben einen lieblichen *Concent* von sich, in dem 1. Etliche allein mit den Fingern gegriffen und *moderiret* werden, als:

Testudo, Chelys, Laute.

Theorba, ist wie ein grofs Basslaute,

welches Instruments Beschreibung und *delineation* im andern Theil dieses *Tomi Secundi Syntagmatis Musici* zu finden.

Quinterna, Quintern.

Arpa, Psalterium, ein Harfe.

2. Etliche aber werden zugleich mit einem Härnen Bogen berührt und gestrichen: Als sein,

Lyra, Lyroni, Italienische Lyra.

Arci-violate lyre, grofse Lyra.

Viole de Gamba, Violn de Gamba.

Violino, Rebeckino, Fides, Fidicula, kleine Geigen, sonst *Viol de bracio* genannt. *Viol Bastarda*.

Chorus seu Tympanischiza, ein Trumscheid. [5]

Difs ist ein Instrument ziemlicher Lenge, fast wie ein Balcken, auf welchem die vier Saiten mit einem Bogen werden angestimmet, und gibt einen Resonantz, gleich als wenns vier Trommeten wären und Clarien mit eingeblasen würden. Davon auch im 2. Theil.

3. Ist noch ein Instrument, an welchem zugleich die Clavier ge-

schlagen und die Saiten mit einem Rade, anstadt des Bogens, erreget werden, nemlich:

Lyra Rustica, seu pagana, ein gemeine Lyra.

XV.

Diese Instrumenta, welche jetzt erzählet, haben (wie gesaget) Darmsaiten. Nun folgen welche mit Ertzsaiten (aus Silber, Eisen, Stahl oder Messing gezogen) bezogen werden. Und werden dieselbige klingend gemacht oder geschlagen,

1. Nur mit den blofsen Fingern, als,

Pandora, Penorcon, Orpheoreon, Harpa Irlandica, Irländische Harfe.

2. Etliche aber mit einem Federkielchen, als da ist:

Cithara, die Cither.

3. In etlichen werden die Saiten mit Raben-Federn, so in die hölzerne Tangenten eingefügt, angeschlagen, als da sein:

Instrumentum specialiter sic dictum, Virginale, Spinetta, Clavicymbalum, Clavicytherium, ein Instrument:

Arpichordum, Clavichordium.

4. Etliche aber mit hölzen Klöppeln *intoniret,* als:

Sambuca, Barbytus, ein Hackebrett.

XVI.

Und alle diese bisher erzählte Instrumenta können *prima* genennet werden, zum unterscheid der nachfolgenden, welche als *à primis orta* aus den vorhergehenden gleichsam zusammengesetzt sein, als da ist:

1. *Claviorganum,* welches ein Instrument ist, da nicht allein die Pfeiffen durch die Blasebälge, sondern auch die Saiten durch die Federkielchen mit anschlagen, der Clavierstimmen klingend gemacht werden, und also einen lieblichen schall von sich geben.

2. *Crembalum,* ein Brummeisen, zu welchem, wenn es sol törend gemacht werden, der menschliche Athem, gleich wie in den andern blasenden Instrumenten, auch helfen, und zugleich mit eim Finger geschlagen werden

muss. Und auf solche weise könnten diese Instrumenten, *Mixta* oder ver-
mischt genennet werden.

XVII. [6]

Und difs ist also die Betrachtung des Klangs oder Tons der musicalischen Instrumenten, *quo ad qualitativam generationem*, wie und was gestalt derselbige ins Werk gesetzet und verursachet wird.

Ferner müssen wir auch eben denselben Klang oder Ton betrachten,
quo ad quantitativam mensurationem, nach der Abmessung desselben.

Und dasselbe 1. *respectu longitudinis*, ob derselbe Ton lange währe
und bestendig sei oder nicht. 2. *respectu latitudinis*, welche Instrumenta
alle Stimmen und *Tonos imitiren*, *repraesentiren* und an Tag geben können:
Welche aber nur etliche Stimmen von sich lauten lassen, und welche nur
einen Ton von sich geben. 3. *respectu profunditatis vel elevationis &
depressionis*, welche Instrumente über ihren natürlichen Ton können gezwungen und gebracht werden, welche aber nicht.

XVIII.

Betrachtend nun erstlich der musicalischen Instrumenten Ton *respectu longitudinis*, so befinden wir, dass 1. etliche Instrumenta ihren Ton
beständig behalten, und denselben nicht leichtlich ändern, ob sie gleich
stetig und täglich geschlagen und gebraucht werden: Als da sein alle die,
welche wir haben kloppende und schlagende Instrumenten genannt, und
hernach auch etliche pfeiffende Instrumente, als *Organum*, ein Orgel und
Positiv.

2. In etlichen aber wird der Ton gar leichtlichen und oft verändert
und verstimmet: Als da ist unter den blasenden Instrumenten, welche mit
dem Munde angeblasen werden, *Tibia utricularis*, die Sackpfeiffe, und fast
alle besaitete Instrumenta, welche entweder mit Ertzsaiten bezogen werden,
als *Cithara*, *Pandura*, *Penorcon*, *Orpheoreon*, *Arpa*, *Hybernica*: Oder mit
Darmsaiten, als *Arpa communis*, ein gemeine Harfe; *Testudo*, Laute; *Theorba*, *viole*, *violini*, Geigen, Lyra etc. Wiewol sich die mit Darmsaiten

bezogene Instrumenta noch viel eher verstimmen, als die mit Ertzsaiten, weil sich jene viel leichter und eher (nach dem das Wetter ist) ausdehnen oder zusammenziehen, als die Stählene und Messings-Seiten, und derowegen desto eher wandelbar werden.

3. Etliche aber die sehen ins mittel, welche nicht einen so gar beständigen Ton behalten, wie die ersten, anch nicht so gar leichtlichen verrücket werden, wie die andern; als da ist, *Tympanum*, ein Trummel, *Regale, Clavichordium, Clavicymbalum, Spinetta.*

XIX.

Zum Andern, wenn wir der musicalischen Instrumenten Ton und Klang be-   [7]
sehen, *respectu latitudinis*, wie viel Ton oder Stimmen ein jedes Instrument von sich geben, so seind

1. Etliche Instrumenta πάντονα, *Omnivoca vel omnisona,* vollstimmige Instrument, welche alle Stimmen eines jeden Gesanges *repraesentiren* und zuwege bringen können, oder wie man sonsten zu reden pflegt, die al'e Partheien machen, und von mir Fundament Instrumenta, weil sie zum Fundament mit einer Stimm und sonsten allein darin zu singen und zu klingen gebaut werden müssen: Als die Orgel, Regal, *Clavicymbel, Virginal, Laute,* Harfe, Doppel-Cither, Pandor, *Penorcon,* und dergleichen.

2. Etliche aber sein πολίτονα, vielstimmig, *Multi* {*voca,* *sona,* die nicht alle, sondern nur etliche Stimmen von sich geben, als *Cithara parva, et Lyra parva de bracio,* und *Lyra de gamba.*

3. Etliche sein μονότονα, uni {*voca,* *sona,* einstimmig, welche nur mit einer Stimme dem Harmonischen *concent* zuhülfe kommen: Als da sein alle die Instrumente, welche mit dem Munde angeblasen werden, als, Posaunen, Zinken, Flöten, Schalmeyen und dergleichen. Wie auch etliche besaitete Instrument, als Geigen und dergleichen. Und in *Tertio Tomo, Ornament Instrumenta* genennet werden.

XX.

Endlich und vors dritte, wenn wir den Ton und Klang der Instrumenten betrachten *respectu profunditatis*, oder ἄρσιν καὶ θέσιν, wie die *Musici* sonsten zu reden pflegen: welche Instrument am Ton niedrig und hoch können gezogen oder gezwungen werden: Nemlich,

1. Etliche Instrument, welche nicht leichtlich über ihren natürlichen Ton können gezwungen und gebracht werden. Als da sein, alle Besaitete und Klopfende, wie auch etliche Blasende, und sonderlich die pfeiffende Instrumenta.

2. So können etliche Instrumenta, nach dem ein berühmbter erfahrner Künstler und *Musicus* drüber kömpt, durch hülf der Lippen mit dem Munde und Winde nachzugeben, umb etwas höher und tiefer gar wol gebracht werden, wie folgendes von einem jeden Instrument insonderheit weitleufiger jetzo allhier wird gehandelt werden.

Allhier solte nun auch ein sonderlich *Tabel* aller Instrumenten vorhanden sein: Dieweil sichs aber im Teutschen nicht so gar wol schicken wöllen, so sind vier unter-   [8]
schiedene *Synopses* und *Tabellen in fine Partis Secundae Tomi Primi* zu finden: Welche hieher *referirt* werden können.

Und ob nun zwar die Instrumenta, wie daselbsten angezeigt, uff mancherlei weise zu unterscheiden seind, so wollen wir doch dieselbe allhier nur in zweierlei Arten allein *distribuiren* und abtheilen: als nemlich:

In Inflatilia seu Tibicinia; & Fidicinia:

In blasende und besaitete Instrumenta.

Italis: Instrumenta da Fiato; & da Chorde.

Darvon dann im nachfolgenden Andern Theil wird *tractirt* werden.

ANDER THEIL

Dieses

TOMI SECUNDI.

Der Blasenden und Besaiteten Instrumenten
mancherlei Stimmen, und deroselben Ton, nach ihrer
gröfse und eigenschaft müglicher Höhe und Tiefe
zu erzwingen.

Darinnen

1. Wie die Wörter, Instrument und Instrumentist, *Accord, Sorten* und Falsetstimmen, in Pfeiffen und andern Instrumenten zu verstehen sein.

2. Vom rechten Ton der Orgeln und anderer Instrumenten, auch der Menschen Stimm: Und vom unterscheidt des Chor- und Cammer-Tons.

3. Universal Tabel, darinnen die *Claves signatae*, die *Claves in Scala Tabulaturae*, die Namen und Zahl der Füfse, nach Orgelmacherart, uff allen Instrumenten zu finden.

4. Bericht, wovon eigentlich die *Tabella tractire* und handele.

NB. Allhier aber halte ich nicht unnötig, noch eine andere Tabel zu *adjungiren;* darinnen alle Instrumenta, wovon in den nachfolgenden vier und viertzig Capiteln gehandelt wird, ordentlich begriffen werden.

Die Musicalischen Instrumenta werden in zweierlei Arten abgetheilt: Nemblich in

I. Blasende, so mit dem Munde durch den Athem geblasen werden. Entweder auf einem

- Sonderbaren Mundstück, als die
  - 5. Posaunen.
  - 6. Trommet.
  - 7. 8. Flöten allerlei Art.
  - 9. Zincken.

- Oder auf eim Rohre, und daher beröhrte *Instrumenta* genennet werden.
  - 10. Pommern und Schalmeien.
  - 11. *Fagotten. Dolcianen.*
  - 12. 13. *Sordunen. Doppionen.*
  - 14. Raketen.
  - 15. Krumbh. 16. *Cornae Muse.*
  - 17. *Bassanelli.* 18. Schryari.
  - 19. Sackpfeiffen allerlei Art.

II. Besaitete, so mit Saiten bezogen werden. Und gemacht sein entweder von

- Gedärme, die man sonsten Geigen oder Lauten-Saiten nennet, als
  - 20. Violen de Gamba: Violen ⎫
  - 21. *Viol Bastarda* 48. ⎬ Violnart.
  - 22. *Violen de Bracio,* Geigen ⎭
  - 23. Lyra
  - 24. Laute
  - 25. *Theorba* ⎫
  - 26. *Quinterna* ⎬ Lauten art.
  - 27. Bandürichen
  - 32. Harff ⎭
  - 28. *Bandoer* ⎫
  - 29. *Penorcon* ⎬ Cithern art.
  - 30. *Orpheorcon*
  - 31. *Cithara* ⎭
  - 33. Scheitholtz.
  - 34. Trumscheidt.
  - 35. *Monochordum.*

- Ertz, Mess und Eisen: Die man sonsten Messings und Stälerne oder Instrument-Saiten nennet, als
  - 36. *Clavichordium* ⎫
  - 37. *Symphony*
  - 38. *Spinetta*
  - 39. 40. *Clavicymbalum* ⎬ Instrumenienart.
  - 41. *Clavicytherium*
  - 42. *Clavi Organum*
  - 43. *Arpi Cordum*
  - 44. Geigenwerck ⎭

Im 45. Cap. wird vom Regal; ⎫
Im 46. Von der alten, und noch etlichen andern Instrumenten ⎬ gehandelt.
Im 47. und im 3. und 4. Theil von alten und neuen Orgeln ⎭

Die fürnemblich mit Geigen Saiten bisweilen | Geigen. *Theorba.*
aber auch mit Instrument Saiten bezogen werden | Laute. Harff.

2*

Das I. Capitel.

Wie die Wörter Instrument und Instrumentist, *Accort, Sorten,
Falset* Stimmen, in Pfeiffen und andern Instrumenten, zu
verstehen sein.

Allen Irrthumb, der aus ungleichem gebrauch der Wörter, *Instrumentis!*
und *Instrumenta*, herrühren möchte zu vermeiden, ist allhier erstlich
zu wissen; dass obwohl von dem gemeinen Manne das Wort oder der
Name *Instrumenti*, gar *Specialiter* (als nemlich, von eim *Clavicymbel, Symphony, Spinet, Virginal* und dergleichen; so wol auch der Name *Instrumentist,*
allein von einem, der auf eim solchem vorgedachtem *Clavicymbel* oder
Symphony schlagen, und wie es in den Niederlanden genennet wird, spielen
kan) verstanden und ausgesprochen wird: So kan doch solches nicht
passiren, und ist unrecht.

Denn weil das *nomen INSTRUMENTI* gar *generale*, und auf alle *Instrumenta musicalia, praesertim univoca*, oder *Ornament Instrumenta*, wie
sie in *Tomo tertio* genennet, als da sind Zinken, Posaunen, Flöten, Geigen
und wie die andern alle Namen haben mögen, *referiret* und gezogen werden muss; so kann es also eng nicht gespannet, noch in *specie* auf ein
einiges *Instrumentum Omnivocum* allein *referiret* werden. Und daher muss
man auch diejenigen, die da auf der *Symphony* oder *Clavicymbel* spielen
können, nicht in gemein *Instrumentisten*, sondern *ad differentiam* Organisten
nennen.

Und ob zwar die Orgel (wegen ihrer fürtrefflichkeit, und dass, wie im
1. Punct des folgenden *Tractats* von alten Orgeln weitläufiger bericht zu
finden, fast alle andere *Instrumenta Musicalia* in derselben begriffen werden)
Organum, oder ein *Instrumentum* aller *Instrumenten* genennet wird. So
will sich doch solches allhier mit dem Wort *Instrument* nicht also thun
lassen: Weil es dergestaldt eine grofse *Confusion* und Unrichtigkeit geben
würde. Sintemal bei allen Kayser- König- Chur- und Fürstlichen Capellen

alle diejenige, welche auf den *Instrumentis univocis*, (das ist, auf den ein fachen Instrumenten, die nur eine Stimme haben und führen, es sein nun blasende oder besaitete, Zinken oder Geigen etc.) entweder auf allerlei oder nur auf etlich wenigen ihre Partei machen können, mit diesem Namen *Instrumentisten*, welche aber zur Orgel, Regal und *Symphonien* bestellet sein, Organisten genennet werden. In *Italia* werden die, so durchaus auf allen *Musicalischen Instrumenten* so wol *omnivocis* als *univocis*, das ihrige *practiciren* und *praestiren* können, *universal* genennet, derselben aber gar wenig gefunden [12] werden. Sintemal ein *Artifex* dero Orter sich vielmehr dahin bemühet, dass er auf einen einigen, oder ja zum meisten, auf zweierlei *Instrumenten* etwas rechtschaffenes *praestiren*, vor andern *singular* sein und *excelliren* möge: als dass von ihm solte gesagt werden, *ex omnibus aliquid, de toto nihil,* welches sonsten bei uns Teutschen gar gemein ist.

Ein *Accort*, ist ein ganz Stimmwerk von Pfeiffen, Fagotten und andern Instrumenten, do vom untersten Bass und der gröfsten Pfeiffen an, immer eine nach der ander, bis zur kleinsten Discant Pfeiffen folget.

Sorten aber ist nur eine einige Art von Pfeiffen in demselben *Accort*, wie dieselbe in der Tabel, so nachm 4. Cap. gesetzet, eigentlicher zu erkennen sein.

Falset-Stimme in einer Pfeiffen und andern Instrumenten wird genennet, was über eines jeden blasenden Instruments natürlicher Höhe oder Tiefe, von eim guten Meister zu wege bracht, und heraus gezwungen werden kan.

Ein Accort oder Stimmwerk von Instrumenten, hält in sich etliche unterschiedliche Sorten: Nemlich

Und gehören also zu einem ganzen Accort:

Sorten	Instrument	Stimme	Zahl	Summe
1. Dreierlei Sorten, die	Querflöten	Discant.	2	} 8 Querflöten.
		Alt. Tenor.	4	
		Bass.	2	
	Doppioni Bassanelli	Discant.	2	} 6 Bassanelli.
		Alt. Tenor.	3	
		Bass.	1	
2. Viererlei	Posaunen	Alt-Posaun.	1	} 8 Posaunen.
		Gemeine rechte Posaune.	4	
		Quart Posaun.	2	
		Octav Posaun.	1	
	Raket	Cantus.	2	} 7 Raket.
		Alt. Tenor.	3	
		Bass.	1	
		Grofs Bass.	1	
	Schryari	Discant.	1	
		Fagott piccolo.	2	} 8 Fagott.
	Fagotten Sordunen	Chorist Fagott.	3	
		Doppel Fagott { Quart F.	1	
		Quint F.	1	
		Klein Discant Exilent.	1	
3. Fünferlei	Krummhörner	Discant.	2	} 9 Krumbhörner.
		Alt. Tenor.	3	
		Bass.	2	
		Grofs Bass.	1	
	Corna Muse	Discant.	1	} 6 *Corna Muse.*
		Alt.	1	
		Alt. Tenor.	1	
		Tenor.	2	
		Bass.	1	
4. Siebenerlei Pommern		Gar klein Schalmey.	1	} 13 Pommer und Schalmeien.
		Schalmey.	2	
		Klein Alt Pommer.	3	
		Grofs Alt Pommer.	2	
		*)Baffet oder Tenor Pomm.	2	
		Bass Pommer.	2	
		Grofs Bass Pommer.	1	
5. Achterlei Blockflöten		Gar klein Exilent.	2	} 21 Blockflöten.
		Discant, quart nidrer.	2	
		Discant, quint nidrer.	2	
		Alt Flöten	4	
		Tenor Flöten.	4	
		Basset Flöten.	4	
		Bass Flöte.	2	
		Grofs Bass Flöte.	1	

Das II. Capitel.

Vom rechten Ton der Orgeln und anderer Instrumenten,

und wie derselbe bald höher, bald tiefer in unterschiedenen Ländern und Ortern gebraucht: Item, was zwischen dem Chor- und Cammer-Ton vor unterscheid sei: Auch wie hoch und tief die Menschen Stimme erhaben und gebracht werden könne.

ES soll aber nun billig nicht allein ein *Instrumentalis Musicus*, sondern auch ein jeder *Componist* und Capellmeister wissen, wie hoch und nidrig ein jedes *Instrumentum Musicum*, so wol die blasende, als besaitete *Instrumenta* gezwungen und gebraucht werden können, darnach man sich im *Componiren* und sonsten zu richten. Denn ein *Componist* muss mit fleiſs zusehen, dass er durch seine *Composition* das *Instrument* nicht höher, als es von Natur zu thun vermag, treibe, sonsten muss nothwendig ein *humana vox*, dass eins dem andern helfen kann, dabei gestellet werden, welches sonsten nicht vonnöten.

Ebener maſsen ist auch einem jeden Organisten, eine Stimme von der ander in der Orgel zu unterscheiden, zu wissen vonnöten, und sonderlich, was da sei, 1½, 2, 3, 4, 6, 8, 12, 16, 24, 32 Fuſs am *Tono*, damit man sich in veränderung der Stimmen darnach zu richten habe.

Ob nun wol ihrer viele, mehr und bessere Wissenschaft, als ich selbsten hierumb haben mögen, so habe ich doch umb etlicher dieser Dinge ungeübten willen, die dasselbe zum oftern an mich begehret, etwas darvon zu mehrerem nachdenken allhier aufzuzeichnen mich nicht weigern sollen noch wollen.

Und ist anfangs zu wissen, dass der Ton sowol in Orgeln, als andern *Instrumentis Musicis* oft sehr *variire;* dann weil bei den Alten das *concertiren* und mit allerhand *Instrumenten* zugleich in einander zu *musiciren* nicht gebräuchlich gewesen, sind die blasende *Instrumenta* von den Instrumentmachern sehr unterschiedlich, eins hoch, das andere niedrig *intonirt* und gemacht worden. Dann je höher ein *Instrumentum in suo modo & genere*, als Zinken, Schalmeyen und Discant Geigen *intonirt* sein, je frischer sie lauten und *resoniren:* Hergegen, je tiefer die Posaunen, *Fagotten*,

Bassanelli, *Bombardoni* und Bassgeigen gestimbt sein, je gravitetischer und prechtiger sie einher prangen. Dahero es denn einem *Musico*, wenn die Orgeln, Positive, *Clavicymbel* und andere blasende *Instrumenta* nicht zugleich in einem und rechten Ton stehen, viel Mühe machet.

Es ist aber der Chor-Ton bei den Alten anfangs umb einen Ton niedriger und tiefer gewesen, als jetzo, welches dann an den alten Orgeln und andern blasenden   [15] *Instrumenten* noch zu befinden: Und hernacher von Jahren zu Jahren so weit erhöhet worden, als er jetzo in *Italia* und Engellandt, auch in den Fürstlichen Capellen Deutsches Landes im gebrauch ist. Wiewol der Englische Ton an Instrumenten noch umb etwas, doch ein gar geringes, niedriger ist, welches an ihren Zinken, Schalmeyen oder Hoboyen (wie sie es nennen) so daselbst gefertiget werden, zu vernehmen.

Es seind aber etliche gewesen, welche diesen jetzigen unsern Ton noch umb ein *Semitonium* zu erhöhen, sich unterstehen wollen. Welches, obs mir zu *corrigiren* zwar nicht gebüret, so ist jedoch meines ermessens solche Höhe den *Cantoribus vocalis Musicae,* sonderlich den Altisten und Tenoristen sehr unbequem, und oftmals fast unmüglich zu erreichen. Darumb man es billich bei dem vorgesagten *Tono* bleiben lassen möchte; weil derselbige ohne das nicht allein vor die *Vocalisten*, sondern auch vor die *Instrumentisten* bei den Besaiteten *Instrumenten,* als *Violini de Braccio* und *Violen de Gamba,* auch Lauten, Pandoren und dergleichen, zum oftern zu hoch befunden wird: Denn es ausbündige Saiten sein müssen, die solche Höhe erleiden können. Daher kömpts dann, wenn man mitten im Gesang ist, da schnappen die *Quinten* dahin, und liegt im Dr. Darmit nun die Saiten desto besser gestimbt bleiben können, so müssen solche und dergleichen besaitete *Instrumenta* gemeinlich umb ein Ton tiefer gestimmet, und alsdann notwendig mit den andern Instrumenten, auch umb ein *Secund* tiefer *musicirt* werden. Welches zwar den unerfahrnen *Musicis Instrumentalibus* schwer vorkömpt, den *Vocalibus* und Sängern aber an hrer Stimme, umb einen Ton niedriger zu *musiciren*, sehr viel hilft.

Darumb lass ich mir den Unterscheidt, da man zu Prag und etlichen andern Catholischen Capellen, den Ton im Chor-Ton und Cammer-Ton abtheilet, aus dermafsen sehr wol gefallen. Denn daselbsten wird der jetzige gewöhnliche Ton, nach welchem nunmehr fast alle unsere Orgeln gestimmet werden, Cammer-Ton genennet, und allein vor der Tafel und in *Convivijs* zur fröligkeit gebraucht; welches dann vor *Instrumentisten*, wegen der Blasenden, so wol auch Besaiteten Instrumenten, am bequemsten.

Der Chor-Ton aber, welcher umb einen ganzen Ton tiefer ist, wird allein in der Kirchen gebraucht: Und dasselbe erstlich, umb der *Vocalisten* willen, damit dieselbige, weil auf ihnen die gröfseste und meiste müh in der Kirchen (sonderlich in Catholischen Capellen, da das singen, wegen der vielen Psalmen und sonsten lang währet) beruhet, mit ihrer Stimme desto besser fort kommen, und nicht so bald, wegen der Höhe, heischer (heiser) werden mügen. Zum andern, dass auch die Menschen-Stimme, wenn sie im Mittel und etwas tief herein gehet, viel anmutiger und lieblicher anzuhören, als wenn sie in der Höhe, über vermügen oben hinaus rufen und schreien muss. Darumb [16] dann *propter alias etiam multifarias commoditates, suavitatem singularem et concentus bene susceptos* nicht übel gethan wäre, dass alle Orgeln um einen Ton, oder *Secund* tiefer gestimmet und gesetzet sein möchten: Welches aber nunmehr in unsern Deutschen Landen zu ändern ganz unmüglich, und demnach bei dem gewönlichen Cammerton (welcher jetziger zeit an den meisten Ortern Chor-Ton genennet, und dafür gehalten wird) wol verbleiben muss.

In Engellandt haben vorzeiten, und in den Niederlanden noch anjetzo ihre meiste blasende *Instrumenta* umb eine *tertiam minorem* tiefer, als jetzo unser Cammerton, *intoniret* und gestimbt, also dass ihr *F* ist im Cammer-Ton unser *D* und ihr *G* unser *E*. Wie dann auch der vortreffliche Instrumentmacher zu Antorff *Johannes Bossus* die meisten *Clavicymbeln* und *Symphonien*, auch darein gemachte Pfeiffwerke, in demselbigen *Tono in* *toniret* und gestimmet.

Und ist zwar nicht ohne, dass man in diesem Ton den *Clavicymbeln* (wie verständige Instrumentmacher wissen) ein lieblichern und anmutigern

Resonantz geben und zuwenden kann, mehr, als wenn man sie nach dem Cammer-Ton abtheilet; wie denn auch die Flöten und andere *Instrumenta* in solchem niedern Ton lieblicher, als im rechten Ton lauten, und fast gar eine andere art im Gehör (sintemal sie in der Tiefe nicht so hart schreien) mit sich bringen.

Aber solche *Instrumenta* sind in voller *Music* zu gebrauchen gar unbequem; und wird man nunmehr alleine bei vorgedachten beiden, als Chor- und Cammer-Ton verbleiben müssen.

Wiewol auch in *Italia* und andern Catholischen Capellen Deutsches Landes jetzt gedachter niedriger Ton in *tertia inferiore* gar sehr im gebrauch: Sintemal etliche *Itali* an dem hohen singen, wie nicht unbillich, kein gefallen, vermeinen es habe keine art, könne auch der *Text* nicht recht wol vernommen werden, man krähete, schreie und singe in der Höhe gleich wie die Grasemägde. Daher auch bisweilen im brauch, dass sie *Hypojonicum Modum* aufsm *C*, wenn derselbe *per quintam* ins *F transponiret* wird, noch umb eine Terz tiefer aufsm *D* mit Orgeln, Positiven und beigeordneten Instrumenten *musiciren:* Ungeachtet dieser *Modus* fast besser als der andern einer, ohne fernere *transposition, humanis vocibus musicirt* werden könnte, so wird doch solches einzig und allein umb der *Vocalisten* und Sänger willen also angestellet. Gleicher gestalt wird auch *Hypodorius* umb eine Terz niedriger aufsm *E musiciret.* Welche und dergleichen *Transpositiones* einem Organisten sowol, als andern *Instrumentisten* anfangs zwar etwas sauer und widerlich ankömpt: Aber wenn einer sich nur der Mühe nicht verdriefsen lässt, sondern mit fleifs ein zeitlang .   [17]
sich darinnen *exerciret* und übet, so ist und wird es ihm gar leicht, ja gleichsamb eine Lust zu *practiciren* und *praestiren.*

Wann nun aber der jetziger zeit gewöhnliche Cammer-Ton, vom Orgelmacher einer Orgel gegeben, und das ganze Werk darnach gestimmet wird, so ist mehrentheils in Orgeln, die nicht gar zu gering und klein angestellet werden, das unterste *C* im *Principal* des *Manual-Clavirs* von 8 Füfsen: welcher Ton dann mit den rechten *Clavicymbeln* und

Spinetten gleich überein kömpt, und wird von den Orgelmachern *AEqual* genennet, darumb dass es mit der Menschen Stimme, an der Tief und Höhe *quadriret.* Wie dann in der hernachfolgenden *Tabel Num. IV.* hievon weiter und ausführlicher zu vernehmen sein wird. Denn dies *C* ist die rechte Tiefe eines rechten *Bassisten* in Fürstlichen Capellen, wenn er dasselbe mit voller und ganzer Stimme natürlich haben kann. Etliche können noch tiefer (doch etwas unvernemblich) bis ins *AA* und *GG.* Tiefer aber nicht *descendiren.* Wiewol sich dieselbige oftmals zwingen wollen das *F* zu *assequiren*, ist aber ein ganz unvollkommener Laut und Ton.

Doch sollen vor der zeit zu München am Fürstlichen Durchleuchtigkeit zu Baym Hof, zu des fürtrefflichen und weitberühmbten *Musici, Orlandi de Lasso* Zeiten (da die *Music* daselbst von 12 *Bassisten,* 15 *Tenoristen,* 13 *Altisten,* 16 Capellknaben, 5 oder 6 Capunern oder *Eunuchis*),* 30 *Instrumentisten,* und also in die 90 Personen stark bestellt gewesen sein soll) unter andern drei Bassisten, zwene Brüder die Fischer und eines Bauern Sohn, Grasser genannt, gewesen sein, welche das *F* nachm Chor-Ton zu rechnen (und nachdem Cammer-Ton das *Es* von 13 Füfsen ist) gar stark und mit völliger Stimme erreichen, in der Höh aber nicht weiter als bis ins *f, g* oder *a* kommen können. Wie dann auch einer zu Rom, mit Namen *Caesaron*, mit dergleichen Stimm und Stärke gefunden worden. In der Höhe können die meisten *Bassisten* das $\bar{c}$ und $\bar{d}$ ja auch wol das $\bar{f}$ (welches unter andern ein gewesener *Monachus Neapolitanus Carolus Cassanus,* der in Deutschland an unterschiedenen Chur- und Fürstlichen Capellen gedienet, gar rein, stark und mit voller Stimme, nebenst der Tiefen: G Cammer-Ton haben können) erlangen. Die gemeine *Bassisten* aber in Schulen können selten unter das *F* von 6 Füfsen oder das *E* in rechter natürlicher stärke kommen, und in der Höhe etliche nicht so gar weit über das *a* *ascendiren.*

Wie hoch und tief aber ohngefähr ein *Tenorist, Altist, Eunuchus* oder *Discantist* mit seiner Stimme kommen könne, das wird in nachfolgender

---

*) Castraten.

Tabell angezeigt; und ist genug, wenn ein *Tenorist* das $\bar{e}$, ein *Altist* das
$\bar{g}$ im Cammer-Ton haben kann: Kann er höher kommen, ist es desto
besser, und ihm vielmehr rümblicher. [18]
Wiewol hierin nichts gewisses zu schliefsen oder in gewisse *terminos* zu
bringen, denn die Gaben Gottes seind mancherlei und kann allzeit einer
höher und tiefer kommen als der andere. Bei den meisten *Eunuchis* aber
ist dies zu *observiren*, dass sie meistentheils mit heller und ganzer Stimm,
so stark als sonsten zween oder drei Knaben singen und *intoniren*; deren
dann jetziger Zeit etliche sehr überaus vortreffliche Männer in Kayser-
lichen und anderer Catholischen Chur- und Fürstlichen Capellen vorhanden seind.

Und dieses sei also vom Ton der Instrumenten und von der Menschen-
Stimm, vor difsmal genug gesaget.

Das III. Capitel.

Hiernach folget nun
Eine
TABELLA UNIVERSALIS
Aller blasenden und besaiteten Instrumenten.

Darinnen
1. SIGNA.

Die *Signa* oder *Claves signatae*, wie dieselbige im Anfang aller *Can-
tionen* und Gesänge, eine Stimme von der andern zu unterscheiden, vorher
gezeichnet werden.

2. CLAVES IN SCALA TABVLATURAE.

Die nach der Orgel-*Tabulatur* gesetzten *Claves*, darnach man sich in allen *Instrumentis Musicis* am füglichsten richten kann. Dann weil fast über sechs *Octaven* darinnen begriffen werden, hab ich solches, eins vom andern füglich zu unterscheiden, anderer gestalt vorzubringen und vorzuschreiben nicht erdenken können. Inmafsen ich vielfältig erwogen, wie etwa die unterste *Pedal-Claves* von 8 bis 16 Fufs könnten oder möchten gezeichnet werden. Und ob wol nicht so gar ungereimbt wäre, oder vielmehr zwene grofse Buchstaben als *CC, DD,* (gleich wie die Alten in ihrer *Scala,* und ich allhier in den *Signis* auch behalten, zween kleine Buchstaben oben gesetzt haben) unten hart neben einander zu setzen: So hat mir doch endlich dieses besser gefallen, dass die grofsen Buchstaben etwas dicker und volliger, auch unten mit eim strichlein, also $\underline{C}$ $\underline{D}$ etc. bezeichnet und gesetzet würden.

3. Füfse. [19]

So seind in dieser *Tabel Num. 3* die Namen und Zahl der Füfse angedeutet, wie dasselbe Wort die Orgelmacher im Brauch haben, dadurch sie die Stimmen und *Claves* in den Pfeiffen, nach ihrem *Tono* und Laut, an der Höhe und Tiefe füglich nennen, und zum leichten verstand, ausred und benamung bringen, und also einen Ton vom andern desto besser unterscheiden können. Und dieweil nun solcher Unterscheid in andern *Instrumentis Musicis,* zugleich auch in der Menschen-Stimm, eben sowol zu *observiren* hochnötig, und zu erkennen nicht undienlich, sonsten aber kein anderer bequemer Name dazu zu finden, hab ich solches Wort (Füfse) allhier behalten und mich dessen notwendig gebrauchen müssen.

4. VOX HVMANA.

Von der Menschen-Stimm ist im vorhergehenden Capitel notdürftige Erinnerung geschehen.

Das IV. Capitel.

ES wird aber ferner in dieser *Tabell*, wie auch in hernachfolgendem ausführlichem Bericht und Erklärung weitläuftiger angezeiget:

1. Wie mancherlei Arten und *Sorten* in einem jeden Stimmwerk der *Instrumenten* und ganzen *Accort* zusammengefunden werden.

2. Item, wie tief und wie hoch ein jedes blasende *Instrument* in seinem natürlichen Ton zu bringen (welches die weifsen Noten andeuten) und was für *Falset*-Stimmen, oben und unten über eines jeden *Instruments* Natur und Eigenschaft von einem geübten und erfahrnen Instrumentisten zuwege bracht werden können. Welche *Falset*-Stimmen dann, weil dieselbige sowol *humana voce,* als auch auf blasenden *Instrumenten* ein jeder allezeit nicht *assequiren* oder erreichen kann, ich mit schwarzen Noten bezeichnet.

3. Wie viel Saiten oder Chor die besaitete *Instrumenta* haben und wie hoch oder tief eine Saite von der andern müsse gezogen oder gestimmet werden.

4. Nebenst dem ist allhier *in genere* vor allen Dingen zu wissen: Dass in diesem ganzen Werk durch und durch nicht nach dem Chor-Ton, sondern nach dem Cammer-Ton (wie es, als vor erwähnet, von etlichen gar wol und recht unterschieden) die *Instrumenta* und Stimmen gerechnet und ausgetheilet werden. Dieweil der Cammerton am gebräuchlichsten und fast alle, sowol besaitete als blasende *Instrumenta,* wie auch jetziger zeit die Orgeln, auf diesen Cammer-Ton gerichtet und gestimmet werden.

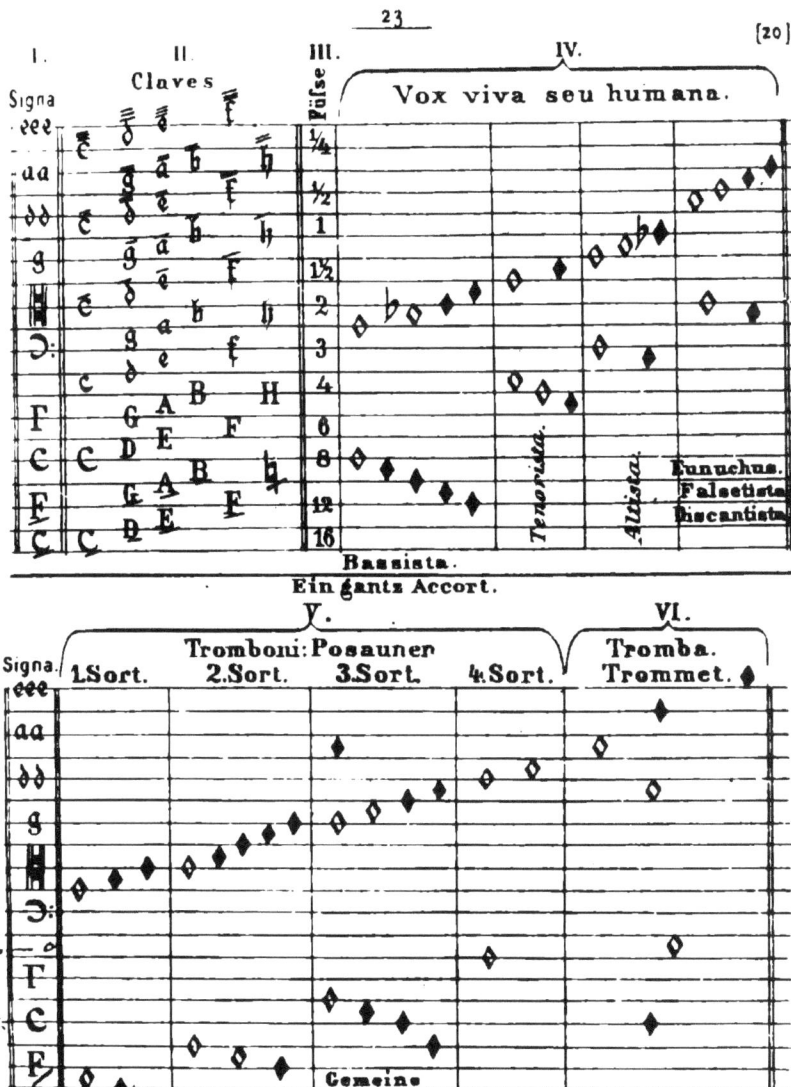

I.

II. Claves

III. Pülse

IV. Vox viva seu humana.

Bassista.

Ein gantz Accort.

V.

Signa.

Tromboni: Posauner

1.Sort.   2.Sort.   3.Sort.   4.Sort.

VI. Tromba. Trommet.

Octav Posaun.   Quart Posaun.   Gemeine oder rechte Posaun.   Alt Pos.

Tenorista.

Altista.

Eunuchus.
Falsetista
Discantista

Flauti: Plockpfeiffen.

Signa   Schwägel

	1.Sort.	2.Sort.	3.Sort.	4.Sort.	5	6.	7.	8.
	Grofs-	Bass.	Bassel	Bass,	T. A.	Cant.		
	Bafs.	Tenor.	Tenor.	Tenor.	C.			
			Alt,	Alt,	Alt,			
			Cantus	Cant.				

NB. Diese Flöte, sowol auch die Querpfeiffe in diesem Ton, kann nicht allein zum Discant, wie ich es allhier eingesetzet, sondern auch zum *Tenor* eine *Octav* drunter, gebrauchet werden. Wie es dann in gemein von etlichen Instrumentisten dafür gehalten wird, dass dieser Art Plock- und Querflöten, ein rechter *Tenor* am Laut und *Sono* sei: und derselben unterster *Clavis*, den *Clavem c* oder *d* im *Tenor*, und also ihren Laut auf vier Fufs-Ton (nach Orgelmacher *Mensur*) von sich gebe. Und die Wahrheit zu bekennen, bin ich anfangs auch, weil es gar schwer im Gehör zu erkennen und zu unterscheiden, derselben Meinung gewesen; aber wenn man diesen Ton gegen den Orgelpfeiffen-Ton *intoniren* lässt, und eins gegen das ander im fleifsigen Gehör eigentlich in acht nimpt, so ist es nur ein rechter *Discant*, da der *Clavis i* oder *d* am Laut zwei Fufs-Ton ist. Und gleicher Gestalt verhält sich auch mit den *Bass-* und andern Flöten, so zu einem solchen *Accort-* oder Stimmwerk gehören, da die gar grobe und kleine *Bass*-Flöten nicht anders lauten und klingen, als wann sie eine *Octav* tiefer, und also der unterste *Clavis* in der eine *Bass*-Flöte das *B* oder *C* auf acht Fufs, in der gar grofsen Flöt aber das *Dis* oder *F* auf zwölf Fufs *intonirt*, da doch dieser grofse *Bass*-Flöten-Laut und Klang sich nicht weiter, als auf sechs Fufs-, der andere aber auf vier Fufs-Ton erstrecken thut.

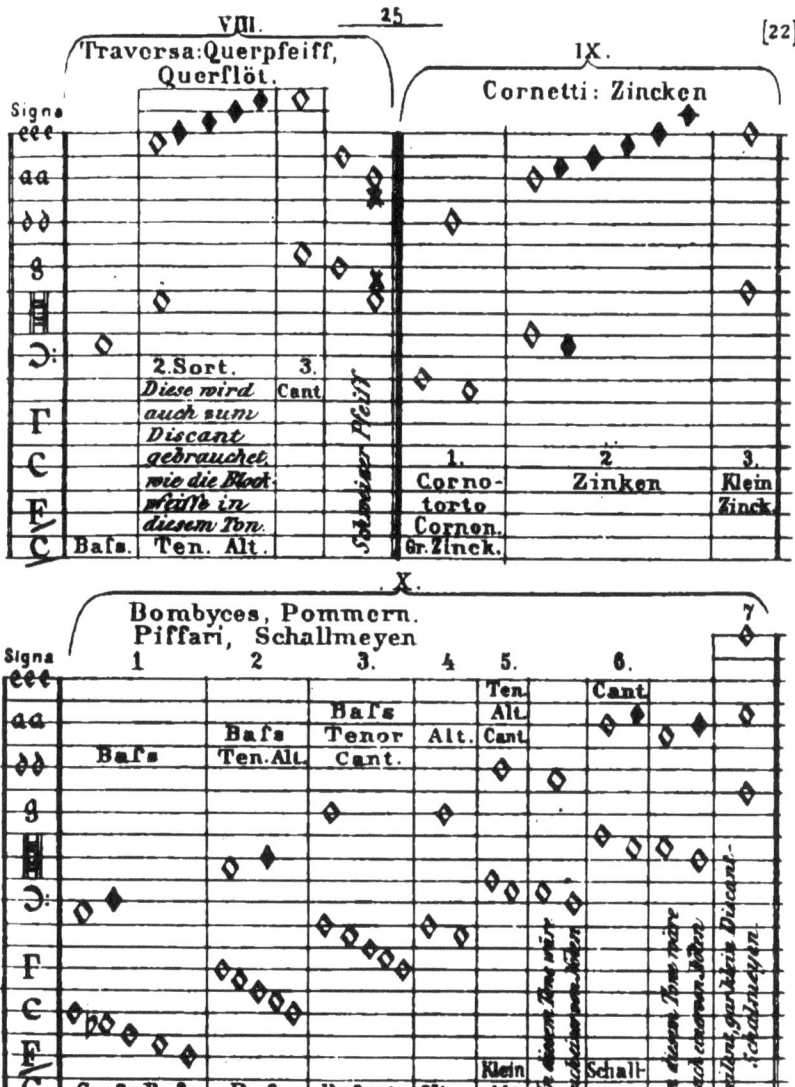

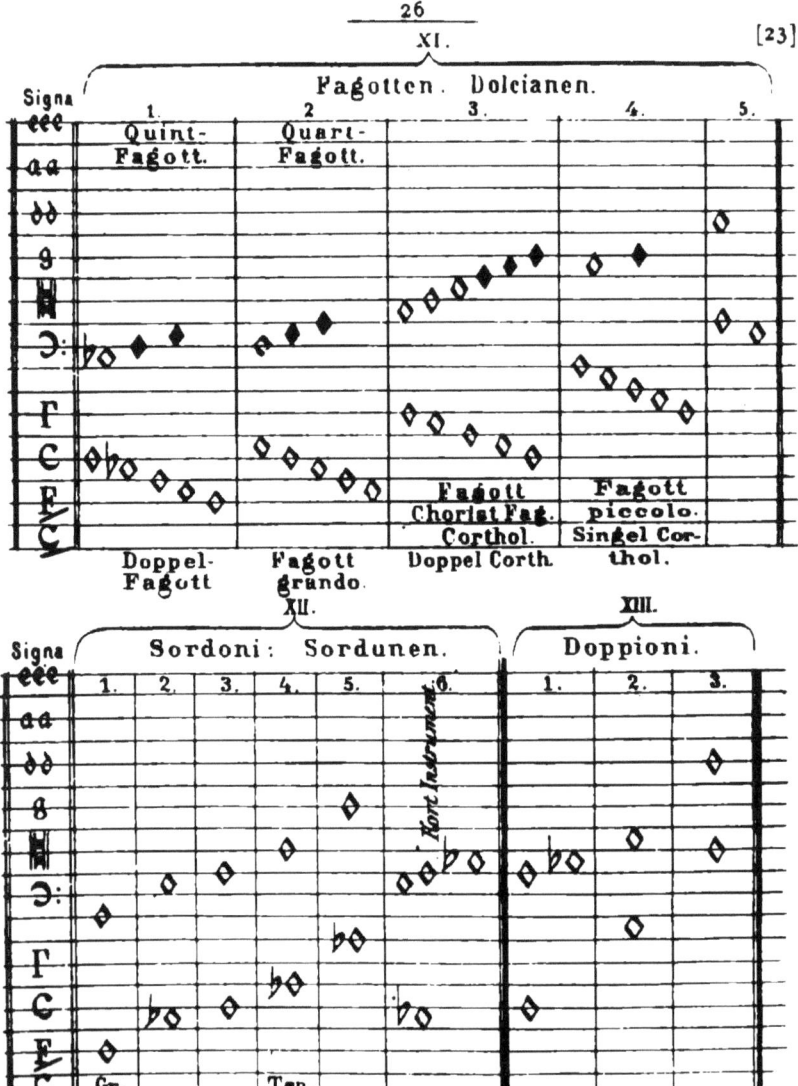

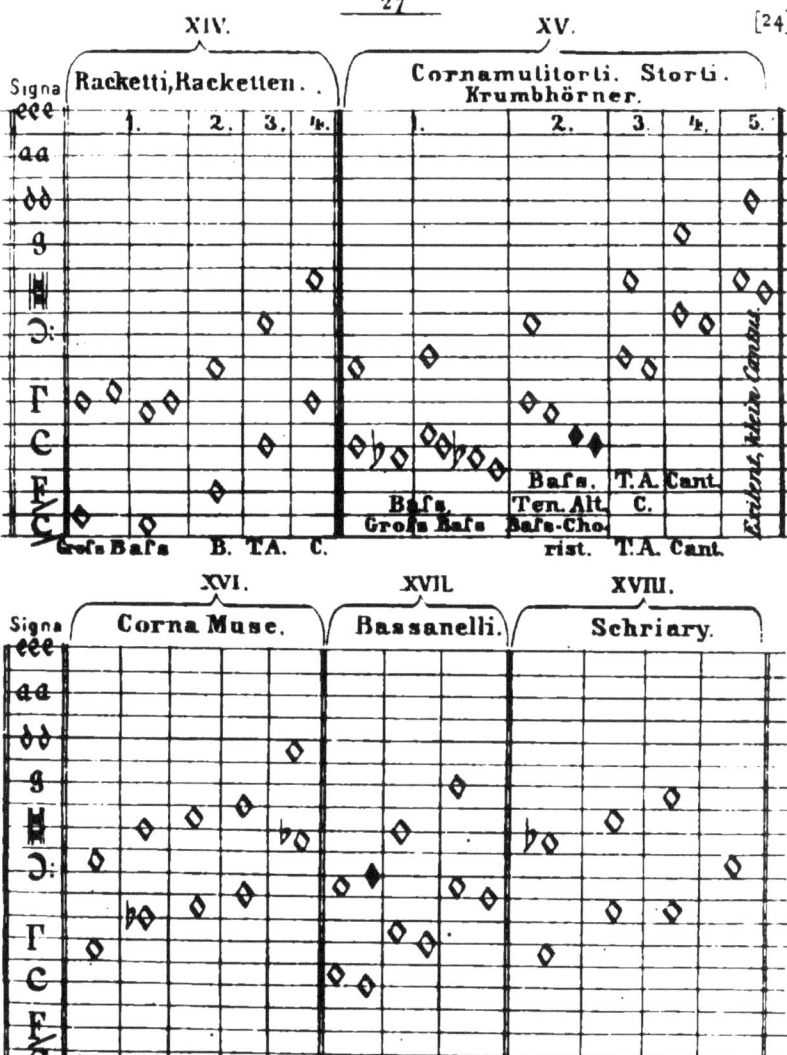

XIX.

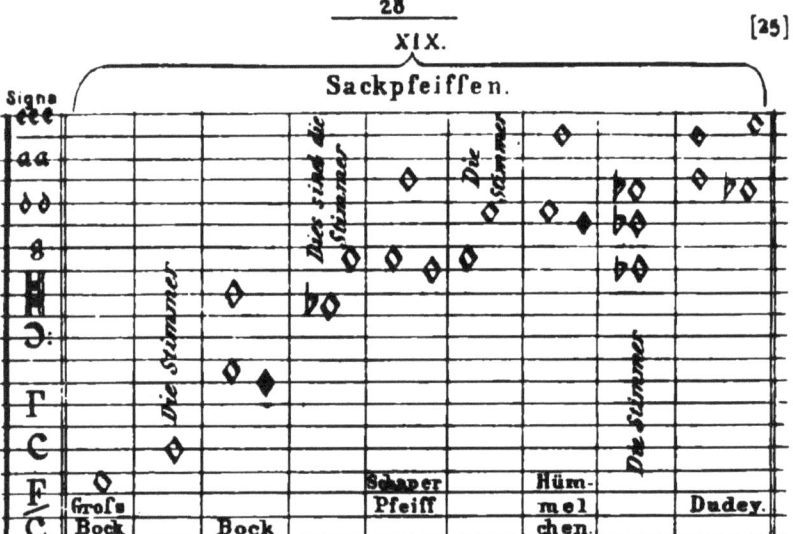

Sackpfeiffen.

XX.

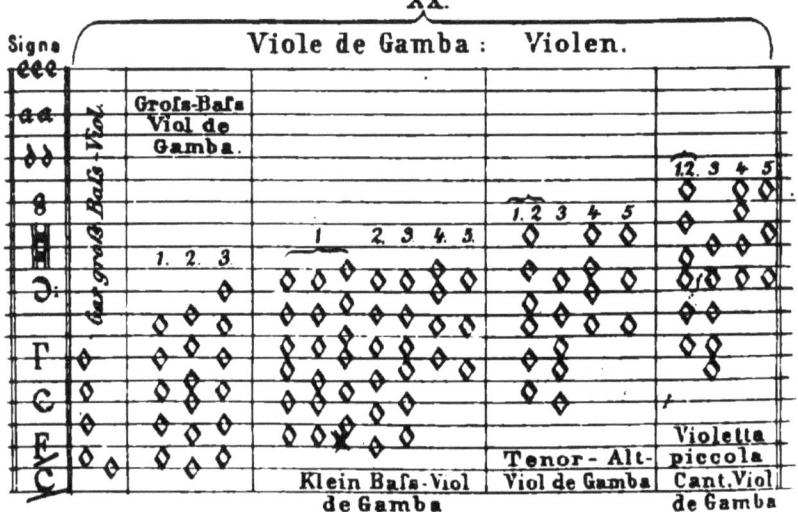

Viole de Gamba : Violen.

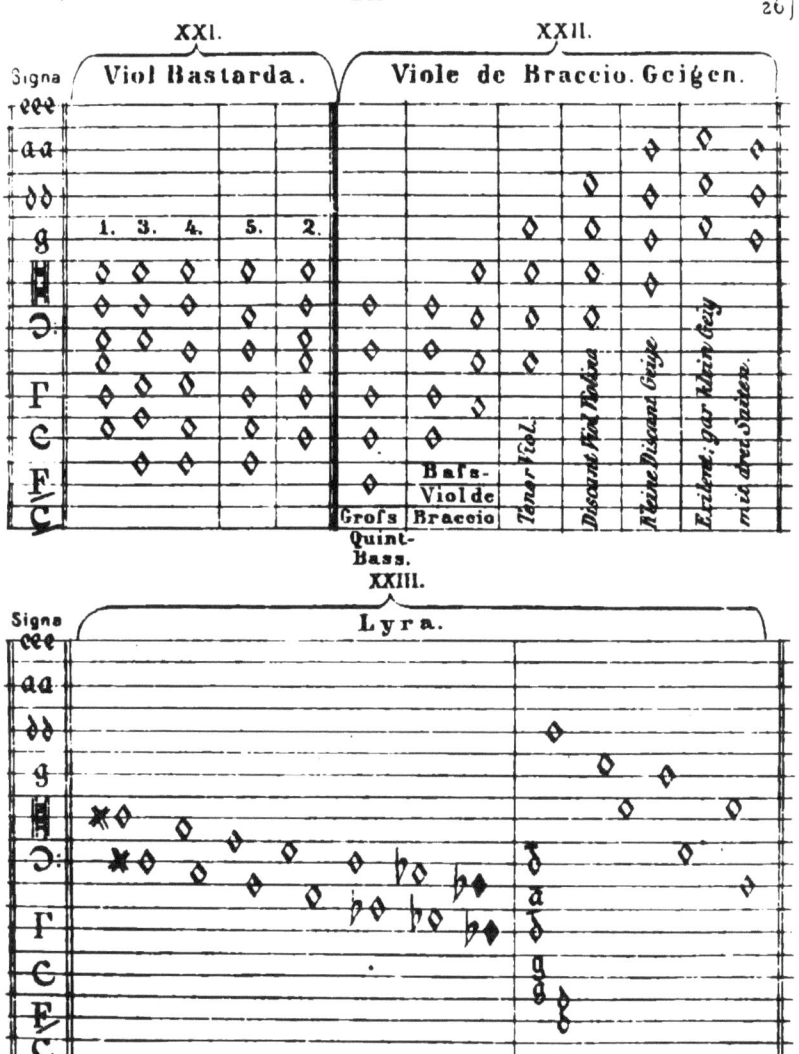

XXIV.

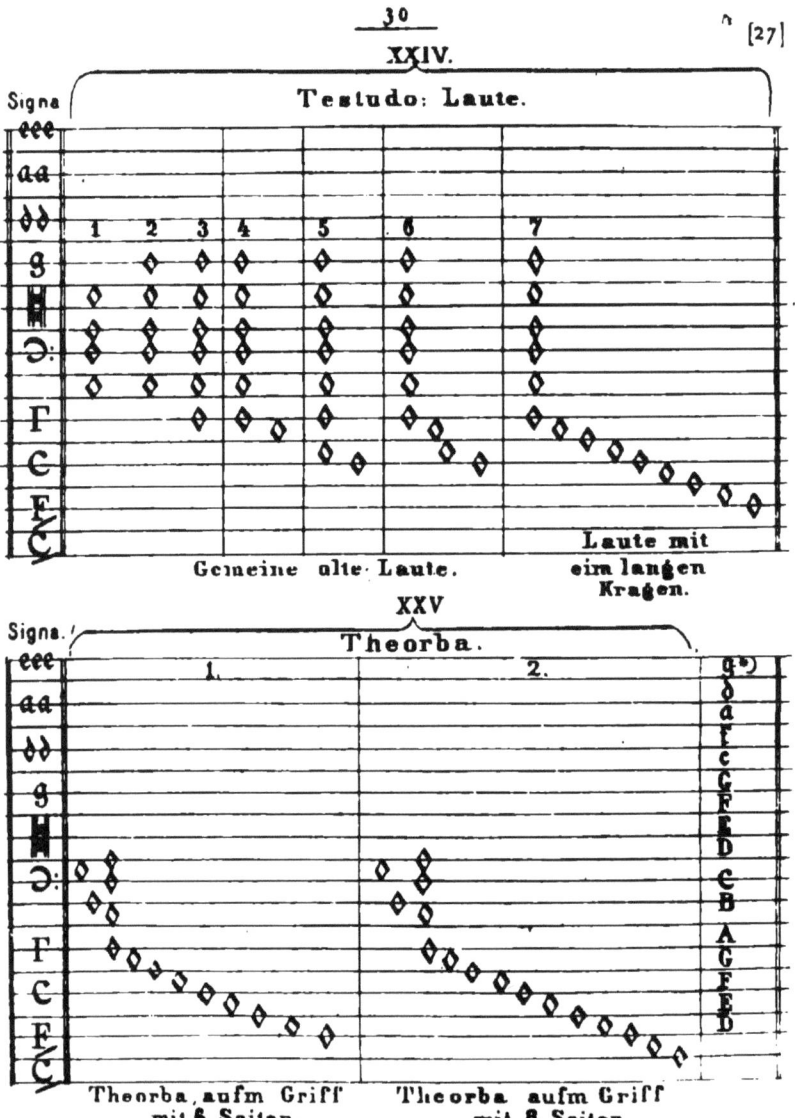

Signa — Testudo: Laute.

Gemeine alte Laute.

Laute mit
eim langen
Kragen.

XXV

Theorba.

Signa.

Theorba, aufm Griff
mit 6 Saiten.

Theorba aufm Griff
mit 8 Saiten.

*) Ich gebe diese Buchstaben-Reihe genau so wie sie im Originaldruck steht, doch ist sie durch einen schlechten Druck so unverständlich geworden, dass die Absicht Praetorius' nicht mehr zu erkennen ist. A. d. H.

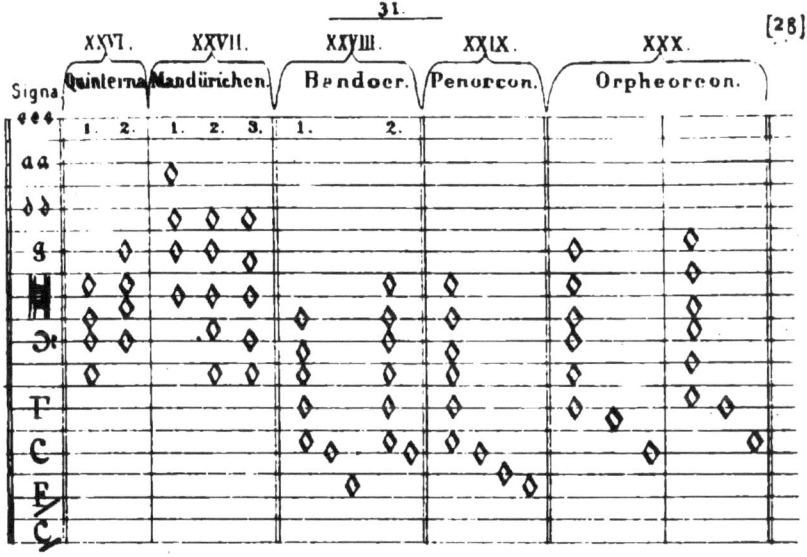

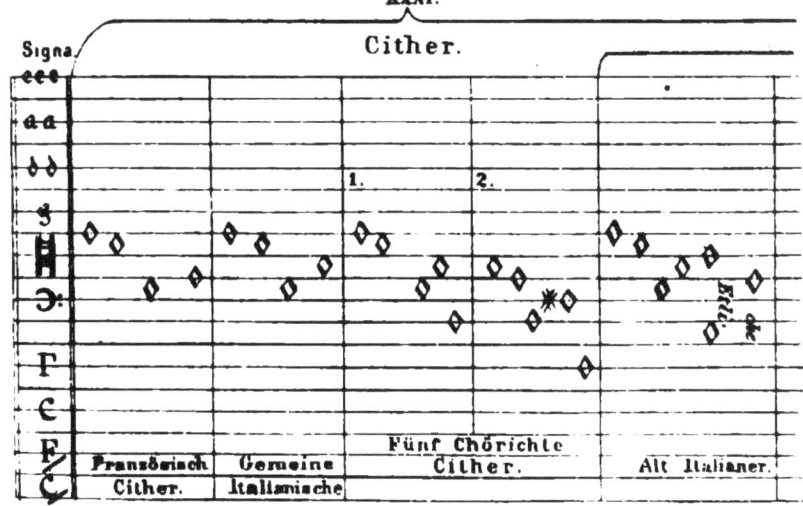

Sechs Chörichte Cither.

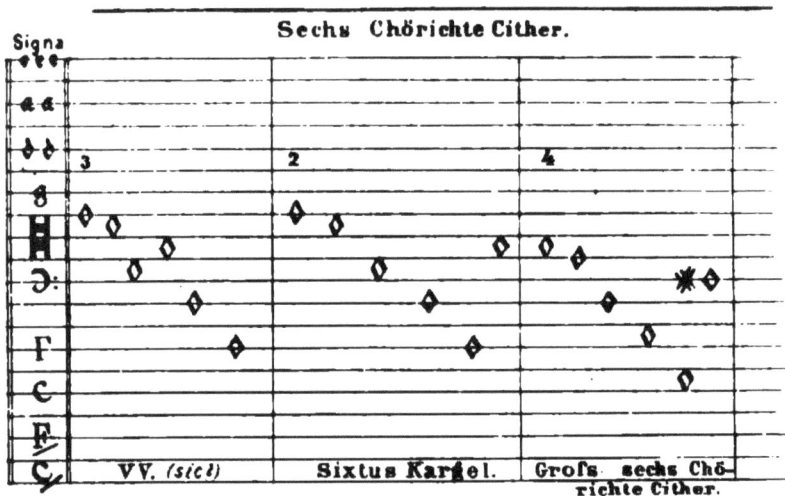

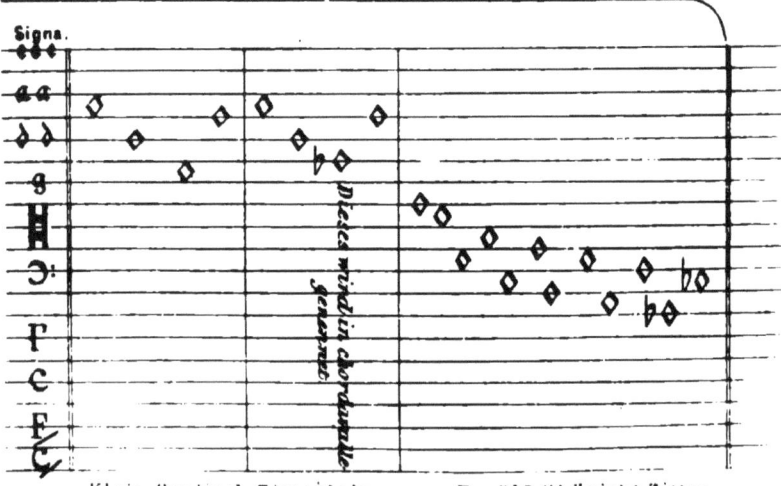

XXXII.
Harfen.

Signa	Einfache Harfe. *Ohne Semitonia.*	Doppel-Harfe. *Mit allen Semitoniis.*	Irländische Harfe. *Mit den Semitoniis.*
ẽẽẽ			◊
a a	◊	◊	
♭ ♭	◊		
♮			
⯎			
𝄢			
Γ	◊		
C		◊	◊
F			
C			

Was ferner die *restirende Instrumenta sub numeris subsequentibus 33, 34, 35, 36 &c.* belangen thut, ist unvonnöten dieselbe allhier in diese *Tabell* mit einzubringen. Sintemal in nachfolgender deroselben eigentliche Erklärung hinten an genugsamer Bericht darvon zu finden,

Das V. Capitel.

Dieweil Ich aber am Ende des Ersten Theils dieses *Tomi Secundi*, die *Instrumenta in Inflatilia & Fidicinia*, in Blasende und Besaitete abgetheilet:

So folget nun allhier

Erstlich

Von Blasenden Instrumenten,

Italis,

INSTRUMENTA DA FIATO.

Als da seind:

Tromboni, Posaunen.　　　　　　　　[31]

(in Sciagraphia Col. VIII.)

Osaun *(Latinis: Tuba ductilis, oblonga; Italis: Trombone, Trombetta)* deren sind viererlei Arten oder *Sorten.*

1. *Alt-* oder *Discant-*Posaun: *Trombino, Trombetta picciola*, mit welcher auch ein *Discart* gar wol und natürlich geblasen werden kann: Wiewol die *Harmony* in solchem kleinen *Corpore* nicht so gut, als wenn auf der rechten gemeinen Posaun, durch guten Ansatz und Uebung, ein solche Höhe kann erreichet werden.

2. Gemeine rechte Posaun: *Tuba minor, Trombetta* oder *Trombone piccolo*, darauf man natürlich oben bis ins *f* unten ins *E* kommen; auch durch guten Ansatz, oben und unten noch zween Ton mehr, eben so wol natürlich haben, und also einen *Alt* gar wol zuwege bringen kann.

Wiewol etliche (als unter andern der berümbte Meister zu München, *Phileno**) durch vielfältige Übung auf diesem *Instrument* so weit kommen sind, dass sie unten das *D*, und oben im *Discant* das *c d e* ohne sonderbare Beschwerung und *Commotion* anstimmen. Sonsten hab ich noch einen zu Dresden, den *Erhardum Borussum*, welcher sonsten in Polen sich

---

*) Monatshefte f. Musikgeschichte VIII. 118 (70).

noch anjetzo aufhalten soll, gehöret. Derselbe hat dies *Instrument* also gezwungen, dass er darauf fast die Höhe eines Zinken, als nämlich das oberste *g sol re ut*, auch die Tiefe einer *Quart*-Posaun, als das *A* mit so geschwinden *Coloraturen* und *Saltibus*, gleichwie auf der *Viol de Bastarda*, oder auf eim *Cornet*, zu wege bringen, erreichen und *praestiren* können. Wie solches etlichermafsen am Ende im *IV. Canzon* dieses 3. Theils zuersehen.

3. *Quart*-Posaun: *Tuba major, Trombone grando, Trombone majore*, deren etliche eine *Quart*, etliche aber eine *Quint* tiefer seind, als die gemeine oder rechte Posaun, und gleich eine *Octav* unter der *Alt*-Posaun. Und kann einer, welcher der vorigen rechten Posaun mächtig und läufig, auf dieser auch leicht fortkommen, nur dass er sich alles dasjenige, so er blasen soll, gleich ob es eine *Quinta* höher, und wo das *Signum* ℈: vorgezeichnet, als wann es das ‖₃ wäre, *imaginire* und einbilde:

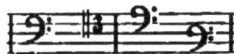

Daher es dann billicher eine *Quint*-Posaun genennet werden möchte. Doch ist hierbei zu merken, weil die *Quart*-Posaunen unterschieden sein, eine gröfser als die ander, dass dahero auch die Züge alsdann ungleich fallen.

[32]

4. *Octav*-Posaun: *Tuba maxima, Trombone doppio*, oder *la Trombone all Octava basso*, ist vor der zeit gar selten gefunden worden. Es seind aber deren, so ich gesehen, zweierlei Art: die eine ist gleich noch eins so lang, als die gemeine rechte Posaun ohne Bügel, daher sie dann auch wegen der Züge und sonsten mit derselben ganz übereinkommet. Allein dass sie ihren Ton ein *Octav* tiefer bringen und natürlich das *E*, im *falset* aber auch, doch mit gutem Ansatz, das *D* und *C* erreichen kann. Und ist dieselbe Art von einem Kunst-Pfeiffer, Hans Schreiber genannt, vor vier Jahren gefertigt worden. Deren Abriss in *Sciagraph. Col.* VI. VII.

Die ander ist noch nicht eins so lang, hat aber etwas dickere Röhren, und darneben Krumm-Bügel, dadurch die Tiefe zuwege gebracht wird:

Und diese seind in etlichen Capellen vor Jahren allbereit im Gebrauch gewesen.

Es ist aber sonderlich dieses *Instrumentum Musicum* (Posaun) vor andern blasenden *Instrumenten* überall, in allerlei *Consorten* und *Concerten* wol zu gebrauchen, sintemal es nach allerlei *Tonen*, umb etwas höher und niedriger, nicht allein durch Aufsteckung und Abnehmung der Krumm-Bügel *(Cromette)* und andern aufsteckels Stückeh *(Polette* genannt) sondern auch mit dem Mund und Winde, ohne Aufsteckung der Krumm-Bogen, allein durch den Ansatz und Mund-Stück, von einem geübten und erfahrnen Künstler nach seinem Gefallen, *per tonos & semitonia* gezwungen und gebraucht werden kann: Welches sich auf andern *Instrumenten*, deren Löcher mit den Fingern regieret werden müssen, nicht thun lässet.

Das VI. Capitel.

Trommet.

TRummet *(vulgo Taratantara, seu Tuba, Instrumentum in curvum ex aere argentove, cujus sonitu milites, equique ad praelium inflammantur: à tubis id est, canalis concavitate nomen habens: Italis Tromba:)* ist ein herrlich *Instrument*, wenn ein guter Meister, der es wol und künstlich zwingen und regieren kann, drüber kömpt, und ist gleich zu verwundern, dass man ohne einige Züge (darmit sonsten die Posaunen regieret werden) auf diesem *Instrument* in der Höhe fast alle *Tonos* nach einander, auch etliche *Semitonia* haben und allerlei Melodeien zu wege bringen kann. Und ob zwar bisher die Trummeten ihr Fundament oder *Bass*-Stimme, nachm Cammerton zu rechnen, im *d* gehabt, welches die [33]*) Feld-Trumter noch also behalten, so hat man sie doch vor gar wenig Jahren bei etlichen Fürsten- und Herren-Höfen an der Mensur verlängert, oder aber Krumbbügel vornen drauf gestecket, dass sie ihren Bass umb

---

*) Die Seitenzahlen sind im Originaldruck hier und weiterhin vielfach verdruckt und der Nachschlagende muss sie sich vorher korrigiren. A. d. H.

einen Ton tiefer ins *C ad Modum Hypojonicum* gestimmet: Welches dann
mit dem Chor-Ton überein kömpt. Darvon auch *Glareanus* in seinem
Dodecachordo lib. 2, c. 27 also schreibet: *Tubarum sonitus hodie inter Modi
Hypojonici limites constat, integra omnibus Chordis diapente, sed diatessaron
extremis potissimum.*

Etlichen aber gefällts, dass sie noch umb einen halben oder ganzen
Ton tiefer ins *B* gebracht worden.

Etliche lassen die Trummeten, gleich einem Posthorn, oder wie eine
Schlange zusammengewunden, fertigen, die aber am Resonanz den vorigen
nicht gleich sein. Auch findet man gar lange Trummeten, von Past also
fest und dichte zusammen ineinander gewunden, damit die Schaper aufsm
Voigt- und Schweitzerlande (die Westerwälder genannt) in den Städten
herümbher laufen und ihre Nahrung suchen. (Derer aller Abriss in *Sciagraph. col. VIII.* zu finden.)

Das VII. Capitel.

(in *Sciagraph. col. IX.*)

Lockflöten *(latinis Fistula,* so von den Italienern *Flauto,* von den Eng-
ländern *Recordor* genennet werden) haben durch alle Stimmen in
jedem *Corpore* sieben Löcher vornen und eins hinten. Denn obgleich
vornen gar unten zwei Löcher nebeneinander sein, so sind doch dieselben
beide einerlei am Ton und allein dahin gerichtet, dieweil etliche Instrumentisten die linke, etliche aber die rechte Hand unten brauchen: Derowegen alsdenn eins unter solchen beiden Löchern mit Wachs verstopfet
werden muss.

Und geben die gröfsten Plockflöten nicht mehr als *Ordinariè* 13 Ton;
in den kleinen aber kann man, darnach sie gut sein, 14 Ton haben.
Extraordinariè aber können etliche geübte Instrumentisten noch vier Ton,
auch wol den siebenten Ton höher über vorgesetzte 13 oder 14 Töne
ascendiren, und das heifsen sie, wie droben im 1. Cap. angezeiget, *Falset*
Stimmen.

Wie vielerlei Sorten und Stimmen aber der Plockflöten und aller der andern Instrumenten (darvon in diesem *Tractat* gesagt wird) sein, ist in der vorhergesetzten Tabell und beim 1. Capitel eigentlich zu vernehmen. Jedoch umb mehrer Nachrichtung willen, hab ich die achterlei Sorten der Plockpfeiffen hierbei auch mit einsetzen wollen: [34]

1. Klein Flötlein, ein *Quintadecima*, das ist zwo Octaven höher als ein *Cornett*.
2. *Discant*-Flöt, ein *Quart* niedrer.
3. *Discant*-Flöt, ein *Quint* niedrer als die erste Art.
4. *Alt*-Flöt, ein *Octav* niedrer als die erste Art.
5. *Tenor*-Flöt, ein *Quint* niedrer als die vierte Art.
6. *Basset*-Flöt, noch ein *Quint* niedriger, welche unten ein Schloss oder *Fontanelle* haben.
7. *Bass*-Flöt, ein *Quint* niedriger als die sechste Art.
8. Gross-Bassflöt, ein *Octav* niedriger von der sechsten Art oder *Sorten*.

Und ein solch ganz Stimmwerk kann aus Venedig umb 80 Thaler ohngefähr heraus gebracht werden. Hierher gehört die Schwiegel, oder Schwägel (sonsten auch *Stamentien*-Pfeiff genannt) dieselbe hat unten nur 2 Löcher, hinten eins, ist an der Länge einer Querpfeiffen gleich, wird aber wie ein Plockflöt *intonirt* und von etlichen Engelländern mit der linken Hand zum kleinen Trümmelchen oder Päucklein *(col. 9)* gebraucht; *ascendirt* vom $\bar{d}$ bis ins $\bar{d}\,\bar{e}$ und noch weiter. Etliche sind umb eine *Quint* tiefer, vom g bis ins $\bar{g}\,\bar{a}$, welches dann zu verwundern, dass man von den dreien Löchern so hoch und weit kommen, als sonsten auf 6 oder 7 Löchern nicht geschehen kann.

Wie man dann auch gar kleine Plockflötlein (etwa drei oder vier Zoll lang, *col. 9*) hat, die vornen drei Löcher, hinten eins haben, und gleicher gestalt fast zwo *Octaven* darauf können zuwege gebracht werden: Und muss die Schwägel sowol als solch klein Flötlein unten zum Ausgang darneben mit eim Finger regieret werden. Die *Stamentien*pfeiff ist 20 Zoll lang; der *Tenor* 26 und der Bass 30 Zoll.

Hier neben muss ich auch Nachfolgendes nothwendig erinnern, dass mir anfangs in Anordnung der *Concerten*, der Flöten-Chor (*Italis Choro da Flauto*, das ist: wenn zu einem Chor etliche Instrumentisten mit Flöten geordnet, wie im dritten *Tomo* darvon weitere Erklärung folgen sol) nicht wenig schwer ankommen, sintemal man gar selten solche Flöten so recht einstimmend antrifft, bevorab, weil, wie im 44. Capitel folgen wird, auch die Orgeln in etzlichen Kirchen, so die Hitze und Kälte leicht treffen kann, im Winter niedriger, im Sommer aber höher am Ton befunden werden. Da dann wol nötig, dass zweierlei blasende *Instrumenta*, do die eine *Sort* oder *Accort* umb ein halb *Semitonium* von der andern stünden, vorhanden sein möchte. Daher mir dann dieses Mittel eingefallen, dass ich die Flöten oben, zwischen den Mund- und Fingerlöchern, mitten zertheilen und das oberste Stück auf [35] zweier Finger breit länger machen lassen, also dass man dasselb in das Untertheil, so weit man will, oder von Nöten ist, hinein stecken, die Pfeiffen länger oder kürtzer machen und also einer solchen Flöten, dass sie jünger oder gröber werde, so bald allemal helfen kann. Und ob gleich auch etliche berümbte Instrumentmacher vermeinen, dass die Flöten dadurch in etlichen Löchern falsch werden möchten, so haben sie doch hernacher selbsten daran keinen Mangel, ausgenommen diesen, dass etliche in dem höchsten *Clave* nicht so gar wol ansprechen wollen, befunden.

Ingleichen ist solches in den *Bassanelli* (davon im 17. Cap.) auch versucht und just befunden worden: Wie denn auch einem *Cornet*, dergestalt, dass man oben das Mundstück weiter heraufer oder tiefer hinein stecke, zu helfen ist.

Das VIII. Capitel.

Querpfeiffen.

(in Sciagraph. col. IX.)

Die Querpfeiffen (*Italis Traversa vel Fiffaro*) haben vornen sechs Löcher, hinten keins, geben natürlich 15 Stimmen oder Töne und noch vier *Falset* drüber und also 19 Ton, gleich wie ein Zinck.

Eben solch Gelegenheit hat es mit den Doltzflöten (welche sonsten Querflöten genennet) nur dass dieselbige gleich einer Plockflöten *intoniret* und geblasen werden.

Hierher gehöret auch die Schweitzerpfeiff, sonsten Feldpfeiff genannt (in *Sciagr. col. XXIII.)* dieselbige hat ihre absonderliche Griffe, welche mit der Querflöte ganz nicht überein kommet, und allein bei der Soldaten-Trummeln gebraucht wird.

Das IX. Capitel.

Zinck.

(in *Sciagr. col. VIII.)*

Zincken, *(Italis Cornetti & fortasse, Latinorum Bucinae alias Cornua)* seind zweierley, *Recti* und *Curvi*, gerad und krumb. *Recti*, oder der gerade Zincken seind wiederumb zweierlei:

1. *Cornetto diritto*, ist ein gerader Zinck, darauf ein absonderlich Mundstück gestecket werden muss.   [36]

2. *Cornetto muto* aber, da das Mundstück zugleich mit an den Zinken gedrehet ist *(col. 13)* und diese sind am *Resonanz* gar sanft, still und lieblich zu hören. Darumb sie dann auch stille Zincken genennet werden.

3. *Cornetti Curvi*, das seind die schwarzen krumbe Zincken.

Es geben aber alle Zincken ohne Unterscheid 15 Ton natürlich, vom *a* bis ins *a̅:* Wiewol etliche noch das *e̅* gar wol, und bisweilen auch das *g̅* oben erreichen, unten aber das *g* und *f* im *falset* zu wege bringen können.

4. *Corno vel Cornetto torto*, sonsten *Cornon* genannt, ist ein grofser Zinck, bald wie ein *S formiret*, und ist eine *Quint* tiefer als ein rechter gemeiner Zinck; und wiewol etliche meinen, dieser gebe nicht mehr als 11 natürlicher Ton oder Stimmen und kein *falset* drüber, so befindet sichs doch anders, denn er gleicher Gestalt, als die gemeine Zincken 15 Ton von sich gibet. Aber weil der *Resonans* gar unlieblich und hornhaftig, so halt ich mehr darvon, dass man eine Posaun an dessen statt gebrauche.

5. Noch seind gar kleine Zincken, *Cornettino*, welche eine *Quint* höher, als die rechte gemeine *Cornetten* und Zincken und nicht unlieblich zu hören sein.

Das X. Capitel.

Pommern. Bombart, Bombardoni: Schalmeyen.

(in *Sciagr. col. XI.*)

Ombyces, sive Bombi Graecis, etiam vocari queunt longae tibiae, quae difficulter magnaque, cum contentione flatus impulsae sonum crassiorem edunt.

Pommern (*Italicè Bombardo* oder *Un Bombardone*; die Franzosen nennen es *Hautbois*, die Engelländer *Hoboyen*) haben ihren Namen ohn allen Zweifel *à bombo*, vom Summen und Brummen, und werden alle, die kleinen sowol als die grofsen, mit dem Namen *Bombart* oder Pommern genennet. *Italicè*: Wird der grofse Basspommer, *Bombardone*: der rechte Bass, *Bombardo* genennet. Der *Tenor*, welcher auch vier Schlösser oder Schlüssel hat, darauf zur Noth auch ein Bass geblasen werden kann, weil er in den Schlössern das *G* im Bass erreichet, und derowegen Basset genennet wird. Diesem folget der *Nicolo*, welcher gleicher Gröfse und Höhe mit dem Basset, allein dass er nur einen Schlüssel hat und derowegen allein bis ins *c* im Tenor, tiefer aber nicht kommen kann (*col. 13*). Der Altpommer, welcher fast eine Gröfse mit der Schalmeyen ist, ohne dass er ein Schlüs- [37] sel hat, und eine *Quint* tiefer ist, wird *Bombardo Piccolo* genennet. Allein der oberste *Discant*, welcher keinen Messing-Schlüssel hat, wird Schalmeye (*Italis Piffaro, Latinis Gingrina*, von dem Kaken*) so es von sich gibt, gleich einer Gans derer *proprium* ist *gingrire*) genennet.

Am Ton sind die meisten Schalmeyen umb einen Ton höher als die Zincken und Posaunen.

*) Gakern.

Allhier ist aber zu merken: Dass von Alters her und auch noch anjetzo meistentheils alle Blasende *Instrumenta*, als Flöten, Pommern,
Schalmeyen, Krumbhörner etc., in den *Accorten* oder Stimmwerken,
eins vom andern allzeit eine *Quinta* ist gearbeitet und gestimmet worden,
darumb dass man allzeit (wie ich zur Nachrichtung im vorhergehenden
Tabell darbei notiret) drei und drei zusammen, als eine Art zum *Bass*, die
ander zum *Tenor* und *Alt* (denn diese beide Stimmen, *Tenor* und *Alt*,
können allzeit aus gleichlautenden und einerlei *Corporibus* und Instrumenten
musiciret werden) die dritte aber zum *Cantu* gebrauchen kann. Wann aber
die vierte darzu genommen werden soll, so muss die *Composition* darnach
angestellet, und *Hypojonicus modus* nicht eine *quint* ausm c ♮ *dur* ins
f ♭ *mol*, sondern eine *Quart* tiefer, ins *g* ♯ *transponirt*, und alsdann ein
cantus fictus draus werden. Oder wenn ein Gesang im *f* ♭ *mol* allbereit
gesetzt gefunden wird, muss man denselben umb einen Ton (oder eine
secundam, wies etliche nennen) höher *transponiren*. So kömpt es gar just
und recht sonderlichen aufn Pommern und Schalmeyen. Wann man
aber das fünfte *Instrument* in der Tiefe oder Höhe auch noch darzu
brauchen will, so ist es fast mühsam zusammen zu *accordiren*, denn das
oberste ist vom untersten (wie in der Tabell zu sehen) durch fünf
Quinten, als nemblich *per decimam septimam* (das ist gleich einem *Ditono*
oder *Tertiae majori*) *separiret*, und das ist gar schwer zusammen zu
reimen. Und wiewol dieses, wenn der Gesang sonderlich darnach gerichtet und fleifsig acht darauf gegeben wird, auch zuwege zu bringen,
so wäre doch nichts destoweniger ein Instrumentmacher billig zu rahten,
dass er allzeit neben der rechten *Discant*- und auch *Tenor*-Pfeiffen, noch
eine umb einen Ton niedriger fertigte, damit dieselbige also nicht eine
Quint, sondern nur eine *Quart*, von der nächst vorhergehenden höher *intoniret* wäre. Da könnte man denn in solchen und dergleichen Instrumenten das Höchste und Tiefste auch von fünferlei *Sorten* recht und wol
zusammen bringen und in einander einstimmen. Wie es dann auch von
etlichen, doch noch zur Zeit selten, vielleicht also in acht genommen wird.

Der grofse Basspommer ist 10 Schuh, 1 Zoll lang, wie in der

Sciagraphia col. VI. zu sehen und daselbst leichtlich kann nachge-
messen werden.

- - - - ——

Das XI. Capitel [38]

Fagotten: Dolcianen.

(in *Sciagraph. col. X.*) ₴ *VI*

Agotten und Dolcianen *(Italis Fagotto & Dolce suono)* werden mehrertheils *indifferenter* also genennet. Sonsten wollen etliche, dass difs
die rechte *Dolcianen* seien, die von den Engelländern Z i n g e l K o r t h o l
genennet werden: Und sind in der Tiefe, sowol auch am Resonanz, dem
Basset in den Pommern gleich, allein, dass der *Dolcian*, wie denn auch
die *Fagotten*, stiller und sanfter am Resonanz seien, als die Pommern.
Daher sie dann, vielleicht wegen ihrer Lieblichkeit *Dolcianen quasi Dulci-
sonantes* genennet werden. Welches dann daher rühret, dieweil die *Corpora* der Pommern die rechte Länge gleich aus haben und unten ganz
offen sein. An den Fagotten aber ist die Länge des *Corporis* doppelt
zusammen gelegt, dass das Loch, da der Resonanz heraufser gehet, oben
ist und bisweilen (doch nicht in allen, dieweil etliche ganz offen sein) zugedeckt und mit kleinen Löcherlein wiederum eröffnet (wie hernacher im
IV. Theil von etlichen Stimmwerken in den Orgeln soll gesagt werden).
Daher der Resonanz bei weitem nicht so stark, sondern etwas stiller und
lieblicher sich muss vernehmen lassen. Ebenermafsen wie in Orgeln die
Principal- und *Posaunen-Art*, weil dieselbe ihre rechte Länge und *Mensur*
durchaus haben, viel stärker und frischer, als die Gedakten und andere
gedakte Schnarrwerke *intoniren*. Und dies eben aus obgedachtem Fundament.

Im *Chorist*-Fagott ist der unterste *Claves C*, im Doppel-Fagott *F*, doch
ist dies hierbei zu *observiren*, dass der Doppel-Fagotten zweierlei seien:
Einer da man das *F* gleich dem grofsen Bass-Pommer unten haben und
Quint-Fagott genennet wird: *(col. 10)* Der ander aber *Quart*-Fagott, welcher

allein bis ins G gebracht werden kann. Daher dieser in *Cantu ♮ duro*, jener aber in *Cantu ♭ molli* zum füglichsten zu gebrauchen und sehr bequem ist, wenn man in der Musik beiderlei dieser Arten haben kann. Denn die *Semitonia* können in den Löchern durch die Schlüssel nicht also füglich, als durch die Finger geändert und zu wege bracht werden. Es ist jetzo der Meister, welcher die Octav Posaunen gemacht, im Werk, einen grofsen *Fagotcontra*, welcher noch ein *Quart* unter dem Doppel-Fagott, und also ein *Octav* unterm Chorist-Fagott, das *C* von sechzehn Fufs-Ton geben und *intoniren* soll, zu verfertigen: geräth es ihm, so wirds ein herrlich Instrument werden, dergleichen hiebevor nicht gesehen, und sich wol drüber zu verwundern sein wird; sintemal auch den Orgelmachern bisweilen schwer fürfelt, die untersten zween *Claves D* oder *C* von sechzehn Füfsen in den grofsen Posaunen recht rein und wol anzubringen. Die Zeit wirds geben.

Das XII. Capitel. [39]

Sordunen.

(in Sciagraph. col. XII.)

Ordun (*Italis Sordoni*, etliche nennen es *Dolzianen*) ist am *Resonanz* fast den *Corna-Musen* oder stillen Krumbhörnern gleich; und wiewol der unterste *Bass* der *Sordunen* kaum halb so lang als der Doppel-Fagott am *Corpore* ist, so ist er doch am Ton ja so tief zu bringen. Welches gleichwol zu verwundern, dieweil sich das *Corpus* nicht mehr als einmal, den Fagotten gleich, *dupliret*. *Lodovico Zacconi* nennnet difs *Instrument* auch *Sordoni*; haben 12 Löcher, die man sehen kann, etliche noch zwei Schlösser darzu, dass also 14 Löcher werden; und über das noch unten ein Loch zur Feuchtigkeit, und oben auch noch eins, da die *Harmony* heraufser gehet. Das gröfste und tiefste ist 2 Schuh und 5 Zoll lang. Ich habe aber ein anders gesehen, das hat eben die Länge, *proportion*, und alles wie dieser Bass, ist aber am Resonanz nicht tiefer, als der *Tenor* in diesen *Sordunen* gewesen: und Kort *Instrument* genennet worden. Woher aber dieser Unterscheid entspringe, habe ich noch zur Zeit nicht erdenken, oder auch von andern berichtet werden können.

Das XIII. Capitel.

DOPPIONI.

Och hat gedachter *Zacconi* ein ander dergleichen *Instrument*, welches er *Doppioni* nennet, aufgezeichnet: dass ich aber noch zur Zeit, wie sehr ich mich auch darumb bemühet, nicht habe zu sehen bekommen können. Wird vielleicht das Num. 7 in *col 12*, oder aber auch *Sordunen* oder *Corna-Musen*-Art sein, wie aus deroselben Ton und Stimmen, welche in der Tabell zu finden leicht abzunehmen.

Das XIV. Capitel.

Racketten.

Acketten seind gar kurze *Instrument*, wie in der *Sciagraph. col. X.* zu sehen und abzumessen ist: Aber weil inwendig das *Cancell* oder die Röhre neunfächtig sich umbwendet, und ebenso viel ist, als wenn das *Cor-* [40]
pus neunmal so lang wäre, so geben sie so ein tiefen Resonanz, als der gröste Pommer oder Doppel-Fagott; wiewol etliche Bass-Rackett, welche noch umb ein *Semiditonum* oder *tertiam minorem* tiefer sein, als dass sie das *D* erreichen, und also von 15 Fülsen am Ton sind, gefunden werden. Und ich auch selbsten eins angegeben, und jetzo neulich machen lassen, welches bis in das *C* von 16 Fufston gebracht wird, und in der Tiefe den grösten Pfeiffen in den *Principal*-Werken gleich ist: das *Corpus* ist nicht mehr als 11 Zoll lang. Sie haben viel Löcher, aber nicht mehr

als elfe zu gebrauchen; und gibt selten ein *Falset*, sintemal es nicht mehr Ton über sich geben kann, denn als die Zahl der Löcher mit sich bringet: Es sei dann, dass es wol berühret und ein guter Meister drüber kömpt, so thut es noch wol ein mehrers. Am Resonanz seind sie gar stille, fast wie man durch einen Kamm bläset, und haben, wann ein solch ganz *Accort*- oder Stimmwerk zusammen gebracht wird, keine sonderliche *gratiam*. Wann aber *Violn de Gamba* darzu gebraucht, oder eins allein nebenst andern blasenden oder besaiteten Instrumenten zu einer *Simphony* und *Clavicymbel &c.* von eim guten Meister geblasen wird, ist es ein lieblich *Instrument*, sonderlich im Bass anmuthig und wol zu hören.

Und ist hierbei auch zu merken, dass die Sordunen, Kort *Instrument*, Racketten, *Corna-Muse*, Krumbhörner und Schryari, keinen Ton mehr von sich geben können, denn als die Zahl der Löcher mit sich bringet: Aber die Pommern, Schalmeyen, Fagott, *Dolcianen* und *Bassanelli* können alle umb etliche Ton höher (gleichsamb die vorhergesetzte *Tabell* ausweiset) gebracht und natürlich *intoniret* werden.

Das XV. Capitel.

Krumbhörner.

(in *Sciagraph. col. XIII.*)

Die Krumbhörner (*Lituus, Italis Storti, Cornamuti torti*) werden nicht mit blofsen Röhren geblasen, sondern haben gleich wie die *Corna-Muse*, *Schryari* und Sackpfeiffen, oben über den Röhrlein sonderliche *Capsulen*, darumb man sie dann auch desto weniger zwingen, und im Ton nachzugeben nicht sonderlich helfen kann. Hinten haben sie ein Loch, vornen sechs und über diese noch zwei Löcher unten, also dass sie noch 2 oder 3 Töne tiefer geblasen werden können. Aber es müssten noch absonderliche Schlüssel- und Messings-*Claves* (wie in etlichen zu finden) darzu gemacht werden: sonsten es mit den Fingern nicht zu erreichen, noch zu begreifen ist. [41]

Es müssen aber die unterste 2 Löcher ohne das nothwendig offen
sein, sonsten hätte das ganze Instrument keinen rechten völligen Resonanz,
und das siebente Loch unten gäbe alsdann einen tieferen Ton, als es von
rechtswegen geben muss und soll.

Dergestalt muss oft ein Orgelmacher den grofsen, auch wol kleinen
Schnarrwerken, wenn sie nicht recht sprechen und sich hören lassen wollen,
mit Löchern (welches doch so sehr nicht zu loben stehet) zur rechten
Intonation verheifen. Sie geben aber, wie vorgedacht, nicht mehr Stimmen
oder *Tonos*, als sie Löcher und Schlüssel haben.

Das XVI. Capitel.

CORNA-MUSE.

(in *Sciagraph. col. XIII. sic?*)

Ie *Corna-Muse* sind gleich aus und nicht mit doppelten, sondern mit
einer einfachen Röhre, gleich den *Bassanelli*, aber unten zugedeckt
und auf der Seite herumb etliche Löcherlein, dardurch der Resonanz
heraufser gehet. Am Klang seind sie gar den Krumbhörnern gleich, nur
dass sie stiller, lieblicher und gar sanft klingen: Daher sie billich stille
sanfte Krumbhörner (wie die *Cornetti-muti*, stille Zinken) könnten genennet
werden. Sie haben gar keine Schlösser oder Claves: Und stimmen gleich
ein mit dem Chorton, das ist, ein Ton tiefer, als unser rechter Cornetten-
oder Cammerton.

Das XVII. Capitel.

BASSANELLI.

(in *Sciagraph. col. XII.*)

Assanelli haben den Namen von ihrem Meister, der sie erfunden (*Johann Bassano*, ein vornehmen *Instrumentisten* und *Componisten* zu
Venedig), gehen gleich gerade durch, einfach, unten offen, haben

nur einen Messing-Schlüssel, werden mit blofsen Röhren gleich den Fagotten, Pommern und Basseten geblasen, denselbigen auch am Resonanz fast gleich, doch viel stiller. Und ist sonderlich der *Cantus*, welches die kleinest, zu eim *Tenor in Concerten*, wenn man allerlei Art Stimmwerk von *Instrumenten* darunter [42] brauchen will, wol zuhören; dann es also gar just im Ton kömpt, und gleich wie sonst ein Tenor auf der Flöte geblasen wird; können, wann sie wol berührt sind, ziemlich hoch gebracht werden. Sie haben gleich wie die Schalmeyen, 7 Löcher, do das unterste mit einem Schlüssel; hinten aber ist kein Loch vorhanden. Seind umb ein *Quart* tiefer als Cammer-Ton, denn ihr unterster *Clavis* im Bass ist *F;* aber nach dem Cammerton ist es *C* auf 8 Fufston gerechnet.

Das XVIII. Capitel.

SCHRYARI.

(in *Sciagraph. col. XII.)*

Chryari (auf deutsch Schreierpfeiffen) seind stark und frisch am Laut, können vor sich alleine und auch zu andern Instrumenten gebraucht werden; haben hinten sowol Löcher als vornen; seind an der Länge und *Statur* fast ganz den *Corna-Musen* gleich, alleine dass (weil sie unten offen und einfach) viel stärker am Resonanz sein: Und obwohl zwar der Discant unten zugedeckt ist, so hat er doch viel Nebenlöcher, do der Wind heraufser gehen kann. Sie können aber nicht mehr Ton und Stimmen von sich geben, denn die Zahl der Löcher mit sich bringet.

Das XIX. Capitel.

Sackpfeiffen.

(in *Siagraph. col. V. XI. XIII.*)

Er Sackpfeiffen (*Latinis Tibia Utricularis, Italis Corna-Musa*) seind mancherlei Arten,

1. Bock, welcher nur ein grofs lang Horn zum Stimmer und die Tiefe *C* hat. Etliche sind noch umb ein *Quart* tiefer in *GG*, und billich der grofse Bock genennet werden.

2. Schäferpfeiff hat zwei Röhren zum Stimmen, *b f.* Und sind die Schaper- oder Schäferpfeiffen in den oberen Löchern meistentheils falsch, welches meines Erachtens daher kömpt, dieweil sie hinten kein Loch zum Daumen haben. Die andern aber, als Bock, Hümmelchen, Dudey, haben hinten ein Loch, dadurch sie besser gezwungen, und zu reiner *Intonation* gebracht werden können.

3. Hümmelchen, hat auch nur zween Stimmer, *f c̄.* [43]

4. Dudey aber hat drei Röhrlein zum Stimmen *d̄is b̄ d̄is.*

Im Erzstift Magdeburg habe ich eine sonderliche Art von Sackpfeiffen gesehen, welche etwas gröfser als die Schäferpfeiffen, und umb eine *Ter-tien* tiefer sein, haben eben auch zwei Stimmer, unten aber zwei Röhren, eine zur linken, die andere zur rechten Hand und an jeder Röhren vornen drei, hinten ein Loch zum Daumen, also, dass man mit der linken Hand das *g a h c̄ d̄*, mit der rechten aber *d̄ ē f̄ ḡ ā* haben, und also ein *Duum* oder *Bicinium* gar artig zuwege bringen kann. Dessen Abriss in *Sciagr. Col. V.* zu finden.

Noch hat man aus Frankreich eine kleine Sackpfeiff oder Hümmel-chen heraus bracht, *(Col. XIII.)* do man den Wind durch ein kleines Blasebälglein, allein mit dem einen Arm hinein bringen und regieren kann.

Auch hat einer, dessen vorn im 5. Cap. gedacht worden, den Sachen so weit nachgesonnen, dass er ein ganz Stimmwerk von fünf solchen Sackpfeiffen, welche mit Blasebälgen regieret werden, verfertigt, darauff man einen Gesang mit 4 oder 5 Stimmen zuwege bringen wollen. Aber solche *Harmony* lass ich mir nicht so gar sonderlich sehr wol gefallen.

Vom REGAL (welches zum Theil auch an diesen Ort hieher, do von blasenden Instrumenten, und die mit dem Winde regiert werden müssen, gesagt wird, gehöret) soll hinten, *Num. 43*, bei dem geigenden Instrument, kurz vor dem *Tractat* von den Orgeln, bericht gethan werden. Dessen Abriss *Col. IV.* zu finden.

· II.

FIDICINIA INSTRUMENTA:

Besaitete *Instrumenta,*

Oder

Von denen Instrumenten, die mit Saiten bezogen werden.

Das XX. Capitel.

Violen, Geigen, *Violuntsen.*

Seiend zweierlei. [44]

1. *Viole de gamba:* 2. *Viole de bracio,* oder *de brazzo:* Und haben den Namen daher, dass die ersten zwischen den beiden Beinen gehalten werden: Denn *gamba* ist ein italienisch Wort, und heifst ein Bein, *le gambe,* die Beine. Und dieweil diese viel gröfsere *corpora,* und wegen des Kragens Länge, die Saiten auch ein längern Zug haben, so geben sie weit ein lieblichern Resonanz, als die andern *de bracio,* welche auf dem Arm gehalten werden. Diese beiden Arten werden von den Kunstpfeiffern in Städten also unterschieden, dass sie die *Violen de gamba*

mit dem Namen Violen, die *Violen de bracio* aber, Geigen oder Polnische Geigen nennen: Vielleicht daher, dass diese Art erstlich aus Polen herkommen sein soll, oder dass daselbsten ausbündige treffliche Künstler auf diesen Geigen gefunden werden.

Die *Violen de Gamba* haben 6 Saiten, werden durch *Quarten* und in der Mitten eine Terz gestimmet, gleich wie die sechs-chörichte Laute. Die Engelländer, wenn sie alleine damit etwas musiciren, so machen sie alles bisweilen umb eine *Quart*, bisweilen auch eine *Quint* tiefer, also, dass sie die untersten Saiten im kleinen Bass vors *D*, im Tenor und Alt vors *A*, im *Cantus* vors *e* rechnen und halten: Do sonsten, wie oben in der Tabell zu ersehen, ein jedere (nach dem Cammerton zu rechnen) eine *Quint* tiefer, als nämlich der Bass ins *GG*; der Tenor und Alt ins *D*; der *Cantus* ins *A* gestimmet ist. Und das gibt in diesem Stimmwerk viel eine anmutigere, prächtigere und herrlichere *Harmony*, als wenn man im rechten Ton bleibet. (Deren Abriss in *Sciagr. col. XX.*)

Die grofse *Viol de gamba* (*Italis Violono*, oder *Contrabasso de gamba*, deren Abriss in *Sciagr. col. VI* wird von den meisten *per quartam* durch und durch gestimmet; und solche Art gefällt mir nicht sehr übel: Achte auch davor, es sei nicht grofs daran gelegen, wie ein jeder seine Geigen oder Violen stimmet, wenn er nur das seine just rein und wol darauf *praestiren* kann.

Wie dann ihrer viel sich auch damit etwas sonderliches bedünken lassen, und daher etliche Organisten, wegen dessen, dass sie nicht dieser oder jener *Application* mit den Fingern sich gebrauchen, verachten wollen. Welches aber meines Erachtens der Rede nicht werth ist: denn es laufe einer mit den Vorder-, Mittel- oder Hinterfingern hinab oder herauf, Ja, wenn er auch mit der Nasen darzu helfen könnte, und machte und brächte alles fein rein, just und anmutig ins Gehör, so ist nicht grofs daran gelegen, wie oder auf was Mafs und Weise er solches zu wege bringe.

NB. In diesen allen geigenden *Instrumenten*, so mit Saiten von Därmen gemacht, bezogen werden, weisen die Noten in der vorgesetzten Tabell nicht mehr, als wie hoch oder tief eine jede Saite gestimmet werde, und nicht wie hoch man im selbigen *Instrument* mit den Fingern und Bünden *ascendiren* könne: Welches eim [45] jeden *Instrumentisten* nicht unwissend. In den blasenden Instrumenten aber hat solches nothwendig angedeutet werden müssen.

Die Alten haben dieser Violen *de gamba,* wie im *Agricola* zu befinden, dreierlei Arten gehabt: dann etliche sind mit drei Saiten; etliche mit vier; Und etliche (wie in *Sciagr. Col. XXI.*) mit fünf Saiten bezogen worden. Davon hier oben in *Tabella universali* mit mehrerem zu ersehen.

Dieweil aber uff den gar grofsen B a s s g e i g e n oder V i o l o n e n, wegen der grofsen Länge und Distanz zwischen dem obersten Kragenbunde und dem untern Stege die kleinen Saiten selten aushalten können:

So hat ein *Musicus* zu Prag den Sachen etwas weiter und tiefer nachgedacht und eine Bassgeige angegeben, auch verfertigen lassen, daran unter den sechs Saiten, von der grofsen anzurechnen, jederzeit die eine einen kürzern Zug, als die andere bekömmet, und also die kleineste fast umb einen ganzen Schuh, als nämlich 12 Zoll kürzer wird, denn die gröfste. In dem er nicht allein den untersten grofsen Steg (gleich in einem *Penorcon* und *Orpheoeron*) schrem oder *oblique* hinauf, besonders auch den obersten kleinen Steg, schrem herunter gebracht, und dahero die Bünde ganz ungleich werden müssen, dass sie darüber mit Fingern nicht zubegreifen. Darumb denn nothwendig ein solch Mittel erfunden, dass über den ganzen Hals, gleich an den gemeinen Bawer-Leyren, eine Decke gemacht, und unten fast am Ende 6 Plöcklein fünffächicht neben einander, die man gleich, als die *Clavier* uff der Leyer hinein drücken, und damit die rechte Bünde einer jeden Saiten andrücken und berühren können.

Denn an den Plöcklein oder *Clavieren,* wenn ich sie also nennen soll, seind starke Messing-Drath, gleich wie in den grofsen Pommern an den Messingschlüsseln, gewesen, welche so hoch hinauf gangen, dass ein jedes seinen Bund erreichen können: Und also wegen dessen, dass eine jede Saite ihren Zug halten, und auch der Bassgeiger oder *Violonista* mit der Hand nicht so weit hin und herwieder fahren und greifen, sondern die

4

Clavier oder Bünde so zu rechnen, hart neben einander haben und andrücken mögen, gar eine feine *Invention* ist.

Dieses aber missfällt mir, dass oben am Kopf anstatt der hölzernen, eiserne Wirbel gemacht sein, daran auswärts ein eingekerbtes Rädichen, dass sich, gleich wie an den Uhren und Schlag-Seegerlein, mit einer Stöhnfedern zurückhalten und forttreiben lässt. Da denn, wenn nur einige Kerbe abgelassen oder aufgezogen werden, die Saite in die *2. Commata* alsobald *ascendirt* oder *descendirt*, und daher meines Erachtens sogar rein und just dergestalt zu andern *Instrumenten* nicht wol *accordirt* und gebraucht werden kann.

Doch wäre demselben auch gar wol vorzukommen, dass nur die Kerblein in sol-   [46]
chen Räderlin aufs allerengste und genaueste nahe bei einander eingefeilet würden, so könnte mit einer Kerbe ab- und zuzulassen, die *distanz* des *soni* oder *toni* so gar merklich nicht gespüret, und die Saiten desto reiner und genauer in ein jedes Instrument mit eingestimmet werden: Dahero denn diese Art viel besser und beständiger, als die gemeine Wirbel wäre, weil sie dergestalt ganz nicht nachlassen, oder zurückweichen können.

NB. Es sind auch neulicher Zeit zween gar grofse *Violn de Gamba Sub*-Bässe, deren Abriss *Col. V.* zu finden, gefertigt worden, dabei man die andern grofse *Contra*-Bässe, zu den Tenor- und Altstimmen, den kleinen *Viol de Gamben*-Bass aber anstatt des Discants gebrauchen kann. Darauf ich auch ein *Concert* mit unterschiedlichen Chören (*Lauda Hierusalem Dominum*) welches in *Polyhymnia Nona*, mit Göttlicher Hülf in kurzem auch herfür kommen wird, mit 17 und 21 Stimmen, nach meiner Wenigkeit *componiret* habe: Do dann die fünf Stimmen desselben Chors alle in *Octava inferiore* müssen gegeiget werden. Dieweil aber derselbige Chor mit so viel grofsen Geigen, gleich wie auf den Orgeln, wenn man im Manual zum groben Principal oder *Gedactenflöte* von 16 Füfsen die *Tertien* und *Quinten* unten in der Tiefe mitnimpt, gar zu sehr in einander summet und murmelt, so habe ich befunden, dass es ungleich annemlicher und anmuthiger sei, die rechte *Violn de Gamba* zu den Obern- und Mittlernstimmen, den gar grofsen *Sub*-Bass aber in der *Octav* zum Bass gebrauchen, da es denn von fernen, als ein tiefer Untersatz und *Sub*-Bass in einer Orgel gehöret wird.

Dabei ich dann auch dieses erinnern muss: dass, wenn man auf diesen grofsen *Sub*-Bassgeigen, und auf der *Octav*-Posaun eine Partei mit*musiciren* will, so muss der Bass umbgeschrieben, das '): auf die mittelste Linie, und die unterste Noten alle umb eine *Octav* höher, gleich einem niedrigen Tenor, gesetzet werden; Und alsdann kömpt es den *Instrumentisten* gar leicht und eben, als wenn er sonst auf ein Tenor-Instrument seine Partei machte; dieweil solche gar tiefe Instrumenta gleich in einer *Octav* unter dem rechten Tenor stehen.

Und dieses kann auch in Doppel-Fagotten und gar grofsen Bass-Pommern bisweilen in acht genommen werden.

Das XXI. Capitel. [47]

VIOL BASTARDA.

(in *Sciagraph. Col. XX.*)

Dieses ist eine Art von *Violn de Gamba,* wird auch gleich also, wie ein Tenor von *Violn de gamba* gestimmet, (den man auch in manglung darzu brauchen kan) aber das *Corpus* ist etwas länger und gröfser. Weifs nicht, ob sie daher den Namen bekommen, dass es gleichsam eine *Bastard* sei von allen Stimmen; sintemal es an keine Stimme allein gebunden, sondern ein guter Meister die *Madrigalien,* und was er sonst uff diesem Instrument *musiciren* will, vor sich nimpt, und die Fugen und *Harmony* mit allem Fleifs durch alle Stimmen durch und durch, bald oben aufsm *Cantus,* bald unten aufsm Bass, bald in der Mitten aufsm Tenor und Alt heraufser suchet, mit *saltibus* und *diminutionibus* zieret, und also *tractiret,* dass man ziemlicher Mafsen fast alle Stimmen eigentlich in ihren Fugen und *cadentien* daraus vernehmen kann. Wie ich dann den Unwissenden zur Nachrichtung 2 und 3 Exempel am Ende dieses dritten

Theils hatte mit einsetzen wollen. Will es aber sparen, bis in den *Appendicem Tertij Tomi, nom: Instructionem pro Symphoniacis.*

Es werden aber solche *Violn de Bastarda* auf mancherlei Art gestimmet, als in der Tabell zu ersehen, und noch auf viel andere Weise mehr, darnach der Meister den Gesang gesetzet und gerichtet hat.

Jetzo ist in Engelland noch etwas sonderbares darzu erfunden, dass unter den rechten gemeinen sechs Saiten, noch acht andere stählene und und gedrehete Messing-Saiten, auf einem messingen Stege (gleich die auf den Pandoren gebraucht werden) liegen, welche mit den obersten gleich und gar rein eingestimmet werden müssen. Wenn nun der obersten Darmen-Saiten eine mit dem Finger oder Bogen gerühret wird, so *resoniret* die unterste Messing- oder stählene Saiten *per consensum* zugleich mit zittern und *tremuliren*, also, dass die Lieblichkeit der *Harmony* hierdurch gleichsam vermehret und erweitert wird.

Daher augenscheinlich und handgreiflich zu befinden, dass die *Harmony* der *Consonantiarum* ganz in die Natur gepflanzet sei. Dann wenn in einer Stuben, Cammer, oder sonsten eine Saite auf der *Viol intoniret* wird, und eine Laute oder Cyther aufm Tische lieget, oder an der Wand hänget, so reget und beweget sich auf derselben Lauten oder Cyther, die Saite, welche unter denselben [48] gar rein und eben mit derer, so auf der Viol mit dem Bogen gestrichen wird, gleichlauts einstimmet: Welches man umb so viel gewisser und eigentlicher, wenn ein Strohhälmlin auf dieselbige Lauten- oder Cythersaiten gelegt wird *observiren* und erfahren kann.

Und empfinden solche schneidende *Harmony* die Messing- und stählene Saiten viel eher und mehr, als die Darmsaiten, also, dass sie sich nit allein bewegen, sondern auch zugleich mit*resoniren*, und ein *sonum* von sich geben. So geschichts auch oft auf der grofsen *Bassviol de Gamba*, wenn das gar grofse *GG* auf der untersten Saiten mit dem Bogen scharf *intoniret* wird, dass oben die Saite, welche just in der *Octaven* mit dem *G* einstimmet, zugleich sich beweget und mit *resoniren* thut. Ja das noch mehr ist, so bezeugt die Erfahrung, dass, wenn ein Orgelmacher in Auf setzung und Zusammenfügung einer neuen Orgel, oben aufm Gerüste eine Pfeiffe nach der andern einsetzen und stimmen, und in der Eil wissen will, wo er unter allen Pfeiffen, so aufm Gerüste nach einander liegen, die Pfeiffen so er haben muss, finden könne: so lässt er in der Orgel nur die *Octav* von derselben Pfeiffe *intoniren*, alsbald kann er unter denen aufm Gerüste, wenn er eine nach der andern anrühret, am Zittern die *Octava* finden: Denn sich dieselbige Pfeiffe von dem Klang und Ton der andern in der Orgel also zitternd bewegt, dass man es greifen und fühlen kann.

Das XXII. Capitel.

VIOLN DE BRACIO.

(in *Sciagraph. Col. XXI*)

Iola, Viola de bracio: Item, Violino da brazzo; Wird sonsten eine Geige, vom gemeinen Volk aber eine Fidel und daher *de bracio* genennet, dass sie auf dem Arm gehalten wird.

Deroselben Bass-, Tenor- und Discantgeig (welche *Violino* oder *Violetta picciola*, auch *Rebecchino* genennet wird) seind mit 4 Saiten; die gar kleinen Geiglein aber *(Col. XVI.)* mit drei Saiten bezogen (auf französisch *Pochette* genannt) und werden alle durch *Quinten* gestimmet. Und demnach dieselbige jedermänniglichen bekannt ist, darvon (aufser diesem, dass wenn sie mit Messing- und stählenen Saiten bezogen werden, ein stillen und fast lieblichen Resonanz mehr, als die andern, von sich geben) etwas mehr anzudeuten und zu schreiben unnötig.

Es sind aber deroselben unterschiedene Arten in der *Sciagraph. Col. XXI* und auch in der vorhergesetzten Tabell zu finden.

Das XXIII. Capitel.

LYRA.

Llhier ist nicht zu sagen, von der Bauren- und umblaufenden Weiber-Leyer, die mit einem Handgriff herumb gedrehet, und mit der linken Hand die *Claves tangirt* werden: Deren Abriss in *Sciagraph. Col. XXII* zu sehen. Sondern von den Italianischen Lyren, deren auch zweierlei Arten sind.

1. Eine grofse Lyra *(Lironi perfetto, Arce violyra;* oder, wie es obgedachter *Ludovico Zacconi* nennet; *Arce - viola telire,* deren Abriss in *Sciagraph. Col. XVII).* An der *structur* dem Bass von den *Violen de Gamba* gleich, doch dass das *Corpus* und der Kragen, wegen der vielen Saiten umb ein ziemliches breiter ist. Denn etliche haben 12, etliche 14, etliche auch noch 2 aufserhalb des Kragens, und also 16 Saiten, darauf alle *Madrigalia* und *Compositiones,* sowol *in genere Chromatico,* als *Diatonico,* zuwege bracht werden können: Welches dann eine feine *Harmony* von sich gibt. Doch dass bisweilen die höchste, bisweilen die tiefste Stimme, gleich wie auf den kleinen Cithern aufsen bleibet, und derowegen ein Bass und Discant gar bequem darzu kann und muss gebraucht werden.

2. Die kleine Lyra ist der *Tenor Violen de bracio* gleich: Daher sie auch *Lyra de bracio* genennet wird, hat 7 Saiten, zwo Saiten aufserhalb des Kragens, und die andern fünfe auf dem Kragen liegend: Darauf man *Tricinia,* und auch andere Sachen, fast einer Cither gleich, zuwege bringen kann. Deren Abriss in *Sciagraph. Col. XX.*

Das XXIV. Capitel.

TESTUDO. Laute.

(in Sciagraph. Col. XVI.)

Ic Lauten *(Testudo, Chelys, Italis Liuto)* haben anfangs nur vier Chor mit doppelten Saiten, als *c f a d̄,* gleich wie eine *Quinterna,* gehabt: Hernacher haben sie oben noch einen Chorsaiten darzu erfunden, als, *c f a d̄ ḡ.*

Es werden aber die Chöre auf den Lauten bei unterschiedlichen Nationen auch unterschiedlich *nominiret* und gezählet. Als nämlich das

$$\left\{ \begin{array}{c} \bar{g} \\ \bar{d} \\ a \\ f \\ c \\ G \end{array} \right.$$

wird in

Italia und Frankreich
- *il canto: Vel So-prano*, oder *la charterelle*
- *il terzo*
- *il quarto*
- *il quinto*, oder *la Basse contrè*

[50]

In Engelland und den Niederlanden die
- *prime*
- *secunde*
- *tertie*
- *quarte*
- *quinte*

Bei uns aber in Deutschland aber die
- *quint*
- *quart*
- *terz*
- *secund*
- *prim*

Die Alten habens also
- Quintsait
- Kleinsangsait
- Grofssangsait
- Klein-Brummer
- Mittel-Brummer
- Grofs-Brummer

} genennet.

Ferner hat man noch also über diese den 6. Chor unten, nämlich das *C ut:* Und noch darüber den 7. Chor *F fa ut:* Welche dann von Jahren zu Jahren von den Lautenisten *augirt* und vermehret worden, Also, dass endlichen acht, neun, ja bisweilen zehn, elf, und mehr Chorsaiten auf einer Lauten nunmehr gefunden werden. Wie aber der siebente, achte und neunte Chor zu stimmen, ist hier nicht nötig zu schreiben: Denn ein jeder dieselbige zu seinem Gefallen stellet und stimmet, nachdem er sich angewöhnet, oder der Gesang gesetzt ist, den er *tractiren* will.

Jetzo hat man meistentheils Lauten mit einem langen Kragen, der Theorben fast gleich, hat aufm Halse, darauf die Bünde liegen (der Griff genannt) 8 oder 7 Chor mit doppelten Saiten, und auswärts auf dem längsten Theorbenkragen oder Halse, 6 einzelne Saiten, welche dann den Bass trefflich sehr zieren und prangend machen. Und ist unter dieser Lauten und der Theorba kein sonderlicher Unterscheid, als dass die Laute aufm Griff und den Bünden, doppelte Saiten, die Theorba aber durch und [51] durch nur einfache Saiten haben: Und in der Theorba muss die *Quint* und *Quart* um eine *Octave* tiefer gestimmet werden.

Etliche kleine und grofse Lauten in einander zu ziehen.

Wann man viel unterschiedene Lauten in einander stimmen und *accordiren* will,

so muss in der	1. Kleinen Octavlaute	die Quint ins	$\bar{\bar{d}}$	gestimmet werden.
	2. Klein Discantlaute		$\bar{c}$	
	3. Discant-Laute		$\bar{h}$	
	4. Recht Chorist- oder Alt-Laute		$\bar{a}$	
	5. Tenor-Laute		g e	
	6. Der Bass genannt-		$\bar{d}$	
	7. Die Grofs *Octav-*Bass-Laute.		g	

Ob auch wol ein jedes Theil an der Lauten, von dem einen also, vom andern anders genennet und ausgesprochen wird: So lass ich mir doch dieses zum besten gefallen: Dass, nämlich

die unterste runde, oder der Bauch		das *Corpus.*
der oberste oder Sangboden		das Tach.
do die Bünde aufliegen oben		der Griff.
unten	genennet	der Hals.
do die Wirbel drin gehen	wird	der Kragen.
der lange Kragen, welcher neulich		der Theorbenkragen
darzu erfunden worden.		oder Theorbenhals.

Das XXV. Capitel. [52]

THEORBA.

(in *Sciagraph. Col. V. & XVI.)*

Heorba ist einer grofsen Basslauten nicht sehr ungleich, doch dass sie mehr, als nämlich 14 oder 16 Chorsaiten, und über den rechten Hals, darauf sonsten die Bünde liegen (welches, wie vorgesaget, der Griff genannt wird) noch ein andern längern Hals hat. Ist alleine dahin gerichtet (dieweil wegen der Gröfse und weiten Greifens keine *Colloraturen* oder *Diminutiones* darauf gemacht werden können, sondern schlecht und recht dahin gegriffen werden muss) dass ein *Discant* oder *Tenor viva voce,* gleich wie zu der *Viol de Bastarda,* darein gesungen werde. Darneben aber ist sie auch sehr wohl zu gebrauchen und gar lieblich anzuhören, wenn sie neben andern Instrumenten in eim ganzen *Concert,* oder sonsten nebenst dem Bass, oder anstatt des Basses gebraucht wird.

Deren sind nun zweierlei Arten; die eine mit Gegensaiten, die andere mit Messing- und stählernen Saiten; und mit solchen Saiten beziehen auch etliche jetzt die recht gemeinen Lauten: Aber die *Quarta* und *Quinta* wird alsdann umb eine *Octav* tiefer als sonsten gestimmet, gleich wie in der *Theorba.* Und das darumb, dieweil in der *Theorba* die Länge des *Corporis* und die Messing-Saiten, solches nicht anders leiden und die rechte Höhe nicht erreichen können.

Die zu Rom gemacht, und *Chitarrone* genennet werden, die haben ein gar sehr langen Hals, also, dass desselben Länge mit dem *Corpore* 6¼ Schuh und 2 Zoll austrägt; und ist das *Corpus* nicht so gar grofs, breit und unbequem zu halten und zu begreifen, als die bisher zu Padova gemacht worden, und nur 5 Schuh lang sein. Die Romanische (welche jetzo auch zu Prag, von einem Martin Schott genannt, gar sauber und fleifsig gemacht werden, und *Col. V.* zu finden) haben auf dem Griffe, darauf die Bünde liegen, nur 6 Saiten oder Chor, die Padoanische aber 8 Saiten. An dem gar langen Halse aber seind an beiden Sorten 8 Saiten, aufserhalb derer, die auf dem Griffe liegen. Wiewol von Jahren zu Jahren allezeit mehr Aenderungen hierinnen vorfallen und erdacht werden: Darumb auch nichts gewisses hiervon zu schreiben.

Das XXVI. Capitel.

QUINTERNA. [53]

Uinterna oder *Chiterna*, ist ein Instrument mit vier Chören, welche gleich wie die aller älteste erste Lauten (deren *Num. 24* gedacht worden) gestimpt werden: Hat aber keinen runden Bauch, sondern ist fast wie ein Bandoer ganz glatt, kaum zween oder drei Finger hoch: deren Abriss in *Sciagraph. Col. XVI.* zu finden.

Etliche haben 5 Chorsaiten, und brauchens in *Italia* die *Ziarlatini* und *Salt in banco* (das sind bei uns fast wie die *Comödianten* und Possenreisser) nur zum schrumpen; darein sie *Villanellen* und andere närrische Lumpenlieder singen.

Es können aber nichts desto weniger auch andere feine anmuthige *Cantiunculae* und liebliche Lieder von eim guten Sänger und *Musico Vocali* darein *musicirt* werden.

Das XXVII. Capitel.

PANDURINA: Mandürichen.

(in *Sciograph. Col. XVI.*)

Ieses wird von etlichen Bandürichen, von etlichen Mandoër, oder Mandurinichen *(forté quia manu facilè comprehendi & tractari potest)* genennet: Ist wie gar ein klein Lautlein mit 4 Saiten also gestimpt *g d g d:* Etliche auch mit fünf Saiten oder Chören bezogen, so unter einem Mantel füglich, und in Frankreich sehr gebräuchlich sein soll; darauf etliche dermafsen *exercirt* sein, dass sie die *Couranten, Volten* und andere dergleichen französische Tänze und Lieder, auch wol Passametzen, Fugen und Fantasien, auf einem Federkiel, gleich auf den Cithern gebraucht wird, oder mit einem einzigen Finger so geschwind, gerade und rein machen können, als wenn drei oder vier Finger darzu gebraucht würden. Wiewohl etliche zween oder mehr Finger, nach dem sie *exercirt* sein, gebrauchen.

—   ··

Das XXVIII. Capitel.

PANDORRA. Bandoer.

(in *Sciograph. Col. XVII.*)

Andoer *(fortassè simile quid, si non idem fuit πανδούρα sive πανδύρις Graecorum)* ist in Engelland erfunden, nach der Lauten Art, fast einer grofsen Cither gleich, mit einfältigen und doppelt- auch vier und mehr-   [54]
fach gedrehten Messing- und stählernen Saiten bezogen, und wird von sechs, bisweilen auch sieben Chören wie eine Laute, doch unterschiedlich gestimmet: Ohn dass ihm die *Quinta*, welche sonsten auf der Lauten gebraucht wird, mangeln thut.

·· —

Das XXIX. Capitel.

PENORCON.

(in *Sciagraph. Col. XVII.*)

Enorcon ist fast eben derselbigen Art, allein dass es etwas breiter am *Corpore* ist, als ein Bandoer, und hat gar einen breiten Hals oder Griff, also dass neun Chor-Saiten neben einander darauf liegen können. An der Länge aber ist es in etwas kleiner, als das Bandoer und gröſser als ein *Orpheoreon.*

Das XXX. Capitel.

ORPHEOREON.

(in *Sciagraph. Col. XVII.*)

As *Orpheoreon* ist an der *proportion* wie ein Bandoer, doch etwas kleiner, von Messing- und von stählernen Saiten; wird wie eine Laute im Cammer-Ton (als nämlich die *Quinta* ins $\bar{g}$) gestimmet.

Das XXXI. Capitel.

CITHARA.

(in *Sciagraph. Col. XVI*).

Ithara, eine Cither, ist jetziger Zeit bei uns viel ein ander *Instrumentum Musicum,* als vor Zeiten bei den Alten; da mit dem Namen *Citharae,* unsere jetzige Harfe genennet worden: Wie im folgenden *Numero 32* zu vernehmen.

Es sind aber der Cithern fünferlei Art:

1. Die gemeine Cither von 4 Chören, und wird unterschiedlich gestimmet; bisweilen (*h g d̄ ē*) und alsdenn Italienische Cither; bisweilen *a g d̄ ē,* franzö-

sische Cither genennet. Und diese Art mit 4 Chören ist ein *illiberale;*
Sutoribus & Sartoribus usitatum Instrumentum.

2. Cither von 5 Chören; und wird also gestimmet, *d h g $\bar{d}$ $\bar{c}$;* oder
F e c g a; von etlichen aber also, *G fis d a h.*

3. Sechs-Chörichte Cither: Und die wird auf unterschiedliche Art
gestimmet:

    1. Die alten Italiener haben sie also gestimmet *a c h g $\bar{d}$ $\bar{e}$.* (sic?)

    2. Sixtus Kargel von Strafsburg, *G d h g $\bar{d}$ $\bar{e}$.*

    3. Die dritte Art wird nach der fünf Chörichten gestimmet, also *G d h
g $\bar{d}$ $\bar{e}$;* darauf man so viel nicht überlegen darf, und viel bequemer und
füglicher zu greifen ist.

4. Grofs sechs Chörichte Cither, do das *Corpus* noch eins so grofs ist,
und umb eine Quart tiefer als die vorigen sechs Chörichten Cithern, nämlich also, *fis D A d a h* gestimmet wird.

Ist in alles fast zwo Ellen lang, und *Col. V* zu finden.

5. Noch wird eine gröfsere Art von Cithern gefunden mit 12 Chören,
welche einen herrlichen starken Resonanz von sich gibt, gleich als wenn
ein *Clavicymbel* oder *Simphony* gehöret würde: Und zu Prag bei einem
Kaiserlichen vornehmen *Instrumentisten, Dominicus* genannt, eine solche
zu finden: Welche fast so lang als eine Bassgeige sein soll, deren Abriss
Col. VII zu finden.

Noch ist vor drei Jahren ohngefähr ein Engelländer mit einem gar
kleinen Citherlein (deren Abriss *Col. XVI.*) in Deutschland kommen, an
welchem der hinterste Boden von unten auf halb offen gelassen, und nicht
angeleimet ist, darauf er eine frembde, doch gar sehr liebliche und schöne
Harmony mit feinen reinen *diminutionibus* und zitternder Hand zuwege bringen können, also, dass es mit sonderbarer Lust anzuhören; und von etlichen
vornehmen Lautenisten gleichergestalt nunmehr *practiciret* werden kann.

Es wird aber wie vor alten Zeiten die vier Chörichte Lauten also
gestimmet:

<table>
<tr><td rowspan="4">die</td><td>Quinta</td><td rowspan="4">ins</td><td>g</td><td>g</td></tr>
<tr><td>Quart</td><td>d</td><td>d</td></tr>
<tr><td>Tertia</td><td>a</td><td>b</td></tr>
<tr><td>Secund</td><td>f</td><td>f</td></tr>
</table>

Wiewol die Tertia bisweilen ein *Semitonium majus* höher ins *b* gezogen, und in *corda valle* genennet wird: Und in Frankreich auf der Lauten sehr gebräuchlich ist. Doch, dass alle Saiten umb eine *Octav* höher, als die Lauten also $\bar{f}\,b\,\bar{d}\,\bar{g}$ gezogen, und zu der *Quint* die *Num. 2*, zur *Quart Num. 8*, zur Terz *Num. 5* und zur *Secund Num. 10* von Messing- und stählernen Saiten gebraucht werden. Denn die *Secund*, oder der vierte Chor wird nur umb eine *Secund* niedriger, als die *Quint* oder erste Chor gestimmet.

Das XXXII. Capitel. [56]

Harf.

Harpa, *aliis Arpa, (ab* ἁρπάξω, *rapio, quod Chordae digitisqu: rapiantur) Graecè* κιθάρα: *Gallicè un Harpe: Ital. Cetera, Arpa: Hispanicè Harpa: Latinis Cithara:* Wie sie denn auch bei den Alten mit dem Namen *Cithara* genennet worden. Darumb schreibet *Hieronymus*; *Citharam Hebraeorum habuisse 24 Chordas vel plures (licet Orpheus septem dundaxat Chordis Cytharam pulsasse dicatur, teste Virgilio, 6. Aeneid:*
Threicius longa cum veste sacerdos
Obloquitur numeris septem discrimina vocum) Ex morticinis animalium intestinis desiccatis, subtiliatis ac tortis, quae fides dicuntur. Hae fides digitorum variis, tinnulisque ictibus in diversis modis tacta pulsantur. Vide Plin. 7. cap. 56. Turneb. 19. cap. 30. Und wie *Hieronymus* in *Epist. ad Cardanum* schreibet, so ist sie in Gestalt und Form des griechischen Buchstabens △ gemacht und formieret worden: Welches dann den unsern ietzigen Harfen nicht sehr ungleich.

Jetziger Zeit sind dreierlei Art der Harfen:

1. Gemeine einfache Harf, welche 24, etliche mehr Saiten haben, vom *F* bis ins *c* und *ā*, haben keine *semitonia* bei sich (in *Sciagraph. Col. XVIII.*)

2. Grofs doppel Harfe, *Harpa doppia* (in *Sciagraph. Col. XIX.*), welche ein vollständig *Corpus*, und alle *Semitonia* (welche dem Boden etwas näher, als die andern Saiten, wiewol aufm Stege alle gleich liegen) darneben hat:

Uff der einen Seiten zur linken Hand:

C Cis D Dis F Fis G Gis A B H c cis d dis e f fis g gis a b h c cis d dis e f fis g gis.

Auf der andern Seiten zur rechten Hand:

g gis a b h c cis d dis e f fis g gis a b h c cis d dis e f fis g gis a b h c.

3. Irländische Harf, *Harpa Irlandica*, derer *Structur* und Form in der *Sciagraph. Col. XVIII* zu finden, hat ziemlich grobe dicke Messing-Saiten, an der Zahl 43 und einen aus der mafsen liebliche Resonanz.

C D E F G A B c d e f g a b h c cis dis c d e f fis g gis a b c d e f g fis dis cis h gis a b h c cis d e.

Das XXXIII. Capitel. [57]

Scheitholt.

(in *Sciagraph. Col. XXI.*)

ABwol dieses Instrument billich unter die Lumpen-Instrumenta referiret werden sollte: So habe ich doch dasselbe, weil es wenigen bekannt, in etwas allhier *deliniiren* wollen. Und ist eim Scheit, oder Stücke-holz nicht sogar sehr ungleich, denn es fast wie ein klein *Monochordum* von drei oder vier dünnen Bretterlein gar schlecht zusammen gefügt, oben mit eim kleinen Kragen, darinnen drei oder vier Wirbel stecken, mit drei oder vier Messingsaiten bezogen; darunter drei in *Unisono* aufgezogen, die eine aber unter denselben, in der Mitten mit eim Häcklein, also, dass sie umb eine *Quint* höher *resoniren* muss, nieder gezwungen wird: Und so man will, kann die vierte Saite umb eine *Octav* höher hinzugethan werden. Es wird aber über alle diese Saiten unten am Stege mit dem rechten Daumen allezeit überher geschrumpet: und mit eim kleinen glatten Stöcklein in der linken Hand auf der vordersten Saiten hin und wieder gezogen,

dadurch die Melodei des Gesanges über die Bünde, so von Messing-Draht
eingeschlagen sind, zuwege gebracht wird.

Das XXXIV. Capitel.

Trummscheit.

(in *Sciagraph. Col. XXI.*)

DAs Trummscheit, welches aus dem *Monochordo* erstlich hergeflossen
und erfunden worden, wird von dem *Glareano* in seinem *Dodecachordo
lib. I. c. 17 Magàs secundum Suidam*, oder *Magàdis* genennet, und
daselbsten nachfolgender Gestalt beschrieben.

Die Deutschen, Franzosen und Niederländer gebrauchen sich heutiges
Tages eines Instruments, welches sie *Tympanischizam* nennen, und ist von
dreien dünnen Bretterlein, wie eine *Trigonia Pyramis* gar schlecht zusammen gefügt, in die Länge zugespitzt und auf dem obersten Brettlein
(sonsten der Sangboden genannt) mit einer langen Darmen-Saite   [58]
bezogen, welche mit einem von Pferdehaaren gemachten, und mit Pech
oder *Colophonio* bestrichenen Bogen, überstrichen und klingend gemacht wird.

Etliche ziehen noch eine andere Saite, so zweimal kürzer ist, darzu
auf, damit die vorige einen desto stärkern Klang und Resonanz mit der
Octava von sich geben könne.

Bei dem *Athenaeo*, an dem Ort da er mancherlei Instrumenten gedenket,
wird auch unter andern eines *Trigoni* erwähnet, welches *Plato in 8. de
Repub.* unter die πολύχορδα mitrechnet.

Ich glaube aber und bin der Meinung, dass dieses, von welchem ich
jetzo geredet habe, gar alt sei.

Die Spielleut tragen es auf den Gassen herumb und haben die Spitze
desselben, oder wie es sonsten genennet wird, den Hals, darinnen die
Clavis oder Wirbel, damit die Saiten aufgezogen und gestimpt werden,
stecken, an die Brust gesetzet: Das ander Theil aber, da unten die Höhle,
und das dreieckichte Fundament ist, haben sie vorwärts hinaus gestreckt.

Und halten also solch Instrument in der linken Hand, und rühren an den unterschiedenen Punten und *Sectionibus* (welches sonsten uff Lauten und Cithern die Bünde sind) die Saiten mit dem linken Daumen ein wenig und gar gelinde an. Mit der rechten Hand aber ziehen sie den Bogen über die Saiten hin und her.

Die Tiefe der gröfsten Saiten hat ihren Anfang am untersten Ende, und erstreckt sich bis oben zur Spitze, welche an die Brust gesetzet wird, do denn mit dem Daumen der linken Hand dieselbe Saite jederzeit hin und her wieder berühret, und die unterschiedliche Melodei zuwege gebracht wird. Die rechte Hand streicht den Bogen über die Saite, gar oben zwischen der linken Hand und dem obersten Theil, also dass allezeit der geringste Theil der Saiten den rechten *Tonum* von sich gibet; Und lautet von fernen viel anmuthiger, als wenn man nahe darbei ist.

Die beide *Modos, Jonicum & Hypojonicum* können sie gar wol uff diesem *Instrument*, gleich wie auf den Trummeten, Sackpfeiffen und andern dergleichen *Instrumenten*, spielen und zuwege bringen, die andern *Tonos* aber nicht so wol.

Und ob zwar diejenige, so der *Music* unerfahren, allein bei den *Tertien, Quarten, Quinten* und *Octaven* bleiben müssen, die *Tonos* aber und *Semitonia* nicht wol finden können: So kann man sie doch, wer sich dessen etwas fleifsiger angelegen sein lässt, auch zuwege bringen; wiewol wegen dessen, dass die lange Saite einen kirrenden und schnarrenden *Sonum* von sich gibt, die *Semitonia* nicht wol *observirt* werden können. [59]

Dieses knirren oder schnarren aber, wird zuwege gebracht, durch ein kleines krummes Hölzlein, dessen breitestes und dickstes Füfslein, unten fast am Ende unter die Saite, wie sonsten ein Steg auf den Geigen, doch gar lose gestellet, also, dass der ander Theil oder Füfslein, welchem sie etwas aus Helfenbein, oder anderer harten scheinbahren *matery* unterlegen. wie ein Schwanz oder *Colurus* herfür gehet: Derselbe beweget sich uff dem Resonanz- oder Sangboden, wenn die Saite mit dem Bogen gerühret wird, und erreget also einen zitternden und schnarrenden Klang und Resonanz.

Ich habe (sagt *Glareanus* weiter) dieses Instruments *Invention* lachen

5

müssen: Die rechte Ursach aber, warumb nicht alle *divisiones* und unterschiedene *Puncta* solcher *stridorem* von sich geben, ist mir, wie fleifsig ich
auch denselben nachgedacht, zu ergründen und zu erfahren unmöglich gewesen.

Bisweilen stecken sie auch in das allerunterste dieses herfürgestreckten
Theils oder Füfsleins, ein gar subtiles Nägelchen, damit das Zittern und
Schnarren desto stärker in dem *Solido* gehöret werde.

Und ist eben also, wie auf einer Harfe, da die Saiten auch knirren und
schnarren, wenn sie an den untersten hölzernen Nagel, damit die Saiten
unten in das *Corpus* der Harfen eingezapft und fest gemacht sein, antreffen
und angeschlagen werden, welches von dem gemeinen Manne ein harfenirender Resonanz genennet wird.

Dieses dreieckichten *Monochordi* Länge, ist fast fünf Schuch; aber von
drei Bretterlein, deren ein jedes unten in *Basi* fünf Zoll, oben an der Spitzen
aber zwei Zoll breit ist (und so viel aufsm *Glareano*).

Dieses Trummscheit, wie ich es gesehen, und selbsten eins habe,
ist sieben Schuch drei Zoll lang, und im Triangel unten ein jedes Brettlein sieben Zoll, oben aber kaum zwei Zoll breit, mit vier Saiten bezogen,
also, dass die rechte *Principal* und längste Saite ins C, die ander ins c,
die dritte ins g und die vierte ins c gestimmet: Und bleiben die obersten
drei allezeit in einem Laut und *Tono*, wie sie ins c g c gestimmet sein; uff
der gröbsten Saite aber, wird mit dem Anrühren des Daumens, die rechte
Melodei, gleich wie ein rechter *Clarien* auf einer Trummet zuwege bracht,
also, dass wenn es von fernen gehöret wird, nicht anders lautet, als wenn
vier Trummeten mit einander bliesen und lieblich einstimmeten; sonsten
ist es in allen Dingen durch und durch also beschaffen, wie hievorn
aufsm *Glareano* verdeutschet,
und angezeiget wor-
den.

Das XXXV. Capitel.

Monochordum.

(in Sciagraph. Col. XXXIX)

As *Monochordum* wird von vorgedachtem *Sebastiano Virdung* also be-
schrieben: dass es eine viereckete Lade sei, gleich einer Truhen oder
Kisten, darauf eine Saite gezogen wird, welche durch den Cirkel ausgetheilet; alle *Consonantien* durch die *proportiones* ergründet und bewährlich
herfür bringet; darumb hat man nach derselben *mensur* uff ein jeglichen
Punct ein Schlüssel machen lassen, der die Saite gar genau auf demselben
Ziel oder Puncten anschlägt, und die rechte Stimm, so ihr die *Mensur* von
Natur gegeben, herfür bringet. Und dieweil hiervon an eim andern Ort
weitläuftiger gesagt werden soll, auch in etlichen andern *Autoribus* dasselbe
beschrieben und *tractiret* wird: Habe ich allhier an diesem Ort weitläuftiger
darvon zu handeln vor unnötig erachtet.

Das XXXVI. Capitel.

Clavichordium.

(in Sciagraphia Col. XV.)

As *Clavichordium* ist aus dem *Monochordo* (nach der *Scala Guidonis,*
welche nit mehr als 20 *Claves* gehabt hat) erfunden und ausgetheilet
worden, denn anstatt eines jeden Bundes aufm *Monochordo*, hat man
ein *Clavem* aufm *Clavichordio* gemacht; und sind anfangs nicht mehr denn
20 *Claves* allein in *genere Diatonico* gemacht worden, darunter nur zween
schwarze *Claves*, das *b* und *b̄* gewesen, denn sie haben in einer *Octav* nicht
mehr als dreierlei *Semitonia* gehabt, als *a b*, *h c*, und *e f*, wie dasselbe
noch in den gar alten Orgeln zu ersehen. Hernacher aber hat man den
Sachen weiter nachgedacht und aus dem *Boëtio* nach dem *genere Chromatico*
mehr *Semitonia* darzu gebracht, also, dass ein solch *Clavir* draus worden:

Gis B cis dis fis gis b cis dis fis gis b cis dis fis
F G A h c d e f g a h c d e f g a h c d e f [61]

Dass aber jetzo alle *Symphonien* und *Clavichordia* unten vom *C* anfangen, und oben meistentheils ins *a c* oder *d* (welches dann zum besten) auch wol im *f* sich endigen, wird wenigen unwissend und unbekant sein.

Gleichwie nun die Laute das *Fundament* und *Initium* ist, von der man hernacher uff allen andern dergleichen besaiteten Instrumenten, als Pandoren, Theorben, Penorcon, Mandörichen, Cithern, Harfen, auch Geigen und Violen, schlagen, und gar leicht das seinige *praestiren* kann, wenn man zuvor etwas rechtschaffenes darauf gelernet und begriffen hat.

Imgleichen, wer auf den Flöten im Anfang das rechte Fundament erlernet und gefasset, der kann hernacher uff allen andern gelöcherten blasenden Instrumenten, als Zincken, Schalmeyen, Pommern, Fagotten, Dolzianen, Racketen und dergleichen gar leichtlich fortkommen.

Eben also ist auch das *Clavichordium* das Fundament aller *clavirten Instrumenten*, als Orgeln, *Clavicymbeln, Symphonien, Spinetten, Virginal* etc. darauf auch die *Discipuli Organici* zum Anfang *instruirt* und unterrichtet werden. Unter andern fürnemlich darumb, dass es nicht so grofse Mühe und Unlust gibt mit befedern, auch vielen und öftern umb- und zurechtstimmen, sintemal die Saiten daselbst ungleich beständiger sein und bleiben, als auf den *Clavicymbeln* oder Spinetten. Wie dann oftmals Clavichordia gefunden werden, so man in Jahr und Tag nicht stimmen darf: Welches sonderlich vor anfahende Schüler, die noch zur Zeit weder stimmen oder befedern können, ein grofser Vortheil.

In *Sciagraphia Col. 15, Num. 2* ist ein *Clavichordium* abgezeichnet, welches vor etlich dreifsig Jahren aus Italia nach Meifsen gebracht worden, darinnen gar künst- und weislich dieses *observiret* wird, dass der Chor Saiten, so zum *d* und *a* gehöret, durch alle *Octaven* blofs, und nur mit einem einzigen *Clave* angerühret wird; darumb dass (wenn in den *Syncopationibus*, bevorab in *clausulis*, und auch sonsten die *Secunden* neben einander zugleich angerühret werden müssen) nicht zweene *Claves* uff einen Chor zugleich anfallen, und eine κακοφωνίαν err:gen.

Sonsten aber mit den andern *Clavibus* wirds gehalten, wie in andern Clavichordien, dass allezeit zween, drei, bisweilen auch wol vier *Claves*, (welche *propter dissonantiam* zugleich auf einmal nicht angerührt werden müssen) zu einem Chorsaiten gebraucht werden

Dieses Jahr habe ich ein Clavichordium (in Gröfse und Form, wie das 2. in *Col. XV*) einem guten Meister an die Hand geben, darinnen nicht allein die *Semitonia dis gis* und *b* dupliret, sondern auch das *cis* und *fis*. so wol auch zwischen den   [62] *Clavibus e* und *f: h* und *c* noch ein sonderlich *Semitonium* zu finden; allermafsen, wie in dem *Clavicymbalo Universali*, darvon im XL. Capitel mit mehrerm.

— ·· —

Das XXXVII. Capitel.

Symphonia.

(in *Sciagraph col. XIV.*)

Eine *Symphony* (wie denn auch ein *Clavicymbalum, Virginale, Spinetta*) wird in gemein von den meisten ohn Unterscheid mit dem Wort *Instrument* (wiewol gar unrecht) genennet. Denn der Name *Instrument* ist gar zu general, und gehet uff alle *Instrumenta Musicalia:* wie im Anfang hiervornen weitläuftiger erinnert worden. Darumb kann er nicht alleine uff diese einige Art der Instrumenten, als nemblich der *Symphonyen* und *Clavicymbeln* gezogen und *referirt* werden.

— ·· —

Das XXXVIII. Capitel.

Spinetta.

(in *Sciagraph. col. XIV.*)

Spinetta (*Italicè: Spinetto*) ist ein klein viereckicht *Instrument,* dass umb ein *Octava* oder *Quint* höher gestimmet ist, als der rechte Ton. Und die man über oder in die grofse *Instrument* zu setzen pfleget. Wiewol die große viereckete, so wol als die kleinen, ohn Unterscheid *Spinetten* in *Italia* genennet werden.

In *Engelland* werden alle solche *Instrumenta*, sie sein klein oder groß, *Virginal* genennet.

In Frankreich *ESpinette:*

In den Niederlanden *Clavicymbel* und auch *Virginal.*

In Deutschland *Instrument in Specie, vel peculiariter sic dictum.*

Das XXXIX. Capitel.

Clavicymbalum.

(in *Sciagraph. col. VI.*) [63]

Clavicymbalum oder *Gravecymbalum* ist ein länglicht Instrument, wird von etlichen ein **Flügel**, weil es fast also formiret ist, genennet: Von etlichen *sed malé,* ein Schweinskopf, weil es so spitzig, wie ein wilder Schweinskopf vornen an zugehet, und ist von starkem hellen, fast lieblichern Resonanz und Laut, mehr als die andern, wegen der doppelten, dreifachen, ja auch wol vierfächtigen Saiten: Wie ich dann eins gesehen, welches 2 *AEqual,* eine *Quint* und ein *Octavlin* von eitel Saiten gehabt hat: Und gar wol lieblich und prächtig in einander geklungen.

Das XL. Capitel.

Clavicymbalum Universale, seu perfectum.

Dieweil die *Clavicymbel, Symphonien* und dergleichen Art, welche sonsten *Instrumenta* (doch, wie vorgedacht, *minus recté*) genennet werden, etwas *imperfect* sein, nach demmal das *Genus Chromaticum* uff derselben nicht also, wie uff den Lauten und *Violen de Gamba* zuwege gebracht werden kann. So sind bisher auf angeben verständiger Organisten etliche *Clavicymbel* und *Symphonien* herfür kommen, darinnen der *Clavis dis* unterschieden und doppelt gemacht worden, darmit man in *Modo*

Aeolio, (wenn derselbe in *quartam inferiorem transponiret* wird) die *tertiam* zwischen dem *h* und *fis* rein und just haben könne.

Es wäre aber, meines wenigen Erachtens, sehr nützlich und nötig, dass so wol in Positiven und Orgeln, als in *Clavicymbeln* &c. (do man zur Noth die Saiten auf denselben *Clavibus* leicht umbstimmen, umb etwas nachlassen und zu rechte einziehen kann) nicht allein der *Clavis dis,* sondern auch *gis* unterschieden und doppelt gemacht würde, so könnte man in *Hypodorio,* wenn derselbe *per secundam inferiorem* aufsm *f* sol *tractirt* werden, die *tertiam minorem* zum *f* in dem zugesetzten neben *gis* fein rein, und dergleichen *Variationes in genere Chromatico,* alsdann vielmehr haben.

Ich habe aber zu Prag bei dem Herrn Carl Luyton, Röm. Käyserl. Majestät [64] vornehmen *Componisten* und Organisten, ein Clavicymbel mit *aequal* Saiten bezogen, so vor 30 Jahren zu Wien gar sauber und sehr fleifsig gemacht worden, gesehen, in welchem nicht allein alle *Semitonia* als *b cis dis fis gis* durch und durch dupliret, sondern auch zwischen dem *e* und *f* noch ein sonderlich *Semi-* oder *semitonium* (wie es etzliche nennen) gewesen, welches bei dem *genere Enharmonico* nothwendig sein muss, dass es also in den vier *Octaven* vom *C* bis ins *c̃,* in alles 77 *Claves* gehabt hat.

Welche ich, weil solcher Clavicymbel gar sehr selten gefunden und gesehen werden, allhier aufzuzeichnen vor nicht so gar unnötig erachtet.

Des*)	*Es*		*Eis*	*Ges*	*As*	*Ais*	*His*	*des*	*es*	*eis*	*ges*	*as*
Cis	*Dis*		*Fis*	*Gis*	*B*		*cis*	*dis*		*fis*	*gis*
C	D	E	F		G	A	H	c	d	e	f	g

ais	*his*	*des̄**										
b		*cis* und also fortan bis ins *c̄*										
a	*h*	*c*										

*) Die obere Tonreihe besteht bei Praetorius aus Buchstaben mit einem Häkchen nach oben, dagegen die mittlere Tonreihe aus Buchstaben mit einem Häkchen nach unten. Da die letzteren Buchstaben eine Erhöhung der Töne bedeuten, so müssen die ersteren eine Erniedrigung andeuten. Ich habe die Namen nach der heutigen Lesart gewählt, da ich die von Praetorius gewählten Zeichen erst hätte schneiden lassen müssen, füge aber hier die Tonreihe bei, wie sie Praetorius verzeichnet, jedoch ohne die Häkchen *C D E F G B H c d e f g b h c.*

Das weiterhin folgende Notenbeispiel beweist die Richtigkeit meiner Annahme. A. d. H.

Dieweil aber in dieser Vorzeichniss die *Claves* und *Semitonia* eins vom andern zu unterscheiden, mehr uff die alte *Signatur* der *Clavium*, als uff den Gesang (wie derselbe in Noten gesetzt, und es die natürliche *Harmonia* mit sich bringet) gesehen worden: So habe ich nach meinem wenigen Gutachten, ein ander Verzeichniss des *Clavirs* hierbei setzen, und ein andern den Sachen weiter nachzudenken, Anleitung geben wollen.

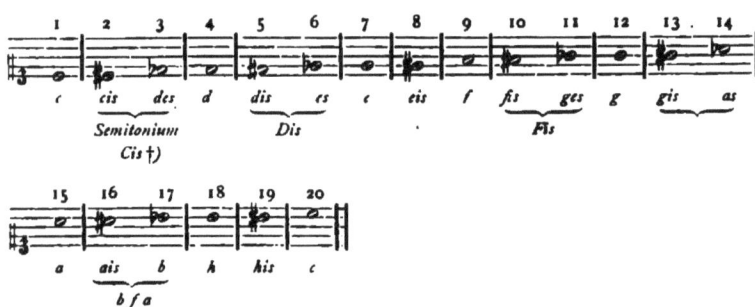

3	5	8	11	14	16	19
des)	*dis*	*eis*	*ges*	*as*	*ais*	*his*
2	6		10	13	17	
cis	*es*		*fis*	*gis*	*b*	
1	4	7	9	12	15	18	20 etc.
c	*d*	*e*	*f*	*g*	*a*	*h*	*c*

[65]

Und darmit sich ein jeder desto leichter doraus finden, aus den Noten (wie dann der sehr vortreffliche und fleifsige *Componist*, *H. Lucas Marentius* etliche *Madrigalia in genere Chromatico* sehr wohl und schön gesetzet) in die *Tabulatur* bringen, und sich dorein richten könne, habe ichs auch in Noten hierbei zeichnen und aufsetzen sollen:

Es kann aber dasselbige Clavicymbel oder Instrument sieben mal, als nämlich durch das *c cis d es*) *dis* bis ins *c*, und also umb drei volle

---

*) Siehe die Anmerkung vorher.
†) Druckfehler »Cis«.

Tonos fortgerücket werden, dass einem fast kein ander Instrument kann vorkommen, do man nicht mit diesem einstimmen könnte; und dergestalt alle drei *genera Modulandi*, als *Diatonicum, Chromaticum* und *Enharmonicum* darauf *observirt* werden. Und wäre also dieses billich ein *Instrumentum perfectum, si non perfectissimum* zu nennen, weil dergleichen *Variation* durch alle *Super- & Semitonia* uff andern Instrumenten nicht zu finden.

Denn ob zwar auf den *Violen de Gamba*, fürnämblich aber auf der Lauten eine *Mutet* oder *Madrigal* durch alle *Semitonia*, und also das *genus Chromaticum* von einem geübten und erfahrnen Meister und *Lautenisten musiciret* werden kann: So ist es doch nicht so rein und just, als auf einem solchen Clavicymbel zu wege zu bringen; aus denen Ursachen: Dieweil auf den *Violen de Gamba* und den Lauten, [66] die Bünde alle gleich weit (doch je näher dem Steg, je enger, welches sich ohne das verstehet) von einander abgetheilet, und also die *Semitonia*, weder *majora* noch *minora*, sondern vielmehr *intermedia* können und müssen genennet werden. Sintemal meines Erachtens ein jeder Bund, Band oder Griff (wie man es dann aussprechen will) $4\frac{1}{2}$ *Commata* in sich halten thut, da sonsten das *Semitonium majus* fünf, das *Semit. minus* aber nur vier *Commata* in sich begreifet.

Und weil dann nur ein halb *Comma* an beiden Theilen mangelt, dasselbe aber auf vorgedachten *Instrumenten*, als *Violen* und Lauten, (die an ihnen selbsten lieblich und still) im Gehör so viel nicht bringen kann, so scheinet und lautet das *Semitonium majus* sowol, als das *minus* auf dem einigen Bunde, als wenn es zu beiden Theilen recht einstimmete, und kann der Unterscheid nicht so bald *observiret* und *deprehendiret* werden: Sonderlich, weil man auch darneben den Saiten mit den Griffen auf den Bünden helfen, nehmen und geben kann: Welches sich in *Clavicymbeln* (do den Saiten) und auf den Orgeln (do den Pfeiffen nichts kann zugegeben noch genommen werden: Sondern bleiben müssen, als sie gestimmet und eingezogen sein) ganz nicht schicken will.

Darumb dann in diesen *Instrumentis* ohne Vielheit und mehrerm Unterscheid der *Claviru, das genus Chromaticum* ganz nicht *observiret* und zuwege gebracht werden kann. Will man es nun auf den Lauten auch haben, so müsste man alle Bünde abschneiden und ohne Bünde drauf greifen.

Ich bin auch von einem fürnemen *Musico* zu Cassel, *Christophoro Cornet* berichtet worden, dass er in *Italia* dergleichen *Instrument* oder *Spinett* (wie es daselbsten genennet wird) bei einem *Italiäner*, mit Namen *Julius Caesar* gesehen habe.

Welcher darneben angezeigt, dass keine *Nation* gefunden werde, die da reiner und *perfecter* nach solchen *justificirten Instrumenten, Clavicymbeln* oder *Spinetten* singen könnte, als *Graeci Musici*, deren derselben Zeit vier *Vocales* an dem Ort vorhanden gewesen.

Vor etlichen wenig Jahren ist auch ein herrlich Positiv an den Erzherzogischen Hof naher Grätz aus *Italia* gebracht worden, darinnen gleichergestalt alle *Semitonia* doppelt und vollkömlich zu finden, und ein trefflich Werk sein soll.

Das XLI. Capitel.

Clavicytherium. [67]

Ist vorne spitzig, gleich wie ein *Clavicymbalum*, allein dass das *Corpus* und Sangboden mit den Saiten ganz in die Höhe gerichtet ist: Wie in der *Sciagraph. Col. XV* zu sehen. Und gibt einen Resonanz, fast der Cithern oder Harfen gleich von sich.

Das XLII. Capitel.

Claviorganum.

Ist ein *Clavicymbel*, oder ander *Symphoni*, do zugleich neben den Saiten etliche Stimmwerk von Pfeiffen, wie in eim Positiv, mit eingemenget sein; von außen aber nicht anders, als ein *Clavicymbel* oder *Symphony* anzusehen: Ohn allein, dass an etlichen die Blasebälge hinten an, in etlichen aber inwendig in das *Corpus* hinein gelegt werden.

Das XLIII. Capitel.

Arpichordum.

A in einer *Symphony* oder *Virginal* durch sonderliche Züge von Messing-häklein unter den Saiten ein harfenirender Resonanz entstehet und zuwege gebracht wird.

Das XLIV. Capitel.

Geigenwerk, Geigen-*Instrument* oder Geigen-*Clavicymbel*.

(in *Sciagraph. col. III.*)

Ieses Geigenwerk (welches an Gestalt und *Proportion* von aufsen einem andern gemeinen gespitzten *Clavicymbel* ganz gleich, aus derselben Gröfse, also dass mans auf ein Tisch hin und her setzen, auch von einem Ort zum andern gar leicht tragen, und einer alleine, darauf dasjenige zuwege bringen kann, darzu sonst fünf oder sechs Geigen gehören, ist von einem Bürger in Nürnberg, Hans Hayden genant, erstlich erdacht und verfertigt, und die *Invention* vielleicht aus der Art der gemeinen Lyren (do mit einem Rade die Saiten angerühret werden, und ihre Resonanz von sich geben) anfangs hergenommen, und den Sachen weiter nachgedacht worden. Wiewol etliche, als der *Galilaeus* und andere wollen, dass vor unser Zeit allbereit solche Art Geigenwerk *inventiret* und aus*speculiret* worden sei. Deme sei nun wie ihm wolle, so ist meines Erachtens gleich hiebevor solche *Invention* nicht vollkommen zu Werk gerichtet, noch ganz verfertigt worden; als dass gedachter Hans Hayde solches vor die Hand genommen und zum rechten Stande bracht, wie nunmehr augenscheinlich und wirklich in der That zu finden. [68]

Es hat aber solch Geigenwerk anstatt der *Tangenten* fünf oder sechs stäh-lene Räder, mit Pergament gar glatt überzogen und oben mit *Colophonio*, oder *oleo Spicae vellavendulae* (gleich den Geigenstreichern, oder wie es sonsten ins gemein genennet wird, den Fidelbogen) bestrichen; solche Räder aber werden durch ein ander grofses Rad und unterschiedene Rollen, unter dem Sangboden liegend, mit beiden Füfsen von dem Organisten selbsten, unten an der Erden geregieret und getreten, oder auch wol mit den Händen von dem *Calcanten*, oben an der Saite gezogen, also, dass die Räder allezeit im vollen Schwunge gehen und verbleiben müssen.

Wann nun ein *Clavis* vornen niedergedrückt wird, so rühret dieselbige Saite an der umlaufenden Räder eins, und gibt den Resonanz von sich, gleich als wenn mit eim Bogen drüber gezogen und gestrichen würde.

Die groben Saiten seind von dicken Messing und stählenen Saiten, mit reinem Pergament umbwunden, also dass die untersten fast so dicke sein, als die groben Saiten auf den Bassgeigen, sintemal etliche in der Tiefen bis ins *FF* und *DD* kommen; hernacher verlieren die sich an der Gröfse allmälich, dass oben zum Discant nur allein blofse starke stählene Saiten, ohne Pergament, aufgezogen befunden werden.

Damit aber diejenigen, welche ein solch *Instrumentum* und Geigenwerk noch nicht gesehen, wissen mögen, was es vor ein sonderbaren Nutz und Gebrauch der *Moderation* und Veränderung halben vor andern dergleichen *Instrumenten* habe, so wil ich desselben vornehmen Instrumentmachers und Erfinders eigene Wort und Gedanken, welche er in einem kleinen Tractätlein, Anno 1610 im Druck herfürgeben, anher setzen, und eim jeden davon zu *judiciren* anheimb stellen.

›Es haben die *Componisten* sonderlich ein zeithero mit allem Fleifs dahin getrachtet, wie sie die *Musicam* im Gesang aufs höchst bringen möchten, also, dass sie nunmehr nicht wol höher zu steigen hat. Die *Musicalische Instrumenta* aber betreffend, obwol an etlichen grofse Mängel gefunden, als dass sie der schönsten Zier, nämlich der *Moderation* der Stimmen mangeln, so hat sich doch bei so viel kunstreichen *Instrumentisten*, so jederzeit gewesen, keiner unterstanden, demselben Gebrechen abzuhelfen und die *Moderation* der Stimmen auch ins *Clavir* zu bringen.‹

›Wieviel aber daran gelegen, die Stimme zu *formiren*, das wissen diejenigen, so in den *Capellen*, die jungen Knaben und *Cantores* abzurichten pflegen. Es verstehts auch zwar sonsten fast ein jeder, was es für ein Uebelstand nur an einem gemeinen *Oratore* ist, wann derselb im aus-

sprechen mit Erhebung und Niederlassung der [69]
Stimme, wie es der Text und *affectus* erfordern, keinen *docorum* halt,
sondern immer im gleichen Ton an einander unabgesetzt fortredet. So
nun dasselbige im Reden, vielmehr ist es im Singen verdriefslich zu hören.‹

›Es ist aber ein jedes *Clavirtes Instrument*, sowol die Orgeln, welche
doch sonsten, was die *gravitatem* belangt, den Vorzug vor allen andern
Instrumenten haben, als auch alle andere Pfeiffwerk mit diesem Mangel
behaft, dass sie nicht *moderirt*, noch die Stimmen zum lauten oder stillen
Klang und *Sono* gezwungen werden können, sondern es gibt und behält
die Pfeiffe ihren Laut in gleichem Ton, wie auch der *Instrumentist* den
Clavem angreift, und ist unmüglich die Stimme zu stärken oder zu lindern;
welches aber einer mit dem Bogen auf der Geigen, nach dem er stark
oder leise drauf streicht und aufdrückt, thun kann. Und ist also der *Instrumentist* auf dem *Clavir* gefangen, dass er seine *affecten* nicht, wie sonsten auf der Geigen (ob er schon den Text darauf auch nicht aussprechen
kann) dennoch kann zu merken geben, ob traurige, fröliche, ernstliche
oder schimpfliche Gedanken in ihme sein: Welches aber allein durch die
moderation der Stimme geschehen muss. Und ob man wol in den Orgeln
mit Ab- und Zuziehung der Register, jetzt ein stilles, sanftes, liebliches,
bald wiederumb ein lautes Getön und Geschrei machen kann, so heifst
doch dasselbige, weil es in gleichem Ton still oder laut bleibt, keine *Moderation*, sondern es ist ein ungeformte, ungebrochene Stimm, wie hier
vorn von einer unabgesetzten Rede gesagt worden.‹

›Also kann man auch die Stimmen auf den Instrumenten von Saiten,
weder stiller noch stärker, als wie es der *Clavis* an sich selbst gibt,
machen oder zuwege bringen: Und lässt sich der *Sonus* nicht erhalten,
sondern so bald die Saite getroffen wird und sich hören lässt, verschwindet
der Laut wiederumb, also, dass kein ganzes *tempus* gleich vollkommen kann
continuirt werden.‹

›Welches Abnehmen und Verschwinden der Stimme der rechten *Moderation* zuwider ist: Dann dieselbige sich von der Stillen in die Stärke
schwingen soll.‹

›So ist auch von Nöthen, da man anderst daselbst einen ganzen Schlag vollkommen erhalten will, dass er in mehrtheil *diminuirt* und zwier angeschlagen werde; welches aber wider die Natur eines herrlichen gravitätischen Gesangs in *Muteten* und *Concerten* ist, ob es wol in *Passametzen*, *Galliarden* und Tänzen passiren kann.‹

›Auf diesem Geigenwerk aber kann man beides haben, als nämblich die Stimme, so lang man will *continuiren* und *moderiren*, und nicht allein ein *brevem*, sondern auch gar ein *longam* und *maximam* unabgesetzt an einander *continui-* [70] *ren*, welches auf der Geigen (wegen des kurzen Geigen Bogens) auch nicht sein kann.‹

›Und obwol der Text mit Worten sich nicht aussprechen lässt, so kann doch der *Instrumentist* seinen *sensum* zu erkennen geben, ob traurige oder fröliche Gedanken in ihme sind, nachdem er das *Clavier* frech oder lind angreift. Für eins.

2. Zum andern kann der *Instrumentist* nach seinem selbst gefallen mit der *Mensur* abwechseln, die jetzt langsam, dann bald wiederumb geschwinder führen: Welches auch die *affectus* zu *movirn*, nicht undienlich: Und in andern *Instrumenten* gleicher gestalt kann in acht genommen werden.

3. Zum dritten kann auch der Gesang unversehens, wann es der Text also erfordert, bald laut *resonirend*, bald still, bald wiederumb lautklingend gemacht werden.

4. Zum vierten ist es ganz lustig und verwunderlich zu hören, ob es wol nur ein *Clavier* und ein einzig Stimmwerk von Saiten hat, dass doch einer allein dasselbige also verstellen kann, dass man nicht anders meinet, denn es sein zween unterschiedliche *Chor* gegen einander, auch zween unterschiedliche *Instrumentisten*, die mit einander *certirn*, und einer dem andern *respondire*.

5. Zum fünften kann man auch einen natürlichen *Echo* darauf hören lassen, gleich als wenn es einen Nachklang oder Wiederschall aus dem Wald, oder zwischen den Bergen herfür gebe.

6. Zum sechsten kann mans auch auf die Manier und Art anderer Instrumente, sonderlich aber gleich wie eine Laute machen und herfür geben.

7. Zum siebenten, Wann einer begehrt in einer Stimme den *Choral* zu führen, und dass man denselben vor den andern Stimmen heraus strärker, vernehmlich hören soll, es sei nun im Bass, Tenor oder Discant, so kann es also auch gar sehr wol geschehen.

8. Zum achten, wie man sonsten in die Pfeiffwerk mit einem sonderlichen Register *Tremulanten* macht, so kann dasselbig auf diesem *Clavier* ohn einig Register, allein durch eine freie Hand, langsam oder geschwind, *tremulirend* und zitternd gemacht werden.

9. 10. Zum neunten, lässt es sich auch auf gut Leyerisch: Und zum zehnten wie Sackpfeiffen und Schalmeyen machen und hören: damit man die Weiber und Kinder, so sich sonst der *Musica* nicht viel achten, auch wol grofse Leute, wenn sie in etwas mit eim guten Trunk beladen, erfreuen kann.

11. Zum elften gibt es auch ein Cithern-Art, wie die jungen Gesellen pflegen *gassatum* zu gehen. [71]

12. Zum zwölften ist auch die Geigen-*Bastarda* genannt, darauf gut zu *contrafacten*.

13. Zum dreizehnten kann man auch ein Fürstliche Hof- und Feld-*Musicam* darauf hören lassen, nicht anderst, als wann ihrer zwölf mit Trommeten und *Clareten* gegen einander natürlich bliesen: darzu dann die Heerpauken, welche in etlichen dieser Geigenwerken mit einbracht, und durch ein Register gezogen werden, nicht so gar übel mit einstimmen.

14. Zum vierzehnten, ob wol dies *Instrument* nur eine einfache Saiten bei jedem *Clave* hat, und wann es zugedeckt ist, ein gar stillen sanften Resonanz gibt wie Geigen, also, dass es in einem engen Gemach lieblich zu hören ist, so kann mans doch auch, wenn man will, und es offen gebraucht wird, so stark machen, dass es sich unter einem ganzen *Chor* von Singern und *Instrumenten* heraufser gar laut und vernehmlich hören lässet.

Dies alles, und sonsten noch mehr, kann ein Organist zuwege bringen, dieweil es anders nicht, dann ein gemein *Clavier* und keines sondern Griffs oder *application* bedarf, allein dass man mit einer leichten Hand und nicht mit voller Gewalt ins *Clavier* hinein falle.

Denn es will hierbei eine sehr fleifsige Uebung hoch von nöthen sein, dass der Organist 1. sich *exerrire* und gewöhne mit den Füfsen die beiden hölzernen Bretterlein unten an der Erde, welche die Räder oben regieren und umbführen, nach dem *Tact,* den er oder die *Musici* halten, stetig und unablässig zu treten; so kann er alsdann im *Tact* desto besser fortkommen, und umb so viel weniger irr gemacht werden. 2. Dass er gar eigentliche und gute auf acht habe, die *Claves* mit den Fingern nicht zu hart oder gar zu gelinde angreifen, damit etliche Saiten nicht zu laut schnarren, die andern aber zu wenig, oder gar nicht *respondiren:* welches dann von eim jeden ohne sonderbare fleifsige stete Uebung sich anfangs nicht thun lassen will.

Welcher aber nun dessen ein wenig gewohnt ist, und verstehet die Lieblichkeit und *moderation,* so er auf diesem *Instrument* haben kann, der begehrt sich keines andern zu gebrauchen. Es ist auch umb so viel desto annemlicher, weil es nit so viel stimmens, als die Lauten und Geigen, oder auch andere besaitete *Instrumenta* bedarf, von wegen dass die Saiten nicht schäffen*), sondern alle von Messing und Stahl sind, welche durch langen Gebrauch je lenger je besser werden, und sich nicht bald verstimmen.

Und weil vielleicht dieses Werk und *Instrument* von etlichen (die solches noch nit in der Uebung und Gebrauch haben, und auch entweder zu *practiciren* und sich zu *exerciren* verdrossen sind, oder aber ganz nit darauf fortkommen können) verrichtet, und vor ein Bauren-Leierwerk geachtet werden möchte, so bitte ich, sie wollens nicht als- [72] bald schänden oder verachten, sondern sich so lang gedulden, bis sie dessen gewohnen und ihme seine Art recht zu geben wissen: Alsdann zweifle ich nicht, sie werden sich dessen mit Lust und Verwunderung gebrauchen, und mir hierfür, dass sie nun die *moderation* im Clavier auch

---

*) Saiten nicht von Schafen.

haben können, fleifsig danken. Und dass sich solches also verhalte habe
ich selbst an etlichen in der That befunden, die anfänglich dahero davon
gar nichts gehalten, weil es ihnen nicht allein zu schwer worden, sondern
auch aus Faulheit und Nachlässigkeit sich darumb nicht bemühen wollen.
Als sie es aber vorgenommen, und sich darauf mit Fleifs etwas *exercirt*
und geübt haben, ist ihnen dasselbe so lieb und angenehm worden, dass
sie dessen nicht sattsam und überdrüssig gebrauchen können, ja auch viel
lieber uff einem solchen *Instrument*, als einen guten *Clavichordia* oder
Clavicymbel practiciret und gesehen haben.«

Das XLV. Capitel.

Regal.

(in *Sciagr. col. IV.)*

Urch das Wort *Regal* wird nit alleine verstanden das Schnarrwerk so
gemeiniglich und meistentheils von Messing-Pfeiffen vornen in der
Brust an den Orgeln gefunden wird: Sondern es wird auch dieses in
Kais. König-Chur- und Fürstlichen Capellen ein *Regal* genennet, do in
einem länglichten schmalen Kistlein, ein oder mehr Schnarrwerke verborgen liegen, hinten mit zweien Blasebälgen, uff einen Tisch gesetzet und
in der *Music* gar füglich und viel besser, als ein *Clavicymbel* oder *Symphony* kann gebraucht werden. Denn die Clavicymbel sind in voller *Music*
gar zu stille, und können die Saiten ihren Klang und Resonanz über einen
halben *Tact* nicht viel *Continuiren.*

In den *Regalen* aber *continuirt* sich nicht allein (ebenermafsen wie in
Orgeln) der *Sonus*, so lang auf dem *Clave* still gehalten wird, welches dann
sonderlich in *concerten* hoch nötig: Besondern es kann auch, bald, mit
Ueberlegung oder Zuschiebung des Deckels, ganz still, bald, wenn es
wiederumb eröffnet wird, gar stark lautend gemacht, also, dass es sich
unter einer vollen wolbestellten *Music* von *Vocalisten* und *Instrumentisten*
gar eigentlich heraufser vernehmen lässt: Und also nicht allein in Fürstlichen Gemächern vor der Tafel und andern ehrlichen *Conviviis*, besondern

auch in kleinen und grofsen Kirchen fast besser als ein Positiv mit Lust angehöret und gebraucht werden. [73]

Meines Erachtens könnte man eins vom andern desto besser zu unterscheiden, das *Regal*, in der Orgel, *Regal*-Pfeiffe, dieses aber *Regal*-Werk nennen; darmit man sich im aussprechen desto besser darnach zu richten hette.

Es werden aber in einem solchen Kästlin oder *Regal*-Werke bisweilen nur eine Art *Regal*-Pfeiffen, oder Schnarrwerklein auf 8 Fufs-Ton: Bisweilen zwei Schnarrwerk, do eins auf 8 das ander auf 4 Fufs Ton gerichtet: Bisweilen drei Schnarrwerk, do drei *Octaven* über einander, und die unterste darunter auf 16 Fufs Ton ist. In etlichen hat man das vierte Register mit eim kleinen *repetirenden* Zimbel darbei, welches dann fast wie eine halbe Orgel anzuhören ist.

Und sind beides der *structuren* solches Kästleins, und auch der *Regal*-Pfeiffen so darinnen vorhanden, viel und mancherlei unterschiedene Arten, die allhier zu *specificiren* und zu beschreiben viel zu weitläuftig sein wollen.

Unter denen aber, die so bisher zu Wien in Oesterreich gefertigt worden, fast besser als andere: Wiewol auch viel herrliche gute, von andern Meistern verfertigte *Regal*-Werke, deren man sich mit Lust zu gebrauchen, gefunden werden.

Sonderlich, do die unterste *Regal*-Pfeiffe *C* auf 8 Fufs Ton, ohngefehr 5 oder 5½ Zoll lang, viereckt, oben ganz zu, aber unten mit 3, 4, 5 mehr oder weniger Löcherlin wiederumb eröffnet, von Zinn gearbeitet ist; denn dieselbe, wie im *IV.* Theil auch wird gesagt werden, einem *Dolcian* oder *Fagotten* nicht ungleich und sehr lieblich sein.

Sonsten werden sie auf diese Art doch etwas kürzer und oben ganz eröffnet: Etliche auch von Messing auf mancherlei Art gearbeitet: Welche aber nicht so lieblich am Resonanz sein können, als die gedäckten.

Vor zwei Jahren hat einer an einem vornehmen Ort, nicht weit von hier, gar feine subtile *Regal*werklin mit hölzernen Pfeifflin zu machen angefangen, welche nit allein von gutem, stillen, sanften und lieblichen Resonanz, sondern auch gar leicht und bequem von einem Ort zum andern fortzubringen und zu tragen seind, und mir vor andern sehr wol- gefallen.

Die kleine *Regal*-Werklin, so man in die Blafsbälge legen, und zu Nürnberg und Augspurg erstlich erfunden worden, sind zwar sehr behende und bequem zu tragen und fortzubringen; allein die *Regal*-Pfeifflin sind wegen dess, dass sie in dem kleinen *Corpore*, wegen des engen Raums, nicht grofs, sondern kaum einen Zoll hoch gemacht werden können, gar zu schnarrhaftig.

Bei Regenspurg in Bayern habe ich ein *Regal*-Werk gesehen, welches von einem Münche erdacht und gemacht worden, do die Mundstücke von Holz und das Zünglin oder Blättlein von Schilfrohre, darvon man sonsten die Röhre zu blasenden [74] *Instrumenten*, als Dolcianen, Krumbhörner, Schalmeyen und Sackpfeiffen etc. machen muss: Und hat keine sonderliche *Corpora* der *Regal*-Pfeiffen gehabt, sondern sind die *Corpora* durchs ganze *Regal-Corpus* durch und durch gebohret und verleitet gewesen, also, dass der Resonanz unten zum Boden heraus gangen. Dasselbe hat zwar eine schöne liebliche Art und sehr stillen Resonanz gehabt, aber weil die Blättlin wegen des Schilfrohrs, darvon sie gemacht, gar wandelbar, hat man immer daran zu stimmen und einzuziehen gehabt.

Und allhier muss ich auch hinzu zusetzen nicht vergessen, dass etzliche vermeinen, das Regal habe den Namen daher, dass das erste, so von dem ersten Erfinder dieses Werks gefertiget, *Regi cuidam*, einem Könige zum sonderlichen *praesent offerirt* und daher *Regale, quasi dignum Rege, Regium vel Regale opus* genennet worden sei.

Es ist ein vornehmer Orgel- und Instrumentmacher jetzo an einem Churfürstlichen Hofe, welcher vorgibt, er wolle und könne ein *Regal*, welches in Jahr und Tage, ob es auch gleich aus der Kälte ins Warme, *è contra* gebracht würde, sich nicht verstimmen sollte, verfertigen. Welches, so es zu Werk (daran ich doch noch gar sehr zweifle) kann gerichtet werden, mit keinem Gelde zu bezahlen: Denn was für Mühe und Ungelegenheit es einem *Organisten* und *Directori* in der *Music* gibet, wenn man in der Kirchen oder vor der Tafel mit etlichen *Regal*werken *per choros musiciren* wil, sonderlich aber im Winter die *Regal* aus der Kirchenkälte in die warme Tafel-Stuben bringen muss, bin ich mehr als zuviel mit grofser Beschwerung innen worden. Sintemal es sich also in der Wahrheit befindet, dass die Metallpfeiffen in den Kirchen (nit aber so sehr in den grofsen als in den kleinern, do im Winter die Kälte und im Sommer die Hitze leichter durchdringen kann, und in den grofsen gewölbten Kirchen, gleichwie in Kellern im Sommer fein kühle, im Winter aber nit so gar scharf kalt) von der Kälte im Winter bevorab, wenn eine gar grofse Kälte bisweilen so gar heftig und inständig anhält, so tief herunter gezwungen werden, dass sie umb ein halbes *Semitonium*, so ichs also nennen darf, wo nicht weiter, herunter senkt, welches man dann in den blasenden *Instrumenten,* als Zincken, Flöten, Posaunen, Pommern und Fagotten, fürnemlich aber an Positiven, welche in den warmen Gemächern stehen bleiben (wiewol sich dieselbige wegen der grofsen Hitze von dem warmen Ofen noch mehr in die Höhe begeben) gar eigentlich *observiren* und befinden kann. Darüber sich dann nicht wenig zu verwundern, dass alle Stimmen in einer Orgel, darinnen oft etliche hundert, ja etliche tausend, wie dann in der Danziger Orgel 3742 Pfeiffen gefunden werden, von ihrem rechten Ton, darin sie anfangs rein eingestimpt worden, allzugleich mit einander im Sommer in die Höhe, im Winter in die Tiefe abweichen.   [75]

Im Gegentheil aber die *Regal* und alle Schnarrwerke im Sommer und in der Hitze tiefer, im Winter aber und in der Kälte höher und jünger werden. Was nun die Ursach solcher grofsen *mutation* und Veränderung, davon wird im folgenden *IV.* Theil etwas erinnert werden. *Causam si velimus inquirere, inquit Dominus S. C. eam in discrimine metalli consistere arbitror, quod stannum vel plumbum calore contrahatur, aes cyprium verò dilatetur. Id quod disci posset ex artificibus qui ista metalla tractant. Causa in aërem conferri per se non potest, nisi quando propter calorem & frigus metalla afficit, alias si aër calore dilataretur, in plumbo & aere cyprio eundem effectum produceret. Sed hoc non sit. Ergo tantum in metallis causa quaerenda.*

Weil aber hiervon gar mancherlei Meinungen und *opiniones* vorzufallen pflegen, erachte ich allhier weitläuftiger davon zu *discurriren* ganz unnötig.

Dass es aber wahr, und in der That sich also befindet, kann unter andern auch dahero abgenommen werden, dass eine Pfeiffe von Metall, so bald sie von dem Orgelmacher, in dem dass er stimmet, oder auch sonsten angerühret und in die Hand genommen wird, und also eine Wärme von der Hand empfindet, so bald ändert sie ihren Ton und weichet etwas in die Höhe; also bald aber sie ein wenig wiederumb unangegriffen stehen bleibt, bekömpt sie wiederumb ihren rechten Ton: Welches dann auch in blasenden *Instrumenten,* als sonderlich in Flöten und Zincken merklichen gespüret und befunden wird. Und wiewol etliche der Meinung sind, dass die Orgeln und Positiv, darinnen alle Stimmen von hölzernen Pfeiffen solche grofse *Mutation* so sehr nicht empfinden, so gibt doch die Erfahrung, dass in den Orgeln, da nebenst den Metallpfeiffen, auch etliche sonderbare Stimmen von Holz mit eingebracht sein, alles, sowol die hölzernen als die Metallpfeiffen mit einander zugleich abgewichen sind, weil keine sonderliche *Discordanz,* wenn sie zusammen gezogen werden, zu befinden.

Und dieweil noch zur zeit von keinem die eigentliche Ursach und *rationes probabiles* solcher *Mutation* und Veränderung eingeführt werden können: muss man es billich vor ein sonderbar Werk Gottes, der solchs in die Natur gepflanzt, halten und achten.

Ich hab es vor der zeit niemals glauben wollen, bis dass ich es nunmehr selbsten in der That und Wahrheit also empfunden und erfahren habe.

Das XLVI. Capitel.

Von etlichen andern und sonderlich der alten *Instrumenten.*

NOch habe ich in der 32., 33. und 34. *Columnen* des *Theatri Instrumentorum* oder *Sciagraphiae* etliche der alten *Instrumenta Musicalia,* wie ich dieselben in eim alten Buche, so durch *Sebastianum* Vir-

dung, Priestern zu Amberg, verdeutscht, und im Jahr Anno 1511 zu Basel
gedruckt befunden, mit einsetzen lassen. [76]
Und dieweil ich sonsten keinen Bericht oder Nachrichtung haben können,
wie und welcher gestalt dieselbe uns jetziger zeit unbekannte *Instrumenta*
gebraucht worden, habe ich der Notdurft sein erachtet, ihre Beschreibung
aus demselben Buche von Wort zu Wort allhier mit einzubringen.

Chorus.
Num. I.

Horus ist ein *Instrument* gewesen, welches vorn ein Mundstück gehabt,
darin man blasen kann, in der mitten zwei Röhren und unten ein
grofs Loch, da die Stimme und der Wind wiederumb heraus gangen.

Psalterium.
Num. II.
Psalterium dechachorum.
Num. III. IV.

As *Psalterium* ist uff zweierlei Art *formirt* gewesen, als nemblich dreiecket, gleich eim *Triangel*, *Num. 2* und 3 und vierecket *Num. 4*.
Wie in dem *Teatro* oder *Sciagraphia* zu befinden.
Es seind aber in vorgedachtem Buch des *Autoris verba* diese: Das
Psalterium, so noch jetzo im Brauch ist, habe ich niemals anders gesehen als dreiecket: Aber ich bin der meinung, dass das *Virginal*, welches man mit den *Clavibus* und Federkielen schlägt und *tractiret*, erstlich
von dem *Psalterio* zu machen erdacht sei: Und ob wol das *Virginal* gleich
einem *Clavichordio* in ein langen Laden gefasset wird, so hat es doch viel
andere Eigenschaften, so sich mehr mit dem *Psalterio*, als mit dem *Clavichordio* vergleichen: Sintemal man zu eim jeglichen *Clave* eine sonderliche
Saite haben muss, und ein jegliche Saite länger, auch höher denn die

andere muss gezogen sein: Daher dann aus dem verkürzen und abbrechen
der Saiten fast ein *Triangel* uff dem *Instrument*, oder *Virginal*kasten erscheinet, und sich sehen lässt.

Cithara Hieronymi. [77]
Num. V, VI, VII, VIII.

Ch finde viererlei Gestalt der alten Harfen: Und ob sie wol nach ihrer
Gestalt den unsrigen neuen Harfen nicht eben ganz gleich seind, welches
auch vielleicht wol des Malers schuld sein könnte, so seind sie doch
auch zu der dreieckten Form gerichtet: Aber gleichwol so haben die
neuen Harfen ungleich mehr Saiten; denn die alten seind viel besser am
Resonanz, und werden subtiler und schöner an der gestalt *formiret,* auch
bequemer darauf zu lernen und zu spielen.

Tympanum Hieronymi.
Num. IX.

As *Tympanum* (so zu dem Lobe Gottes des Allmächtigen gar sehr gebraucht worden, und in der heiligen Schrift oft erwähnet wird) find ich
also gemalet, als eine lange Pfeiffe, die oben ein Mundstück, darin
man pfeiffet und unten zwei Löcher hat, da die Stimm und der Wind
herausgehen; und ist also gemacht gewesen, dass es eine Frau in einer
Hand hat tragen mögen.

Zu dieser unserer zeit aber heifst man *Timpanum* die grofse Heerpauken *(Col. XXIII)* von kupfern Kesseln gemacht, mit Kalbsfellen überzogen, darauf man mit Klüpffeln schlägt: Welche an Fürsten- und grofser
Herren Höfen zum Ein- und Auszug, zum Tisch und Tanz blasen, auch
zu Kriegszeiten in Feldzügen gebraucht werden. Und das sein gar unge-
heure Rumpelfässer. Man hat auch sonsten noch andere Pauken, so
Soldaten Trummeln genennet werden, dabei man die Zwerch- oder Schweizerpfeiffen brauchet.

Sonsten ist noch ein klein Päuklin (*Col. IX*), so von den Franzosen und Niederländern gar sehr gebraucht wird, also, daß man mit der linken Hand das Päuklein, und darbei ein Schwägel oder Stammentienpfeiff, welche oben zwei und unten ein Loch hat mit dreien Fingern hält, und allerlei Tänze und Lieder darauf pfeiffen, und in der rechten Hand mit eim Klüpffel uff dem Päuklein zugleich mit einstimmen kann.

Tuba Hieronymi.
Num. X.

Ieronymus sagt, dass *Tuba* gewesen sei von dreien Mundstücken, do der wind hinein gangen: Die bedeuten den Vater, Sohn und H. Geist in *Trinitate:* [78]
Die vier Hauptstück aber, do die Stimm und Wind herausgangen, sollten die vier Evangelisten bezeichnen.

Organum Hieronymi.
Num. XI.

Fistula Hieronymi.
Num. XII.

Istulam beschreibt er also, indem er ein *Instrument*, gleich einem Winkelmaſs *formiret*, welches das heilige Creutz, und das viereckete mit zwölf Pfeiffen solle Christum und die zwölf Apostel bedeuten.

Cymbalum Hieronymi.
Num. XIII.

Ie zwölf Pfeiffen, sowol in dem *Organo*, als in dem *Cymbalo* sollen auch die zwölf Apostel bezeichnen. *Num. 14* ist eine form von den alten Geigen.

Worzu aber, und welcher gestalt alle diese *Instrumenta* bei den Alten, seind gebraucht worden, weifs ich nicht, habe auch deren keines gehöret noch gesehen. Es haben auch die Poeten noch viel mehr *Instrumenta* von seltzamen Namen beschrieben, davon ich auch anders nicht wissen noch erfahren kann, denn dass es *Instrumenta Musicalia* gewesen seind: Wie sie aber geformieret oder gestaltet, besser oder böser, hübscher und hässlicher, subtiler oder gröber als die unsrigen, dasselbe kann ich noch zur Zeit bei keinem *Autore* finden, der hiervon etwas eigentliches geschrieben hätte. Ich glaube aber, dass in den nächsten hundert Jahren alle *Instrumenta Musicalia* so subtil, so schön, so gut, und so wolgemacht worden seind, als sie *Orpheus*, noch *Linus*, noch *Pan*, noch *Apollo*, noch keiner der Poeten gesehen oder gehört hat, und dass noch mehr ist, müglich zu sein erachtet hab zu machen oder zu erdenken.

Man findet auch sonsten noch viel mehr dörlicher *Instrumenta*, die auch für *Musicalia* geachtet werden: Als Trumpeln, Schellen, Triangel, Jägerhorn (in *Scia. Col. 22*), Achernhorn, Kuhschellen, Pritschen auf dem Hafen, *(Col. XXXIII.)* Pfeifflin aus den Federkielen, Lockpfeifflin die Vogelsteller Lerchenpfeifflin, Wachtel-Maisenbeinlin, Pfeiffen von Strohhalmen und den grünen Rinden und Blättern der Bäume gemacht.

Und bis hieher *Sebastian* Vihrdung. [79]

Was aber sonsten noch allerlei anderer Art *Instrumenta* in der *Sciagraphia* (als das Hackebret, *Col. XVIII*, Baurenlyra, Schlüsselfiedel, Strohfidel, Cymbelchen, Glöcklein, Singekugel, *Untambour de Biscaye*, *Col. XXII.* Heer- oder Kesselpauken, Soldaten-Trummel, Amboss, *Colum. XXIII.* Auch andere Muscoswitersche Türkische seltzame frembde *Instrumenta*, *Col. 29, 30, 31)* abconterfeyt gefunden und etliche darunter billich, wies *Sebastian* Vihrdung nennet Dörliche, oder aber Lumpen *Instrumenta* könnten genennet werden, weil dieselbe eim jeden bekannt und zur *Music* nicht eigentlich gehören, ist unnötig darvon etwas zu schreiben oder zu erinnern: Allein dies, dass das Ambos darumb auch mit in die *Sciagraphia* gesetzet worden, dieweil *Pythagoras* aus desselben Klang und Unterscheid der Hämmer *examiniret* und erfunden hat, worin und in welchen *proportionibus* der

Unterscheid derer *Consonantien*, so damals *Consonantiae Musicae* genennet worden, als nämblich der *Octav*, *Quint* und *Quart* beruhete. Darvon aber in *Boethio lib. I. Musices, cap. 10 & 11*. Sowol in *2. Exercitatione Sethi Calvisij* ein mehrer und ausführlicher Bericht zu finden.

Das XLVII. Capitel.

Von Orgeln.

(Col. II. & XXXV. XXXVI sic?)

Iervon ist zwar in *Tomi Primi Membro Primo* aus etlichen *Autoribus* eins und anders *referiret* und angedeutet worden: Alldieweil aber die Notdurft erfordert, dass die Orgeln etwas schärfer besehen und weitläuftiger davon muss geredet, und also in diesem andern Theil nicht kann begriffen werden, so soll im folgenden dritten und vierten Theil dieses *II. Tomi* notdürftiger Bericht folgen und angezeigt werden. Die Abcontrafeitung eines Positivs ist *Col. IV* zu finden.

Das XLVIII. Capitel.

Von dem Positiv *(Col. XXXVII.)* so zu einerlei
Pfeiffen drei absonderliche Register
hat.   [80]

Llhier muss ich auch dieses gedenken, dass ein alt Positiv doch von gar sauberer, reiner und subtiler Arbeit, so von einem Mönch soll gemacht worden sein, mir zu handen kommen, welches dem Könige zu Dänemark, *Christiano IV.* zubracht, (dessen Form und *structur* im *Theatrum Instrumentorum Col. I* zu finden.

In demselben sind nur einerlei Pfeiffen, nämlich ein Offen-Principälgen von 2 Fufs-Ton, und wiewol nur 38 *Claves* oder *Clavir* vom *F* bis ins *a*, so sind doch der Pfeiffen noch eine *Octav* drüber, oben in der mitten des *corporis* in die runde herumber gewunden gesetzet.

Zu solchen einzigen Pfeiffen sind drei Register, 1. zum rechten Ton der untersten Pfeiffen, das 2. zur *Quint*, das 3. zur *Octav* drüber, und kann ein jedes Register vor sich selbsten alleine und absonderlich, hernacher auch zwo, und dann alle drei Register zugleich gezogen und gebraucht werden, dass also in einerlei Pfeiffen auf einem *Clave* zween und auch drei *discreti soni* und unterschiedene Laut, als nämblich neben dem rechten *Tono*, die *Quint* und *Octav resoniret* und sich hören lässt. Wie nun solches zugehe, lass ich einen verständigen Orgelmacher darvon *judiciren*, und wollte wündschen, dass ein Künstler solch Werk nachzumachen sich unternehmen wollte.

Ueber das so ist auch dieses noch ein Kunststück an diesem Werklin, dass es, wenn die eine Hälfte der Blei oder Gewichten, so dieserwegen von einander zertheilet und halbieret sein, von den Blasebälgen abgenommen werden, gar ein sanften stillen Resonanz, gleich den Querflöten von sich gibt, und sich nicht anders hören lässt, als wenn ein Stimmwerk Querflöten zusammen *accordirt* und geblasen würden.

Das XL. Capitel.

Llhier habe ich etliche Exempel, so uff der *Viol de Bastarda*, und dergleichen Art gebraucht werden, hinten ansetzen wollen, darmit diejenigen, so dergleichen noch nicht gesehen, auch in etwas Wissenschaft darvon haben, und wie diese Art beschaffen sei,
sehen mögen.

(Die Beispiele fehlen.)

DRITTER THEIL

Dieses

TOMI SECUNDI.

Von den alten Orgeln.

Darinnen

1. Von der *dignitet* und *exellens* der Orgeln.
2. Wie lange sie im gebrauch und wer sie erstlich erfunden.
3. Von den allerersten und kleineren Orgelwerken, wie dieselben anfänglichen an Stimmen und sonsten gewesen.
4. Von den nächstfolgenden mittleren Werken.
5. Wie und wann das Pedal erfunden.
6. Von den gar grofsen alten Orgelwerken.
7. Von der *Disposition* der *Claviren* in den alten Orgeln: und was vor
   Harmony zu der zeit darauf zuwege gebracht und geübt worden.
8. Vom Ton der alten Orgeln, und wie die *Claves* von Pfeiffen *disponirt*
   gewesen.
9. Von dero zeit Blasebälgen.
10. Von unterschiedenen Namen der alten Orgeln.
11. Vom unterschied der alten und jetzigen neuen Orgeln.
12. Wie und welcher gestalt die Spring- und Schleifladen erfunden.
13. die *Clavir:* so wol
14. Die Stimmen und Pfeiffen geändert und vermehret, und bis zu unser
    jetzigen zeit alles zum bessern Stande bracht worden.

Das I. Capitel. [84]

Von der *dignitet* und fürtrefflichkeit der Orgeln, und wie dieselbige alleine und sonderlich zum Kirchen- und Gottesdienst gerichtet,
allen andern Instrumenten vorzuziehen sei.

As etliche es dafür achten, dass nächst der *Theologia*, der höchste *locus*,
der *Musicae*, (als einer schönen herrlichen Gaben Gottes, und die ein
Vorbild und Gleichniss ist der himlischen *Music*, wie die heiligen Engel
Gottes mit dem ganzen himlischen Heer ihren Schöpfer, in einer lieblichen
Harmonia stetigs ohn unterlass rühmen und preisen, und das *Sanctus,
sanctus, sanctus Dominus Deus Sabaoth*, singen) billig gegeben und zu-
geeignet werden solle: Ist unter andern vielen derselben Nutzbarkeiten,
Kraft und Wirkungen vielleicht diese nicht die geringste Ursach, dass die
Musica an ihr selbst mehr für ein Geistlich, als Irdisch wesen zu halten,
und dahero in der Menschen Herzen eine innerliche Andacht des Geistes,
Gott den Allmächtigen mit schönen Psalmen und Lobgesängen desto inbrünstiger zu preisen, erwecket. Darumb dann auch beide Könige, David
und Salomon, als sie den Gottesdienst im Tempel und Tabernakel zu
Jerusalem aufs herrlichste und zierlichste anrichten wollen, so viel Musicanten, Singer und Instrumentisten, mit grofsen fleifs und unkosten darzu
bestellet, das Volk desto inbrünstiger und eifriger zu machen. Zu welchem
end auch David selbst seine Harpfen gebraucht, und ohn zweifel etliche
herrliche Orgelwerke wegen gröfse des Tempels, fertigen und setzen
lassen.

Darumb die Kirchen *Musica*, als ein Gottesdienst, auch noch heutigs
Tags billig in Würden gehalten, und mit aller *reverentz celebrirt* werden
soll: Dazu dann kunstreiche berühmbte Organisten, welche die Zuhörer
mehr aufmuntern, als verdrossen machen, gehören: die auch selbst mit
rechter Andacht, die Text oder Psalmen, so sie *melodiren*, im Herzen und
Gedanken Gott fürtragen. Wann man aber dieses nicht in acht nehmen,
sondern einen jeden der nur ein Tänzlein machen kann, ohn unterscheid

darzu aufstellen will, so wird auch die Kirchen-*Musica* leichtlich in Verachtung kommen, und wegen solches Missbrauchs endlich wol gar ausgemustert werden, wie die Erfahrung bezeuget.

Und gemeiniglich wandert die Religion derselben nach, wie in *Graecia* auch geschehen, da vor zeiten die *Musica* zum höchsten floriret. Sieder dem aber der Machomet daselbst sein Zelt aufgeschlagen, hat sich die Musik so gar verloren, dass man auch   [83] fast nichts mehr davon weifs: Ja man ist deren so gram und entgegen worden, dass nach Art und Natur der wilden Leut, mehr auf ein Satyrisch Pfeifflein und Päuklein, als auf ein recht geschaffene *Musica* gehalten wird. In mafsen verschiener Jahren *Franciscus I.*, König in Frankr: dem *Solimanno*, Türkischen Kayser, die beste *Musicos* zugesendet, der Meinung grofse Ehr damit einzulegen. Aber er hat die bald wieder abgeschafft und zurückgeschickt, mit dem bescheid, dass solche *Music* für sein Volk nicht dienet, sintemal sie die Gemüther nur weich und Weibisch mache. Welches der Griechen Meinung (die da von reinem nichts gehalten, noch jemand zu fürnehmen Embtern kommen lassen, der der *Music* unerfahren, dieweil sie es dafür gehalten, dass man *mores* und gute Sitten daher erlerne, und an sich nehme) ganz zuwider.

Und gibts zwar auch die Erfahrung, dass die *Musica* nicht bleibt, an denen Orten da der Teufel regieret, denn die Gottlosen sind dern nicht werth.

Von der rechten Kirche aber ist die Music zu jederzeit in hohem werth gehalten worden: Wie dann sonsten nirgend von dergleichen Capellen gehört, als wie der König Salomon gehabt, und dieselbe im andern Buch der Chronica im 4. Capitel beschrieben ist.

Und ist gar gewiss, dass zur selben Zeit im Volke Gottes die Music vielmehr floriret hat, als bei den Heyden. In dem die Jüden über ihre blasende Instrumenta, als *tubas, buccinas, tubas ductiles, tubas corneas etc.* auch besaitete Instrumente als, *Psalteria, Decachorda*, von 8, von 10, ja von 24 Saiten gehabt haben. Inmafsen *Hieronymus* schreibt, welchs auch im vorhergehenden II. Theil, *Num. 32* erinnert worden, dass der Jüden

Cithara, so man jetzo ein Harf nennet, von 24 Saiten gewesen sei. Do
doch zu der zeit bei den Heyden über drei *Tetrachorda*, das sind 11 *Claves*
oder Saiten noch nicht erfunden oder vorhanden gewesen.

Ob man aber nun wol nicht so gar eben wissen kann, was für eine
art der *Music* damals gebraucht worden, so ist doch aus allen umbständen,
daran nicht zu zweifeln, dass es eine herrliche *Musica* muss gewesen sein:
in sonderlichen betracht, dass der heilige König David und Salomon,
welche selbst auch der *Music* kundig und erfahren, dieselbe mit allem
möglichsten Fleifs angeordnet, sintemal sie so grofsen Kosten auf den
Tempel, welches doch nur ein todter Steinhauf gewesen, gewendet, demselben ein Ruhm und Lob in der ganzen Welt zu machen: Vielmehr werden sie es in den *Ceremonien* bei den Opfern, welchen GOTT selbst bei-
gewohnet, gethan haben.

Dass sie aber so viel und mancherlei Instrument und Gesang zusammen gebraucht, ist anders nit zu verstehen, dann dass sie die Psal.
Davids vielleicht in ihren sonderlichen *Tonis*, wie man noch an jtzo im
Choral thut, in einer der fürnembsten Stimme als im Bass gesungen, [84]
darzu alle andere Sänger und Instrumentisten *ad placitum sortisiret:* sonsten
hätte es keine form und art gehabt, wann jede Partei eine besondere
Melodei für sich genommen. Es bringts auch der Text mit sich, darin
gemeldt wird, dass es nicht anders gelautet, als wann einer allein trommetet
oder sünge, und als höret man eine Stimm, zu loben und danken dem
Herrn.

Dass aber dieselbe *Musica* nunmehr erloschen und vergessen, auch in
heiliger Schrift nichts davon gefunden (aufser was im Titul der Psalmen
gemeldet wird) in welchem Chor ein jeder soll gesungen werden, das ist
kein Wunder. Dann gleich wie der jüdische Tempel mit denselben Opfern
und Ceremonien, aus Gottes Rach, gar zu Grund ist ausgetilgt worden,
also hat auch der Jüden Gesang und *Musica* erlöschen müssen, dass man
dern nicht mehr gedenken sollen.

Wie dann die Jüden selber (als etliche ihres Mittels mich berichtet)
jetzo keine Orgeln hören mögen, indem sie vorgeben, dass diese jtzige

unsrige Orgeln allein ein *Umbraculum*, und nichts gegen die Orgeln, welche Salomon im Tempel zu der Zeit hat setzen lassen, zu achten und zu rechnen sein. Sintemal Salomon, als ein hochweiser König ohn allen Zweifel selbsten der fürnembste, hocherfahrneste Orgelmacher, *Inventor* und Angeber solches herrlichen künstlichen Instruments wird gewesen sein. Und fürwahr nach seiner Weisheit kein geringes, sondern vortreffliches, herrliches, aus dermafsen wohlklingendes Werk und Orgel haben verfertigen, und in den Tempel setzen lassen. Welches zwar so sehr nicht zuwidersprechen. Aber weil die *Graeci* sich gar sehr der *Music* beflissen, wäre es zu verwundern, dass sie nicht solche *Invention* und herrliches *Instrumentum Musicum* von den Jüden sollten erlernet und nachgemacht haben. Dass nun aber auf die Orgel oder Instrument aller Instrumenten, in der Kirchen, so ansehnlichen und trefflichen viel und grofs gehalten wird: das macht die unsägliche und überaus grofse Kunst die darinnen steckt und begriffen ist.

Denn das ist einmal gar gewiss, dass unsere Vorfahren sonst auf kein Instrument so merklichen grofsen Fleifs gewendet haben, als eben auf künstliche wolklingende Orgeln: Haben sie auch nicht alleine aus Erz, Silber und Gold gemacht und gebauet, sondern oft aus solcher wunderlicher seltzamen Materi, dass es einem fast unmöglich zu sein deuchtet, wie sie doch immermehr dergleichen Materi darzu haben brauchen können.

Man siehet aller Stücken und Glieder, welche zu dem ganzen Werk einer Orgel gehören, so eine künstliche, starke, und wolgeformirte Zusammensetzung, dass deroselben nicht alleine an der äufserlichen und innerlichen gleichsam lebendigen Gestalt nichts mangelt, sondern es klingen auch alle Pfeiffen beides grofs und klein, nach dem zusammengestimbten Angriff der Clavirn und Registerzügen bald heller, bald [85] heimlicher: und durch Auf- und Einblasung der Blasebälge mit einem immerwährendem und viel stärkerem Winde, als die andere *Instrumenta*, so durch menschlichen Athem müssen geregiret und geblasen werden.

Ja dieses vielstimmige liebliche Werk begreift alles das in sich, was

etwa in der *Music* erdacht und *componiret* werden kann, und gibt so einen
rechten natürlichen Klang, Laut und Ton von sich, nicht anders als ein
ganzer Chor voller *Musicanten,* do mancherlei Melodeien, von junger Knaben und grofser Männer Stimmen gehöret werden. In Summa, die Orgel
hat und begreift alle andere *Instrumenta musica,* grofs und klein, wie die
Namen haben mögen, alleine in sich. Willst du eine Trummel, Trummet,
Posaun, Zincken, Blockflöt, Querpfeiffen, Pommern, Schallmeyen, Dolzian,
Racketen, Sordounen, Krumbhörner, Geigen, Leyern, *etc.* hören, so kannst
du dieses alles, und noch viel andere wunderliche Lieblichkeiten mehr in
diesem künstlichen Werk haben: Also dass, wenn du dieses Instrument
hast und hörest, du nicht anders denkest, du habest und hörest die andern
Instrumenta alle miteinander. Ich geschweige, dass auf der Orgel oft ein
schlecht erfahrner dieser Kunst, fürtreffliche Meister auf andern Instrumenten übertreffen kann, sintemal diesem Werk recht ins Maul zu greifen, zugleich Hände und Füfse gebraucht werden. Und die Wahrheit zu bekennen, so ist keine Kunst so hoch gestiegen, als eben die Orgelkunst:
Denn der Menschen subtile Spitzfindigkeit und fleifsiges Nachdenken hat
es dahin gebracht, dass sie nun gänzlichen ohne einigen fernern Zusatz,
wol bestehen bleiben kann, und sich ansehen lässt, dass zu ihrer *perfec-
tion* und Vollkommenheit nichts weiter mangeln, *desideriret* oder hinzu
gesetzt und vermehret werden könne.

Denn was die Orgel vor ein überaus fürtrefflich und, also zu reden,
gleichsam Göttliches Werk sei, bezeuget *Hieronymus Diruta Italus* in
einer Vorrede: Welches eigene Worte, aus dem Italienischen in das Teut-
sche *vertirt,* also lauten:

†† ›**Alle Künste und Wissenschaften** (sagt er) **so des Menschen Vernunft** und
Verstand durch Gottes unüberschwengliche Gnad und Gütigkeit fassen,
begreifen und verstehen kann, die *referiren* und ziehen sich auf ein *principale intelligens,* gleichsam als auf ihren Meister, der wegen seiner hohen
Fürtrefflichkeit von allen andern verstanden, geehret und gerühmet wird.
Daher kompts, dass wenn man in der *Philosophia* des *Philosophi* allein
erwehnet und gedenket, alsbald der *Aristoteles,* als der *Philosophorum prin-*

ceps dadurch verstanden wird: In der *Medicina*, *Hippocrates:* In der *Poesi* Kunst wird unter den Lateinischen der *Virgilius*, und unter den Italianern der *Petrarcha* mit dem Namen *Poëtae* geehret.« [86] »Desgleichen in der *Theologia* wird durch den Propheten der König David und durch den Namen Apostel, S. Paulus verstanden. Dann weil angereget diese Männer in ihrer Kunst und Geschicklichkeit alle andere übertroffen, so ist ihnen auch der *general* Namen der Vortrefflichkeit billig gelassen und zugeeignet worden. Dieser Gebrauch ist auch bei den Alten in der *Musica* und Singekunst gehalten worden, in dem sie den höchsten und fürnembsten Titul vor allen andern *Musicis*, so jemals bei ihnen floriret, dem *Orpheo* und *Amphioni* gegeben und zugeeignet haben.«

»Ebener mafsen gehet es noch heutiges Tages zu mit den Titeln in der Instrumentalischen Musica, da dieses hievor ofterwähnte Instrument wegen seiner Vortrefflichkeit, *Organum*, (in welchem Griechischen Namen sonsten in *genere* alle *Instrumenta* und Werkzeuge, so auf der Welt vorhanden, begriffen sein) auf Deutsch ein Orgel, genennet wird; darumb, dass sie alle andere *Instrumenta*, wie die auch mögen Namen haben, in sich begreift, gleichsam umbfänget und halten thut. Derhalben denn jtziger Zeit bemelte Orgel gleichsam vor einen König aller Instrumenten, damit die Göttliche Majestät in der Versammlung der Gläubigen gelobet, gepreiset und geehret wird, billig gehalten werden soll.«

»Aus ebenmäfsigen Ursachen wird die Hand an des Menschen Leibe, *Organum*, ein Werkzeug aller Werkzeuge genennet, darumb dass sie im arbeiten mit allen pflichtschuldigen Diensten so zur Verrichtung seiner Geschäfte von nöthen sind, seinem Ambt fürstehet und den andern Gliedern beispringet.«

»Dass aber das Wort *Organum* in seinem rechten natürlichen Verstande von allen nicht aufgenommen werde, ist kein Zweifel. Denn ihr viel sind der Meinung, es werde durch dies Wort *Organum* nur alleine eine Orgel, welche mit Blasebälgen geregieret, und in den Kirchen und Chören zur Ehre Gottes gebraucht wird, verstanden. Davon im 150. Psalm stehet: Lobet den Herrn mit Harfen und Orgeln. Gleich wie aber die Laute,

Harfe, Geige und andere Saitenspiel, so durch die Saiten ihren Klang
bekommen, eben sowol mit dem Namen *Organi* oder *Instrumenti* genennet werden, weil derjenige, der solche und dergleichen *Instrumenta*
gebrauchet und darauf schlägt, es zu dem Ende thut, dass er seine Kunst
im Geigen und schlahen damit an Tag geben und beweisen könne. Also
thut die Orgel in ihrer schon erlangten Hoheit gleichsamb mit ihren
Umfang alle andere *Instrumenta* in sich einschliefsen. Sie führet aber
billig den adelichen Titul und Namen der Fürtrefflichkeit, dieweil sie zu
der menschlichen Stimme (durch den Wind und der Werkmeister Hände
regiret) am allernächsten kommt. Denn die Pfeiffen *repraesentiren* oder
stellen eigentlich für Augen, des Menschen Kehle oder Luftröhre, durch
welche sie auch ihren Athem führet und den Ton, Klang und Stimme
formiret. Ja man könnte wol sagen, dass die Orgel ein künstlich ge-
machtes Thier sei, welches durch   [87]
Hülfe der Luft oder Windes und menschlicher Hände gleichsam rede,
klinge, singe und *modulire*, werde auch mit allerhand Zierlichkeit, und so
merklichen grofsen Unkosten in die Kirchen gesetzt, dass sie einig und
allein zu der Ehre und Lob Gottes bestimmt, verlobet und versprochen
sei mit ihrer Stimm, Ton, Laut und Klang, die unaussprechliche Werk
und Thaten der Göttlichen Majestät ohn Unterlass zu rühmen und zu
preisen.«

»Wird derowegen die Orgel wegen ihrer Hoheit nicht ungereumbt
dem menschlichen Leibe verglichen, welcher in Verrichtung seines Ambts
von der Seelen *dirigiret* und geleitet wird. Denn gleich wie die Orgel
mit höchster Belustigung der Menschen Augen auf sich locket, und mit
ihren süfsen Ton und lieblichen Klang (durch Hülfe und Zulassung des
Windes, welcher gleichsam der Orgel Seele ist) die Ohren erfüllet und
erweichet: Also auch der Mensch, indem er anderer Leute Augen auf
sich ziehet, so nimbt er durch seine süfse und liebliche Wohlberedsamkeit
der Zuhörer Ohren ein, und gibt mit den Worten die innerlichen Gedanken, so im Herzen verborgen sind, zu erkennen. Ferner, so *referiren*
und zeigen die Blasebälge die Lunge an; die Pfeiffen die Kehle oder Luft-

röhre; die *Clavier* kommen gar fein mit den Zähnen überein; der aber der Orgel den Ton künstlich gibt, ist an statt der Zungen, und wenn er mit der Hände artlichen Bewegung und künstlichen Geschwindigkeit darauf schlägt und es lieblich lautend macht, so redet er gleichsam aufs zierlichste.«

»Derhalben, wer sich auf diese löbliche Kunst und *studium* begeben hat, der soll allen höchsten und möglichsten Fleifs anwenden, damit er zu einer gründlichen und rechten vollkommenen Wissenschaft dieses Instruments, so durch den Wind regieret wird, kommen möge. Wo aber das nit geschiehet, so wird die Hoheit und Würde dieses löblichen, fürtrefflichen Instruments abnehmen und geringschätzig gemacht werden, und wird eben zugehen, wie mit einem Menschen, der zwar sonst von Leibe schöner und gerader Gestalt ist, aber eine lispelnde und stammelnde Zunge hat, dardurch dann das ander alles was an ihm ist, vollends *deformiret* und verstellet wird.«

»Ferner, wie die schönen und künstlichen wolgemalten Bilder der anschauenden Augen an sich ziehen: eben also durchdringet auch die Lieblichkeit der süfsen wolklingenden *harmonia* und *concenten* die heimliche Gedanken und *affecten*, wenn sie in der Zuhörer Ohren fällt. Derhalben hat die Orgel billig ihren Sitz in den Kirchen und Tempel Gottes, damit durch ihre Anleitung Gottselige und andächtige Herzen aufgemuntert und durch ihren lieblichen *resonanz*, dem Lobe, welches der hohen Göttlichen Majest. gesungen wird, zuzuhören, beizuwohnen und auszuwarten, angereizet und gleichsam genötiget werden.«

»Und bleibt wol wahr, dass unter allen, was *Instrumenta* können und mögen genennet werden, die Orgel die fürnembste und oberste Stelle, *praeeminenz* und Würde habe, alldieweil sie alle Süfsigkeit und Lieblichkeit, so die andern *Instrumenta* in sich haben,   [88] oder zuwege bringen können, ihr alleine zumisset und zuschreibet: Bevoraus, weil sie solchen Grad der Hoheit erreichet, dass keine Musica oder Saitenspiel auf dem ganzen Erdboden ist, dadurch der lieben heiligen Engel liebliche *Harmonia* und Gesang zu Gottes Lobe, eigentlicher *reprae-*

sentiret und abgebildet werde, als durch sie. Welches in dem *Organo au
D. Petrum in Perusio* gar fein ausgedruckt und gegeben ist mit diesen ·
Verslein: *Haec si contingunt terris, quae gaudia Coelo?* Weil dieses auf der
Welt geschicht, was wird allererst vor Freude und lieblich Getöne im
Himmel sein? als wollte er sagen: Weil man auf dieser Erden so eine
schöne, liebliche, wolklingende Musica haben und zuwege bringen kann,
mein Gott, was vor unaussprechliche Freude, Wonne und Lieblichkeit
muss allererst sein des Engelischen Chors und der Gottseligen Seelen im
Himmel?« (Und so weit *Hieronymus Diruta*).

Wer siehet nun nicht, dass die Kirche zu der öffentlichen Ausrufung,
Ausbreitung und Erhaltung des Namen Gottes und der Religion, aus den
andern Instrumenten allen miteinander, allein dieses einzige, aus genug-
samen Ursachen bestimpt, gelobet und auserkoren habe.

Wann dann auf jetztbesagte Weise, die Vortrefflichkeit dieses Werks,
so hoch, grofs, ja nicht genugsam zu rühmen ist: sollen billig alle Organisten solches in fleifsige Acht und Betrachtung nehmen, und dahin all
ihr Sinn und Gedanken, Händ und Füfs täglich *intendiren*, wie sie diesem
herrlichen Werk im schlagen und regierung desselben, ihr recht thun und
geben mögen, damit sie nicht für *ignoranten* gehalten, und der Nam des
Organisten κατ᾽ *αὐλιφφασιν* ihnen zugemessen werde. Dann etliche werden
zwar zu Organisten *vocirt* und *promovirt*, wenig aber bedenken, wie sie
ihrer *vocation* ein genügen thun und *spartam quam nacti sunt, orniren*
wollen: Inmafsen es die Erfahrung bezeugt und mit sich bringt, dass man
cher nicht das geringste Stück oder Motet *appliciren*, oder in vollem Chor
einzuschlagen weifs: da er doch die ganze *Musicam*, vornemlich den
Chorum Vocalem, durch Hülfe der Orgel *intra suos limites & cancellos coër-
cirn*, dass er in *suo certo modo* und angestimbten *Tono* bliebe, und nicht
durch übermäfsiges Schreien, allzusehr in die Höhe *ascendirte*, wie un-
zählig mal geschieht, sonderlich do viel Knaben, oder aber in die Tiefe
dermafsen *descendirte*, dass die *Concentores* weder eins noch das ander
zuletzt *assequirn* und mit der Stimm erreichen, oder zuwege bringen
können.

Diese und dergleichen Organisten aber sollte man zu gröfserm Fleifs und Uebung antreiben und vermahnen.   [89]

1. Die Vortrefflichkeit des Werks, davon in diesem *Cap. I* weitläuftig gesagt und *discurrirt* worden.

2. Die weitberühmbten Meister dieser Kunst, so vor wenig Jahren, nicht allein in *Italia*, sondern auch in *Germania nostra*, bevorab in den Niederlanden gelebt, und noch jetziger Zeit beider Orten sehr *florirn* und *celeberrimi* befunden werden: Da dann diese Kunst von ihnen dermafsen *excolirt* und *augirt* worden, dass zu zweifeln, ob ihr auch noch etwas könne *addirt* werden?

3. Die jungen Knaben, deren etliche solche *specimina* ihres *profectus* heut zu Tag von sich geben, dass auch lange geübte und kunstreiche Organisten zum höchsten darüber in Verwunderung gerathen und gedenken, was doch künftiger Zeit noch zu hoffen, weiln bei den Knaben solche *Indoles* und Zuneigung zu dieser Kunst sich erzeuget?

Darneben aber wäre höchlich zu loben, dass auch Obrigkeiten an etlichen Oertern und Städten das ihrige verrichteten und auf Mittel bedacht wären, welcher gestalt ihre gute und fleifsige Organisten in ihren Kirchen mit solchen Unterhalt versehen werden könnten, damit ihnen ihre Müh, Fleifs und saure Arbeit der Gebühr nach *recompensirt* und belohnt würde. Dann es zu beklagen, wie geringe *Salaria*, auch an etlichen vornehmen Oertern, für ihre gute und kunstreiche Organisten *deputirt* seind, also dass sie sich kümmerlich können erhalten, ja bisweilen auch die edle Kunst verfluchen und wündschen, dass sie anstatt eines Organisten ein Kuhhirt oder sonsten nur ein geringes Handwerk gelernet hätten. Welches gleichwol zu erbarmen und billig von dem *magistratu* und Kirchen-*Inspectoribus ad notam* genommen und aufs beste *corrigirt* werden könnte. *Et tantum de I. Capite.*

Das II. Capitel.

Zu welcher Zeit ohngefähr, und vom weme die alten Orgeln
erfunden worden.

Autor
Inventor.

WEr aber der *Autor* und erste Erfinder dieses wundersamen
zierlichen, herrlichen Instruments sei, wird (das wol zu beklagen) nirgends gefunden. Welches *Polydorus lib. 5, Cap. 15*,
und folgendes *lib. 3, Cap. 18*, höchlich beklaget: »Viel musikalische *Instrumenta*, sagt er, sind zu den alten Zeiten erfunden worden, deren *Inventores*
und Erfinder ganz und gar vergessen sind, unter welchen auch dieses, so
aller Verwunderung und Lobes werth ist, so man die Orgel nennet, zwar
sehr ungleich denen, welche der Prophet und jüdische   [90]
König David gebauet hatte, darauf die Leviten ihre *Hymnos*, Psalmen und
geistliche Lieder sungen. Dergleichen Art sind auch die, so *Monochordia*,
Clavicymbala und sonst auf mancherlei Weise genennet werden, derer
Inventores gleicher gestalt, mit grofsem Verlust ihres herrlichen Namens,
in der finstersten Nacht verborgen liegen.«

Tempus. Wenn aber und zu welcher Zeit die Orgeln erstlich erfunden, und deroselben Gebrauch in der christlichen Kirchen aufkommen
sei, darinnen stimmen die Chroniken und *Historici* ganz nicht überein.

Man lieset bei *Volat. lib. 22 an. 653*, dass Papst *Vitellianus* unter der
Regierung Kaisers *Constantini* des dritten, den Gesang und die Orgel in
den Kirchen angestellet habe. *Polydorus lib. 6, Cap. 2 de invent.* und *Cran-
zius lib. 2 Metrop.* melden: Papst *Vitalianus* der I. habe die Kirchen-Regeln
gemacht und den Gesang angeordnet, auch dazu die Orgeln zu mehrer
Vollstimmigkeit und Wollautung (wie etzliche wollen) gebraucht. *Platina
in Vitaliano* setzet, welches auch *Guil. Perkinsus Anglic. Theol. Acad. Can-
tab. in probl. de Catholicismo* geschrieben und aufgezeichnet: Dass die *Instrumenta*, so durch das Wasser oder den Wind getrieben, ihren Anfang
umb das Jahr Christi 660 oder umb das Jahr 930 gehabt haben. *Aimonius* will im Jahre 820, *Genebrandus 997*, *Navarrus in lib. de Orat. & horis*

Canon. Cap. 16 spricht: Dass zur Zeit *Aquinatis* die Orgeln noch nicht sein im Brauch gewesen. Es ist aber *Thomas* von *Aquino*, gestorben umb das Jahr Christi 1274, wie es *Chytraeus* ausrechnet.

Es ist aber zu vermuten, dass die Orgeln viel älter sein, und dass *Vitalianus* umb das Jahr Christi 660 dieselbe nur allein *approbiret* und *confirmiret* habe. Denn wie es der H. *Sethus Calvisius Chronologus nostro tempore praestantissimus* dafür hält, so hat man so bald, als das viel singen in den Kirchen angeordnet und in *Choros* getheilet worden, ohn Zweifel, wo man nicht zween *Choros* haben können, eine Orgel zu Hülfe genommen, welche den *Choral* alleine einfältig *moduliret* hat, auch zu dem Ende, dass die Sänger ein wenig haben ruhen können So sind auch, durch Hülfe und Vorschub der Orgeln, die *tetrachorda antiquorum*, so auch noch zu *Boëthij* Zeiten *(qui floruit Anno Christi 487, quo anno Romae Consul fuit)* gebräuchlich gewesen, abgeschafft, und die *6 voces Musicales* erfunden, auch die *scala Musicalis* weit verbessert worden, wie bei dem *Guidone (qui floruit plusquam quingentis annis post Boëthium, circa Annum Christi 1026)* zu sehen: Denselben wir es noch zu danken haben, dass zwanzig *Claves* geordnet sind, da zuvor erstlich nur viere, hernacher sieben, bald vierzehn und endlich 15 gewesen.

So ist auch durch die Orgeln unser *figuralis Musica* erfunden worden; denn die *Musica harmonica apud veteres* ist gar durchaus anders gewesen, als unser   [91]
jetziger *Figural:* wie in vorgedachten H. *Calvisij Exercitatione secunda & tertia* mit mehrerm zu vernehmen.

Und dass die *Claves chromaticae* oder die *Semitonia* sind erfunden worden, kompt *ex tetrachordis veterum*, welche *tetrachordum Synnemmenon* (das ist *conjunctarum Clavium*, als *E f g a ♮ c d*) haben, in welchen das *b* zwischen ♮ und *a* eingesetzet wird. Weil sie nun diesen *clavem b* gehabt und hinein bracht, hat sichs leichtlich weiter zu den andern *extendirt*, hat man anders mit den *sex vocibus Musicalibus* fortkommen wollen, und ist also das *dis* ohn Zweifel am nächsten erfunden worden, *g a b c d dis etc.*

Zu welcher Zeit sie nun erstlich in Deutschland und Frankreich aufkommen, und in *Italia* und anderswo künstliche Orgeln gewesen sein, kann man aus glaubwürdigen Historienschreibern zum theil ersehen und nachrechnen.

Aventinus, in annalibus Bojorum, lib. 3, hat aufgezeichnet, dass *Constantinus VI., Copronymus Leonis* Sohn, welcher umb das Jahr Christi 742 das Constantinopolitanische Kayserthumb gehabt, *Pipino* der Franken Könige, Kaysers *Caroli Magni* Vater, durch sonderliche Legaten (deren fürnembstes Haupt *Stephanus,* ein Bischof zu Rom gewesen) ein trefflich grofs Instrument, und ein solch Werk, das damals den Franzosen und Deutschen noch ganz unbekannt, überschicket habe: und saget, dass es mit Pfeiffen aus Bley zusammen gesetzt gewesen, und zugleich mit Blasebälgen aufgeblasen, und mit Händen und Füfsen geschlagen und eine Orgel genennet, und zum ersten in Frankreich gesehen worden sei. *Lambertus Schafnab.* und *Marianus Scotus, lib. 3,* schreiben, dass solches im Jahr 758 geschehen sei. Wiewol andere schreiben, dass das Pedal in Orgeln zu Venedig erstlich sei erfunden worden. Daraus dann offenbar, dass diese Art der Instrumentalischen Musica, welches wir heut zu Tage eine Orgel nennen, nicht so gar alt sei in den Französischen und Deutschen Kirchen.

Damit aber gleichwol beides dem *Aventino,* (welcher sagt, dass die Orgel zur zeit *Pipini* den Deutschen und Franzosen noch unbekannt gewesen) und auch dem *Platinae* (welcher will, dass die Orgel 300 Jahr vor *Pipino,* von *Vitelliano* in die Kirche gesetzt worden sei) Glauben beigemessen werde: So muss es dahin verstanden werden, dass *Platina* ohne zweifel verstehe, das ungeschickte Instrument, welches 15 Pfeiffen hatte, in welches der Wind durch 12 Blasebälge eingelassen ward, dergleichen eines zu Jerusalem in *Oliveto* aufm Oelberg gestanden, und einen Ton von sich gegeben, gleich als wenn es donnerte: oder dass er sehe, auf das gar alte Instrument *Hydraulicum,* so gemeiniglich eine Orgel geheifsen ward, wie *Vitruvius lib. 10, Architect. c. 13* anzeiget.

Wiewol aber diese beide, das *Hydraulicum* und unsere Orgel, was die äufserliche Form belanget, nicht wol zu unterscheiden, so ist gleichwol dies der Unterschied, dass des [92]

Hydraulici Corpus mit den Pfeiffen aus Erz zusammen aneinander geschmelzet und gegossen worden, und nur ein einzige Reige oder Zeile Pfeiffen gehabt, auch unterschiedlichen Laut durch das eingegossene Wasser von sich geben. Dieses unsers *Organi Corpus* oder Kasten aber, so aus Holz künstlich zusammen gefügt wird, hat gar viel Zeilen voller Pfeiffen, und zerstreuet und zertheilet ihren Klang und Ton aus den Pfeiffen, vornen, hinten, vor der Brust, auf der Seiten und unter den Füßen durch die Luft und Wind, so ihr von den Blasebälgen zukompt.

Leander (welches auch *Majolus* erzählet) *Colloq. 23* schreibet, dass er zu Venedig ein sehr wolklingende Orgel, aus lauterm Glase gemacht, gesehen habe. Es ist auch eine Orgel, darin die Laden, Pfeiffen, Clavier und Blasbälge von Alabaster (welcher Stein auf dem Volateranischen Acker in *Italia* wächset) gewesen, gesehen worden: welche der kunstreiche Meister von *Neapolis*, als er sie verfertiget und überaus wolklingend zugerichtet, dem Herzog zu *Mantua*, *Friderico* gebracht, und sie ihme verehret. *Leander in Thuscia* bezeuget, dass er dieses aus dermaßen wunderbarliches Werk selbsten gesehen habe. Dergleichen Positive, da nicht allein das ganze Gehäuse und Clavier, sondern auch die Pfeiffen von eitel Glas und Alabaster Stein gemacht, seind vor wenig Jahren in eine Churfürstliche Kunstkammer, als neuerfundene Werke *praesentirt* worden. Dass aber solche *Invention* allbereit alt und vor dieser Zeit vorhanden gewesen, ist aus obgedachten *Historicis* genugsam zu ersehen.

Die fürtrefflichsten und berümbtesten *Musici* und Erfinder neuer *Inventionen in Musica* unter den Christen sind gewesen: *Georgius Sacerdos*, von Venedig bürtig, da er von *Daldrico* einem Ungerischen Grafen *Ludovico Pio* ist *Commendiret* worden, hat er dies musicalische Instrument *Hydraulicum*, das sie eine Orgel heißen, an dem Graneischen Wasser zusammen gegossen und gefertiget. *(Aimonius lib. 4, Cap. 113. de Francis. Aventinus lib. 4, Annalium.)*

Gilbertus, ein *Praelat* zu Rehms, welcher hernach römischer Papst und *Sylvester II.* ist genennet worden, hat durch Hülfe seiner *Mathematica* eine Orgel gebauet, welche durch die ungestüme Gewalt des heißen Wassers

ihren Klang bekommen, *Anno Domini 997,* wie *Erfordiensis* und *Genebrandus* bezeugen.

Boëthius, so zugleich auch ein guter *Mathematicus, Philosophus* und
ausbündiger *Poët* gewesen, wird vor den Erfinder des Musicalischen Instruments *Chiterini* gehalten *(Bergomas* und *Genebrandus, Anno Domini 515).*
Und dass wir dies nicht vergessen, *Sabellicus, lib. 8, Enn. 10,* meldet,
dass umb das Jahr Christi 1470 zu Venedig ein überaus fürtrefflicher Mann
vor allen in der *Musica* gewesen. [93]

Bernhardus mit dem Zunamen Teutscher, zur Anzeigung des Volks,
davon er entsprofsen, welcher der erste ist gewesen, der die Orgel verbessert und vermehret, dass zugleich auch die Füfse, durch Anziehung der
kleinen Stricklein, (nemlich im *Pedal)* zu mehrer Wollautung und Vollstimmigkeit helfen können. Sonsten aber, ob in der Griechischen, Italianischen, Asiatischen oder Afrikanischen Kirchen, die allerälteste Orgel sei,
kann man nicht vor gewiss sagen, oder eigentlich wissen.

Und ist freilich wol zu beklagen, dass man nichts eigentliches noch
ganz gewisses von dem Anfang und Erfindung der ersten *Invention,* sowol auch, wie alt die Erbauung der ältesten Orgelwerke sein möchte,
haben kann. Welches aber wol zu wünschen und zu wissen nötig wäre:
Sintemal hieraus nicht alleine Gottes den Menschen verliehene Gaben, die
musicalische Instrumenta auf solche Art zu machen, zu ersehen sein, sondern auch, dass unserer lieben und für etlichen hundert Jahren verstor-
benen alten Vorfahren fleifsiges mühseliges Nachsinnen, (und wie sie gleichsamb ihren Nachkommen die Leiter, künftig höher zu steigen, zurecht gesetzt, und den Weg fort und weiter zuwandern, gezeigt haben) uns unter
Augen leuchten, und auch zu derogleichen Fleifs antreiben möchte, diese
jtzige herrliche Zeit (da man alle Dinge fast aufs Höchste gestiegen sein
vermeinet) in freien Künsten so viel mehr ohn Verdruss und nutzbarlicher,
zu Gottes Ehren anzuwenden.

Welche unvollkommene Wissenschaft aber billich den kunst anbehöri-
gen Organisten, Orgelmachern und Meistern (so noch vor hundert, mehr
und weniger Jahren solche alte Werk, ohn einiges nach- und zurückdenken

hinweg gerissen, und von deren damals befundenen Arten, *Inventionen*, in Schriften, wie fleifsig man auch darnach forschet und trachtet, nichts hinterlassen haben) alleine zum verweis zuzumessen.

Jedoch (damit wir alleine von denen Orgelwerken, darvon noch an jetzo und vor etlichen Jahren die *rudera* vorhanden, in diesem *opere* etwas vermelden) so kann man aus gewisser Erfahrung und Nachrichtung haben: dass vor 600 Jahren Orgelwerke gebauet worden seind, wie dessen Zeugniss und Jahrziffern unter andern in Halberstadt und Erfurt in den Paulinern Kirchen, und sonsten hin und wieder annoch vorhanden und zu finden sein.

Das III. Capitel.

Von Art und Eigenschaft der allerersten Orgelwerken,

welche gar klein gewesen.

ES sind aber anfangs solcher *Invention* und Erbauungen keine grofse, sondern gar kleine Werke, so stracks an einem Pfeiler (als zu Magdeburg in [94] S. Jacobs Kirchen eins gestanden) oder in die Höhe bei die Chor als Schwalbennester gesetzt, und mit engen Raum und Umfange gemacht worden. So haben auch solche Werklein anfangs nicht mehr als einen Laut, ohn einige Änderung gehabt und behalten: Welches anders nicht, denn nach unserm Gebrauch zu reden, eine Mixtur, so mit 10, 15 und wol 20 Pfeifen auf jedem Clave besetzt gewesen ist. Aus welcher *disponirten* Mixtur die grofse Pfeiff eines jeden *Clavis*, als das Fundament solcher *Disposition*, vorne an nach der Ordnung, wie wir jetzo unser *Principal* setzen, auch zum Schein ist gesetzet worden: Haben scharf und stark geklungen und geschrieen; ihre Clavier aber sind also ohne *Semitonia* gewesen, wie folget:

♮ c d e f g a h c d e f

Etliche aber also,

c d e f g a b c d e f g a.

Allhier lässt sichs ansehen, als dass sie zu den Orgeln anfangs nicht mehr als diese eilf *claves*, darinnen die Alten die drei *tetrachorda comprehendirt*, genommen haben; als, 1. *Tetrachordum* ὑπάτων, von ♮ *quadrato* bis ins *E*. (♮ aber ist die gröfste und eilfte *chorda* gewesen, *quam Timotheus Milesius excogitavit, tempore Philippi, patris Alexandri*).

2. *Tetrachordum* μέσων, vom *E* zum *a*.

3. *Tetrachordum* διεξευγμένων vom ♮ ins *e*. ♮ *C D E F G A* ♮ *c d e*.

Aber bald nach des *Timothei Milesij* zeiten, ist das 4. *Tetrachordum* ὑπερβολαίων *e f g a a (sic?)*, *superiori loco* erfunden, und also *XIV. Chordae*, zuletzt aber noch der unterste *Clavis A, extra ista Tetrachorda, tanquam fundamenti loco assumirt* worden; *ne Veterum Musicae in hac re aliquid deesset: & ita in XV. Clavibus Cantus durus modulabatur.* Wenn sie es aber in *Cantum mollem sive transpositum* bringen und haben wollen, so haben sie das *Tetrachordum* συνημμένον darzu genommen und *copuliret: de his vide Calvisium Exercit. 2, pag. 105.*

Dieses alles ist nun, wie gedacht, zu *Alexandri Magni* zeiten noch vor Christi Geburt geschehen: Die Orgeln aber, deren *structuren* noch vor wenig Jah-   [95] ren zu finden gewest, sind lang nach Christi Geburt allererst und gleichwol nicht mehr als mit *XI.* oder *XII. Clavibus* (wie zu des vorgedachten *Timothei Milesij* zeiten nach den dreien ersten *Tetrachordis*) gemacht worden.

Welches wol zu verwundern, und vielleicht daher kommen, dass sie damals noch keine *Experientz* und Uebung uff der Clavieren gehabt, und bei wenigen anfangen, oder wie man sonsten zu reden pflegt, bei den Bänken müssen gehen lernen, bis sie immer von Tag zu Tage weiter kommen und die *Claves* vermehret. Wiewol der H. *Calvisius* vermeinet, es komme daher, weil die *Mixtur* so viel *Octaven* über sich gehabt hat, so haben sie es vor unnötig geachtet mehr *Octaven* in den *Clavibus* zu machen: Zu dem so erfordert der natürliche *Ambitus in hu-*

mana voce nicht viel mehr, **als eilf** *Claves,* oder da **sie** höher gestiegen, haben sie die *Octav* darunter genommen: **so lang bis sie**, wie im 7. Cap. ferner Meldung geschehen wird, mehr *Claves* erfunden.

Das IV. Capitel.

Wie die erste Art der kleinen Orgeln umb eine Octava vergröfsert, und zum mittlern Werk gebracht worden.

Ei dieser Art und Verstande ist es sonder zweifel (weil es, als eine neue *Invention* erst an Tag kommen, und durch langwierige Zeit einer den andern gelehret) viel Jahr beruhet, ehe solches und damals neues Wunder in der Welt bekannt, und nur an unterschiedlichen fernen Orten gebauet worden.

Als aber von derselben Zeit an bei hundert und mehr Jahren, diese Kunst des Orgelmachens in Gebrauch kommen, und zu einer Lehr gediehen, damit man sonder Zweifel nicht wenig neidisch wird gewesen sein, da hat man auch den Sachen allererst weiter nachgesonnen und gröfsere Werk, noch eins so grofs als die ersten zu machen angefangen. Wie dessen nicht allein hin und wieder eigentliche und vernünftige Nachrichtung, sondern auch in fürnehmen Städten, Stiften und Klöstern der handgreifliche Augenschein noch an jtzo befunden wird.

Da ist denn eins aus dem andern entsprossen, und hat sich unter den Meistern ein *Ingenium* vor dem andern herfür thun wollen.

Es erscheinet auch aus jetzt gesetzten beider Art *Clavirn* (weil das eine *b mol* und das andere ♮ *dur*) vernünftig: dass man damals, jedoch ohngefähr bei hundert Jahren nach der ersten *Invention,* allbereit auf die *Semitonia* zu ergrübeln buchstabirt hat; wie denn vor 400 Jahren etliche *Semitonia* in ihren *Clavirn,* sonderlich *b fa* in ♮ *dur Clavir,* und das *dis b-moll,* schon erfunden gewesen sein.

Das V. Capitel. [96]

Wie die Pedal erfunden, und daher das
erste und oberste Clavier, welches sonsten keinen Namen gehabt,
Manual genennet worden.

AB nun zwar die Orgelwerke an Gröfse und Vielheit der Pfeiffen und Vermehrung der *Claviren* zugenommen, so ist es doch gleichwol bei der ersten *Invention,* dass nicht mehr denn *Principal* und *Mixtur* (so doch zu der Zeit noch nicht zertheilte, sondern eine zusammenklingende *disponirte* Stimme gewesen) geblieben, ohne allein, dass mehr *Claves* in die Höhe gemacht, und die *Pedal* auch allbereit vor 400 Jahren noch darzu erfunden sein. Wie denn dasselbige der Augenschein der gar alten *Structuren,* wann man sonsten keine Nachrichtung mehr finden könnte, anzeiget: Weil die beiden äufsersten Seit-Törme zum *Pedal* und das mittel zum *Manual* ist *disponiret* gewesen.

Und wird allhier oftermelter unser lieben alten Vorfahren fleifsige *Speculation* und tiefes Nachdenken mit allen Ruhm billig erwehnet, dass sie den musicalischen Klang, auch mit den Fufstreten zu befördern erfunden haben.

Und wie *Sabellicus* schreibt, auch in 4. *Membro, Partis primae, primi Tomi. c. 10,* Meldung geschehen, so hat ein Deutscher, mit Namen *Bernhardus,* das *Pedal* umb das Jahr nach Christi Geburt 1470 aus Deutschland gen Venedig in Italiam gebracht.

Wiewol das *Pedal* in *Italia,* Engelland und andern Örtern mehr, da doch die Orgelkunst jtziger zeit sehr *florirt* und *excellirt,* wenig und gar selten gebraucht wird. Und wollen etliche *Scribenten,* dass die *Musica* in *Italia* vorzeiten gar zergangen und von den Deutschen wiederumb zu ihnen hat müssen gebracht werden.

Aus dieser ersten *Invention* des Pedals, (so anfänglichen nur 8 *Claves,* als *c d e f g a h* gehabt) ist nach langwieriger Zeit noch ein *Manual Clavier,* welches zwar zum Basse anstatt des Pedals gebraucht, gleichwol mit der linken Hand geregieret, wie es dann auch an der Form und Gröfse dem *Manual Clavirn* ganz gleich, erfunden worden. Inmafsen dann auch aus dem ersten *fundirten Manual Clavir* noch eins erfolget ist, darvon folgends soll gedacht und dessen *disposition* beschrieben werden.

Es sein aber nach dieser *Pedal*-Erfindung die allererste *Clavir*, so wir jetzt *Manual* nennen, nicht *Manual*, sondern *Discant* genennet, und das *Pedal* bei seinem [97]

Namen, *Pedal* geheifsen worden; wie solches aus einer sehr alten Schrift eines Münchs zu ersehen gewesen, und auch die Vernunft bezeiget; weil der *Choral* anfänglich blos mit einer Stimme gebraucht und geführet worden, dass das *Clavir* sonder zweifel zu der Zeit keinen Namen gehabt, weil es mehr ein *Tenor* des *Chorals*, also zu sagen, (welches auch die *Clavir* Buchstaben und *disposition* ausweisen) gewesen ist. Aber hernacher, da die *Pedal invention* ans Licht kommen, da sind die *Manual-Clavir* höher und immer von einer Zeit zur andern, mehr denn eine *Octava* verlengert, und mit kleinern Pfeiffen ersetzet, daher es gegen dem *Pedal*, als denn billich, ein *Discant* genennet worden.

Solche *Discant-Claves*, oder *Clavir*, seind zu der Zeit auf solche

☊ und diese ♯♯ Art (deren Abriss in *Sciagraph. Col. XXIV* und *XXV* zu finden) formiret, und so hart nieder zu bringen gewesen, also dass man dieselben mit einer vollen und zugethanen Faust hat niederdrücken müssen.

Und hat dasselbige *Clavir*, darin doch nur *9 Claves* gewesen, fast 5 oder 6 Viertel einer Ellen an der Breiten im Raum eingenommen. Wie dann deroselben eigentliche Gröfse und Länge (welche in den dreien übereinander liegenden *Claviren* am grofsen Werke im Thumb zu Halberstadt noch anjetzo zu finden sein und folgendes darvon weiter soll gesaget werden) in diesem *Tomo*, in der *Sciagraphia Columna 24* abgerissen vorhanden. Zu Magdeburg aber im Thumb sollen die *Claves*, wie etliche berichten, viereckicht und fast 3 Zoll breit und an der Zahl sechzehn gewesen sein.

Bei derselben Art *Clavirn* und *invention* ist es damaln, aus gewisser Nachrichtung bei 300 und wol mehr Jahren, (von Anfang an zu rechnen) geblieben, und nicht mehr als nur ein *Manual-Clavir*, (das sie, wie jetzt gedacht, *Discant* geheifsen,) doch auch mit ein *Pedal* gearbeitet worden, darauf man endlichen aus Übung ein *trium* hat zuwege bringen mögen.

Das VI. Capitel.

Von den gar grofsen alten Orgelwerken.

ES ist aber bei dieser mittlern, sowol bei der ersten kleinen Art Werken und ersten *Invention*, keine Veränderung des Klangs gewesen sondern stets vor voll, und ein wie allemal, doch wegen viel gesetzter Pfeiffen, eins noch gewaltiger als das ander zusammen geschrieen, bis dass die dritte Art, als grofse Werke, so abermal eine *Octava* an allem gröfser, und mit mehreren *Claviren*, erfunden, und vor 250 Jahren nicht in gemeine, sondern in die vornembste grofse Münster und Thumbstift Kirchen sind   [98]
gebauet worden: Wie derer *Sructuren* in den grofsen Stiftkirchen, sampt etwas von ihren eingebeude und etlichen Pfeiffen, unter andern auch in der Halberstädtischen Thumb Kirchen noch heutiges Tages zu besehen, und dergleichen neulichen aus dem Thumb zu Magdeburg weggenommen worden ist. Welches grofse Werk im Thumb zu Halberstadt vermöge seiner daran befindlichen eigentlichen Jahrzahl, vor drittehalb hundert Jahren anfänglichen erbauet, und vor hundert und 20 Jahren erst *renovirt* worden. Und stehet diese Nachrichtung anjetzo gedachten Werke also beschrieben.
›*Anno Domini M. CCC. LXI. Completum in Vigilia Matthaci Apostoli, per manus Nicolai Fabri Sacerdotis. Anno Domini. M. CCCC. XCV. renovatum est per manus Gregorij Kleng &c.*‹
An diesem Orgelwerke und dergleichen befindet sich aber eine andere Art und höhere *Invention*, als an den vorbeschriebenen beiden Arten zuvor noch nicht gewesen ist. Daraus abzunehmen, dass man zur selben zeit allbereit den Sachen sehr fleifsig nachgedacht, und eben sowol, als jetzt, unterschiedliche treffliche *ingenia* gefunden hat, welche von zeit zu zeit, nicht allein nach den *Semitoniis* (weil ihnen die Vernunft, als einem im

S

Traum etwas fürgebildet wird, noch ein anders und höhers dahinter zu sein Anleitung gegeben) gesucht und gegrübelt, und auch endlich dieselbe ergründet haben, sondern auch allerlei Änderungen und *Variationes* des Klangs gerne hören und haben wollen. Wie denn in diesem Orgelwerke, als zu dero zeit neuen *invention* alles beides befunden wird. Darumb denn von diesem und dergleichen Orgelwerken, *Manual-* und *Pedal-Cla-viren disposition* und derselben gebrauch, auch wie es balde nach derselben Zeit, als ihnen durch diese *invention* weiter zu kommen, der Weg gezeigt worden, mit Gewalt in Orgelwerken also gestiegen ist, billich etwas ausführlicher allhier muss angezeiget und berichtet werden.

Das VII. Capitel.

Von der *Disposition* der *Claviren* in den gar grofsen Orgelwerken, und sonderlich in jetzt gedachter Alten Orgel zu Halberstadt, und wie solche *Clavir* seind gebraucht worden.

1. Das oberste *Clavir,* so zu der Zeit *Discant* geheifsen, und zum vollen Werke, als nämlich den fördern *Praestanten* und Hintersatz zugleich gebraucht worden. [99]

$$cis \quad dis \quad fis \quad gis \quad b \quad \overline{cis} \quad \overline{dis} \quad \overline{fis}$$
$$\natural\, c \quad d \quad e\,f \quad g \quad a \quad \overline{h}\,\overline{c} \quad \overline{d} \quad \overline{e}\,\overline{f} \quad \overline{g}\,\overline{a}$$

2. Ander *Clavir,* so auch *Discant* genennet, und zum *Principal* alleine gebraucht worden ist.

$$cis \quad dis \quad fis \quad gis \quad b \quad \overline{cis} \quad \overline{dis} \quad \overline{fis}$$
$$c \quad d \quad e\,f \quad g \quad a \quad \overline{h}\,\overline{c} \quad \overline{d} \quad \overline{e}\,\overline{f} \quad \overline{g}\,\overline{a}$$

3. Das dritt, ist ein *Bass-Clavir,* so unter den vorigen beiden *Claviren* ordentlich gelegen, an aller Gestalt und Gröfse denselben gleich: Und obs zwar mit den Händen, oder aber, als etliche vermeinen, mit den Knieen gedrücket worden, so ist es doch anstatt des Pedals zu dem Prin-

cipal oder gröfsten Basspfeiffen, welche in den Seit-Thürmen stehen, gebraucht worden.

cis   dis   fis   gis   b

♮ c   d   e f   g   a   h c

4. Das vierte und unterste *Pedal-Clavir*, so mit den Füfsen getreten, und auch mit dem obersten *Discant-Clavir* zum ganzen vollen Gepränge gebraucht ist.

cis   dis   fis   gis

♮ c   d   e f   g   a h

Dieses *Pedal-Clavir* hat recht unter den dritten, so nächst hier oben in gleicher Linie gelegen, und mit demselben einerlei Austheilung an der Gröfse, aber nicht einerlei *Claves* gehabt, wie solches in der *Sciagraphia, Col. XXV* zu sehen.

Aus dieser vier *Clavirn Invention* ist dieser Nutz und Gebrauch erfolget, dass man erstlich ein Unterscheid im Klange machen und haben können, und durch die beiden mitteisten *Clavir* (als nämlich das 2. und 3.) das Principal oder förderpfeiffen vor sich alleine hat können geschlagen werden, *Manualiter:* und zwar mit der rechten Faust, welches sie den *Discant* genennet haben; auf den andern *Clavir*, und auf den dritten *Clavir*, ist mit der linken Hand der Bass anstatt des *Pedals*, nicht mehr denn zu einem *Bicinio* oder *Duum Vocum* im *Choral* gebraucht worden. Die andern beide, als das oberste und unterste *Clavir*, sein zum ganzen Werk und vollem Geschrei, als der *Mixtur* (so zu der Zeit Hintersatz geheifsen, weil es hinter den *praestanten* gestanden) neben und mit den *praestanten* gebraucht worden. Da denn das erste und oberste das *Discant-Clavir* und das unterste das *Pedal-* oder *Bass-Clavir* gewesen ist, darauf man ein *Trium* hat können zuwege bringen. In solchem Hintersatz sein im *Discant*, nach eigentlicher Befindung, 32, 43 und 56 Pfeiffen auf unterschiedlichen *Clavibus disponiret* gestanden; und im *Bass* oder *Pedal* Hintersatz nur 16, 20 und 24 Pfeiffen, aber alles grober *Mixtur* Art, gesetzt worden.

Welches dann wegen der Gröfse der *praestanten*, und weil sich ihre

8*

Manual-Clavir, der wenigen *Clavium* halben, nicht in die Höhe zur Lieblichkeit begeben können, ein solch tiefes grobes brausen und greuliches
grümmeln, auch wegen Vielheit der   [100]
Mixtur-Pfeiffen, ein übernus starken Schall und Laut und gewaltiges Geschrei (darzu denn der gepresste Wind rechtschaffen nachgedrückt hat)
muss von sich gegeben haben.

Und dieses umb soviel mehr daher, dieweil in solcher Tiefen nichts
mehr zwischen einer *Octava*, denn nur eine *Quinta* und auch *Terz perfect*
(sintemal zu jedem *Manual-Clave* eine Hand oder volle Faust gehört hat)
gegriffen werden können. Dass demnach solches anzuhören (wofern die
disponirten Pfeiffen oder Hintersatz nicht mit ihrem kleinen Geschrei hindurch gebrochen, und einen vernemblichen Ton des Chorals ins Gehör
gebracht) unsern Ohren nachzureden, nicht sonderlich anmutig muss gewesen sein.

Es sind aber die zwölf grofse Basspfeiffen oder *Pedalia*, an die beide
Seit Thürme, und der *Discant* zwischen solchen hohen Thürmen innen
nach der *mensur* geordnet gewesen.

Des H. *Calvisij* Meinung von dem Klang und Art der alten Orgeln
und der alten *Harmonia*, ist diese: In dem er *in quadam Epistola* also
an mich schreibet:

Nun ist die Frage, ob man nicht noch *vestigia* der alten *Harmoniae*
finden könne? Dieselbige ist ohne zweifel erhalten worden in den Kirchen.
Wir haben noch zu unser zeit zwei *Instrumenta* von der alten *Musica*,
welche in stetem brauch sind, als die Sackpfeiffe und die Leyre; in denselbigen klingen besonders für und für eine *Consonantia*, auf der Sackpfeiffe
nur eine *Quinta*; auf der Leyre aber wol drei oder vier Saiten, als nemblich eine *Quinta* und *Octava*, zugleich durch drei Saiten: Und wird darnach
uff andern *Claviru*, welche die vierte Saite treffen und anrühren, etwas
anders im füglichen *Choral* darin *moduliret*.

Solches ist ohn zweifel stets in der Kirchen blieben, und man hat
uff den Orgeln, zu den *Consonantiis* eine andere sonderliche reige Pfeiffen
haben müssen, in welchen man allezeit die *Consonantias* gezogen, welche

sich zum *Choral Clave* schicker und reimen, wie auf der Leyre geschiehet; als *c g* ¹/*c*, oder *d a d,* oder *e h e̅ etc.* Dieselbe *Claves* haben sie stets gehen und tönen lassen, und darnach einen *Choral,* der aus dem *c, d,* oder *e* gangen und sein Fundament darinnen hat, darein geschlagen, wie man auf dem Instrument ein Schäfertanz schlägt: Und dieses ist auf allen Instrumenten von Anbeginn der Welt die *Musica* gewesen, wie die *Scriptores* andeuten. Daraus dann leichtlich zu vernehmen, dass man zu der Zeit, zu solcher *Music* nicht gar so viel *Claves,* wie am Ende des 2. Cap. angezeigt worden, vonnöthen gehabt.

Hernach aber, da etliche *Ingeniosi Musici* darzu kommen, haben sie *privatim* und *sine arbitro* sich weiter versucht, und zu dem *Choral,* welchen sie in den *acutiori-* [101] *bus sonis* geführet, unten *Consonantias* versuchet, dass man im rechten *Manual* zween *Claves* zusammen geschlagen, und endlich gefunden, wie sich der *Choral* füglich enden, und in einer *Clausula* zusammen kommen und *quiescirn* könnte: Denn dieses ist das fürnembste gewesen. So bald sie aber die *Clausulas* haben machen lernen, (welches ohn zweifel, dieweil sie mancherleiger Art, viel Mühe gekostet) haben sie die andern *Consonantias* auch finden können, und zwei Stimmen *in Contrapuncto simplici* gesetzet, und also erstlich ein *Bicinium* erfunden: hernacher sind sie allmälig weiter kommen und ein *Tricinium* zuwege bracht, bis sie auch den *floridum Contrapunctum* funden.

Dieses aber ist langsam zugangen, denn es anfangs in den *Consonantiis* viel Mühe gekostet, aus der Ursach, dass man die *Tonos* und *Semitonia* nicht rein hat stimmen können; daher die *Instrumenta* oder Orgeln, so rein nicht seind gestimmet gewesen als jetzunder: Haben auch nicht trauen dürfen, dass die Tertien und Sexten *Consonantiae* wären, dieweil die alten *Musici* alle mit einander nicht zugeben, dass sie *Consonantiae* sein sollen. Darumb denn keiner so vorschneppich sein und so klug sich dünken lassen wollen, dass er dies besser als *Ptolomaeus, Boëthius, Euclides* und andere fürtreffliche *Musici* wissen wollte.

Ich bin der Meinung, wenn man jetzo die alte *Harmoniam* gerne

hören wollte; und wie die alte *Music* geklungen habe, so dürfte man nicht
mehr, als das ganze volle Werk, (nemblich die *Principaln, Octaven, Super-
Octaven, Quinten, Zymbeln, Mixturen* und *Sub-Bässe,* und was sonsten mehr
verhanden, so zum vollen Werk zuziehen gebreuchlich, und ein recht
specimen der alten *Mixtur* ist) nehmen, und alsdann im Pedal mit beiden
Füßen eine *Quinta,* als *C G, D A, F c &c.* zusammen halten, und
führen den *Choral* eines *Responsorij, Introitus* oder deutschen Gesanges
im *Manual,* allein in den unüberstrichenen Buchstaben *Clavir, c d e f g
h̄ * [1] *c* (denn in den alten Orgeln kleinere Pfeiffen nicht verhanden gewesen)
so würde man der alten Art und *Harmony* ziemlich nahe kommen: Wiewol sie es anfangs so gut nicht werden gehabt haben.

Das VIII. Capitel.

Vom Ton der alten Orgeln.

ES befindet sich aber, dass desselben Orgelwerks gröſste Pfeiffe vornen
an, nemblich das ♮ am obern *Corpore* ohne den zugespitzten Fuſs,
sechzehndhalb Ellen (das ist 31 Fuſs lang) und 7 viertel einer Elln
(das sind viertehalb Schuh) in der *Circumferentz* Dicke ist. Und also
wenn der Ge-   [102]
legenheit nach, das *Principal* von 32 Fuſs-Ton gerechnet würde, so stehet
im Hintersatz eine unter *Octava* von 16 Fuſs-Ton, darnach eine groſse
Octava von ·6 Fuſs-Ton und dann eine groſse *Quint* 6 Fuſs-Ton; hierauf
etliche *Octaven* 4 Fuſs-Ton, und also fortan. Und ist die *Dispositio* eines
Clavis ongefährlich also gewesen:

$$
\text{\textit{Clavis, c}} \begin{cases} 2 \\ 3\ 4 \\ 4\ 5 \\ 6 \\ 7 \\ 8 \\ 10 \end{cases} \text{Pfeiffen von} \begin{cases} 8 \\ 4 \\ 3 \\ 2 \\ 1\tfrac{1}{2} \\ 1 \\ \tfrac{1}{2} \end{cases} \text{Fuſs.}
$$

Dass also in diesem Hintersatz alle unsere offene Stimmwerk *Principaln*-Art verhanden, welche sehr viele überhäufte Pfeiffen in ihrer *Mixtur*, hernacher in folgenden Jahren durch die Spring- und Schleifladen in unterschiedliche Stimmen und Register (wie hernacher soll gesagt werden) zertheilt worden, dass man also viel unterschiedliche Stimmen aus der einigen *Mixtur* absonderlich brauchen können, und gleichwol noch Pfeiffen zur *Mixtur* übrig blieben.

¹ Es ist aber dieses und dergleichen Werk einen guten und bald 1½ Ton höher gewesen, als die unsrige jtzige chormäſsige Werke stehen, welches die vorangezogene groſse Pfeiffen Länge ausweiset. Wie denn auch vermutlich, dass lange Zeit vorher alle Werk, wie sie auch an vorbeschriebene Gröſse mögen gemacht sein, dieweil dieselben alle im Papstthum zu nichts anderes, denn zum *Choral* gebraucht worden, also in dem Ton und noch höher gestanden haben. Sintemal letzlich die *Choral*-Werk, welche nach unserm Ton ein ganze *Quart* höher, oder eine *Quint* niedriger gemacht, für die bequemsten erkannt, und an solchen Ton behalten worden. Und ob schon an etlichen Werken etwas mangelt, dass sie nicht *just* in beschriebenen Ton einstimmen, so ist doch solcher *defect* nicht denen Meistern, welche die alten Choral-Werke, so annoch im gebrauch anfänglich erbauet haben, ihrem guten Willen und Fleiſs zuzumessen: sondern dass man vielleicht zu der Zeit noch keinen beständigen *Choristen-* oder *Chor*-Ton, darnach man sich richten mögen, wie Gott lob nunmehr im gebrauch, erwählt gehabt.

Auch seind oft die Orgeln, danach gute *Chorales* und Schreihälse zu sin-   [103]
gen an dem Ort bestellt und verhanden gewesen, bald ein Ton höher und wol niedriger *intoniret*, und auch ofte durch vieles *renoviren* und stimmen, noch mehr von ihrem anfänglichen Stande in die Höhe gebracht worden. Sonsten aber wird obbeschriebener Ton, als, der eine *Quart* höher und *Quint* niedriger (nach unsrigen jtzigen gewöhnlichen Ton, sonsten Cammer-Ton genannt, zu reden) für den richtigsten behalten, und in den vornehmen Stift-Kirchen noch also befunden.

Wiewol aufserdeme auch viel Werke gefunden werden, welche umb eine *Secund* niedriger oder höher, etzliche und deren nicht wenig auch umb ein *Semitonium* höher *intoniret* und gemacht worden.

Das IX. Capitel.

Von Art dero zeit Blasbälgen.

An muss aber zur selbigen obberührten zeit, vor dritthalb oder dreihundert Jahren (als solch grofse Werk, wie das zu Halberstadt, davon jetzo gehandelt wird, gebauet worden) noch geringe *Inventiones* und Nachdenken auf Blasbälge gehabt haben; sintemal an diesem Domwerke zu Halberstadt 20 und an dem zu Magdeburg 24 gar kleine Bälge (nach Ordnung und Gestalt wie in der *Sciagraph. Col. XXVI* zu befinden) vorgeleget worden. Welche unsern jtzigen Schmiedebälgen an Gröfse und Proporz nicht sehr ungleich gewesen: Sintemal sie nicht durch bleiern oder steinern Gewichte, sondern eben durch solch ein Mittel regiert worden, dass man allzeit zu zweien Bälgen eine Person zum treten gebraucht, und wann mit einem Fufs der eine Balg durch die Schwere des *Calcanten* nieder getreten ist, der ander mit dem andern Fufs wieder in die Höhe gezogen worden; dass also zu 20 Bälgen, zehn Personen, und zu 24 ihrer zwölf haben verhanden sein müssen.

Und hat man sich nun billig zu verwundern, weil gedachte unsere liebe Alten in andern Sachen dieser *Invention* an Orgeln so weit kommen sein, dass sie nicht auch auf andere Weife und bequemere Manier, wegen des Windes (mit Formirung der Bälge, so bessern und richtigern Wind geben können, und auch des Tretens halben, weil ja nicht allzeit gleich starke und schwere Personen solche Bälge zu treten und zu regieren, nach dem Gewichte abgewogen werden können) besser nachgesonnen und darauf *speculiret* haben. [104]

Inmafsen dann einem nicht ohne Ursach seltzames Nachdenken einkommen möchte, wie es sich doch im *accordiren* und stimmen, mit solchem

ungleichen gepresstem Winde müsse geartet haben; sintemal nichts anders
in ihrer *disposition*, denn ein *Mixtur*werk, so von *Octaven, Quinten* und
Quarten und viel *aequalen*, vom gröfsten bis zum kleinsten *disponiret* zu
befinden ist.

Welches, so es den jtzigen Orgelmachern, wie ich selbsten gehört
und gesehen, bei guten gediehenen richtigen Winde im Werk *accort* zu
machen und rein einzustimmen, schwer ankömpt, wie muss es denn oft-
gedachten unsern lieben Alten mühsam und beschwerlich vorgefallen sein?
zugeschweigen der Mühseligkeit, welche die *Calcanten* in solchem stetigen
Treten und Bewegungen ausstehen müssen. Dieses ist aber meines Erachtens
ihr bester Vortheil gewesen, dass sie solche Werke nicht auf die *proba*,
auch nicht durch sonderliche *Concordanten* stimmen dürfen: Sintemal keine
Composition mit vielen Stimmen, sondern nur der schlechte *Choral* einfältig
darauf gemacht worden.

Darum haben sie auch fürnemlich nur jedem *Clavem* (Jedoch gleichwol nach ihren vorhergestimmten *Praestanten*, die sie damals alleine ziehen
können) in sich selbst rein, nach *Mixtur*-Art ungezweifelt stimmen müssen.
Und wäre zu wünschen, dass man jetzo ein solches Werk wiederum lautend
und klingend machte, damit man doch der selbigen Art, gegen der unsrigen
jtzigen unterschiedlich hören und *observiren* möchte.

Das X. Capitel.

Von unterschiedenen Namen der alten Orgeln.

Eil nun allhier von dreierlei Gröfse und Manieren, der Aeltesten und
Alten Orgelwerken Bericht geschehen, und zu unterschiedlicher langwieriger Zeit im Gebrauch zu bauen gewesen sein:

So ist dennoch auch aus gedachter ungleichen Gröfse, eine Frage,
damit jedem Werke in solcher Art ein gewisser Name gegeben würde,
entstanden; Nemlichen, welches doch ein ganz, halbes, oder viertheil Werk
sei, oder genennet werden könne? Nun ist diese Frage nicht alleine vor

etlichen hundert Jahren bei unsern Vorfahren im Gebrauch, sondern auch damals recht und nötig fürgefallen, sintemal man zu der Zeit von keiner *Disposition* oder Aenderung der Stimmen gewusst, und als die gar grofsen Werke an Tag bracht worden, so hat [105] man nothwegen dieselb vor ein ganz Werk; Die Mittler Art aber wo ein halbes, und also die kleine, welches die allerersten und ältesten, vor ein Viertelwerk halten und nennen müssen: Und ist also ein Name aus dem andern, gleich wie sie ungleicher Gröfse auf und nacheinander erfolget sein, entstanden.

Und zwar hat man zun selben Zeiten die grofsen Werk billig ihrer Art nach Ganz geheifsen, weil dieselbige von solchen grofsen Pfeiffen, bis zu den kleinsten, als eine ganze vollkommene *Mixturdisposition disponiret* worden, daraus eine solche Zahl der Pfeiffen auf einem *Clave* nacheinander gestanden; auf welche grofse menge Pfeiffen dann ein gewaltiges Getöne unumbgänglichen erfolgen müssen, welches in der mittler Art Werken nicht geschehen mögen. Ingleichen habens die ersten kleine Werklein, den Mittlern auch in der Art nicht nachthun können. Und ist also, wie jetzt gedacht, zu der Zeit solche Frage und Antwort, die Werke damit zu unterscheiden, recht nötig gewesen. ·Wie dann bei unser Zeit noch wol solche Fragen von gemeinen Bieder-Leuten und alten Organisten vorlaufen.

Und seind etliche in der Meinung gestanden, dass solche Namen, als Ganz, Halb, etc. von der Zahl der Bälge ihren Ursprung haben sollen: Welches aber nicht sein kann. Denn wenn man nur die beiden angezogenen Dom Werke (anderer dergleichen zu geschweigen) als zu Magdeburg und Halberstadt ansiehet, so hat das Magdeburgische 24, das Halberstädtische aber nur 20 Bälge, und in allen beiden gleicher Gröfse gehabt: Weil sie aber sonsten an der Gröfse und *disposition* ganz gleich, können sie umb der Bälge willen am Namen ganz nicht unterschieden werden. Darumb ist es zu den Zeiten recht nach der Gröfse der *Structuren* und förder Pfeiffen, Ganz, Halb und Viertheil, aus Einfalt genennet worden.

Gleich wie jetzt ebener mafsen die Werke nach ihren *Principaln* genennet, und auch nur dreierlei Art Namen haben. Als wenn ein Orgelwerk im *Manual* ein *Principal* von 16 Fufs-Ton, und ein *Octava* von 8 Fufs-Ton hat: so wird es ein grofs *Principal* Werk genennet; bei den Alten aber ists ein ganz Werk genennet worden, darinnen aber gemeinlich das *F* im *Pedal* von 24 Fufs nachem Chormafs zu rechnen, und eine *Mixtur* darbei gewesen: Wenn gleich sonsten gar keine Stimme mehr vorhanden.

Wenn aber ein Orgelwerk im *Manual* ein *Principal* von 8 Fufs und ein *Octav* von 4 Fufs-Ton, wird es ein *Aequal Principal* Werk, von den Alten aber ein Halb-Werk genennet.

Hat nun ein Werk ein *Principal* von 4 Fufs-Ton im *Manual*, ob es wol noch eine andere gedackte oder offene Stimme uff 8 Fufs-Ton im *Pedal*, bisweilen auch im *Manual*, so heifset man es doch nur nach seinen förder Pfeiffen, dem anse-   [106]
hen nach ein *Octav*- oder Klein *Principal* Werk, wie im folgenden Theil von neuen Orgeln mit mehrerem soll angedeutet werden.

Und mögen die Orgelwerke des Unterschieds halben, auch nicht besser mit Namen beschrieben werden, sintemal allhier keine Zahl der Bälge, oder Vielheit der Stimmen (weil daraus kein gewisser Schluss entspriefsen oder erfolgert werden mag) dem Kinde den Namen geben kann.

Das XI. Capitel.

Vom Unterscheid der alten und unserer jtzigen Orgeln.

Enn wir allhier ein wenig inhalten, und der lieben Alten ihren Anfang und *invention* mit der unsrigen jtzigen Zeit *Conferiren* und besehen wollen, so wird man befinden, dass, was die Haupt *Invention* der Orgeln, nebenst allem was darzu gehört, betreffen thut, der Unterscheid so gar überaus grofs nicht sei. Und billich zu verwundern stehet, wie es im Anfang also bald so weit kommen, dass hierin bis an jetzo von keinem nit viel höher oder weiter hat können *speculiret*, noch durch andere Mittel ein mehrers ausgesonnen werden: Ohne dass man nunmehr durch langwierige Uebung und Observirung, alle dasselbige was die Alten erfunden, etwas natürlicher, bequemerer, zierlicher und lieblicher an Tag bringen kann.

Und ist in den ältesten Werken ebener mafsen zu befinden, dass dieselben auch, wie die unsrigen, durch den Wind und Blasbälge regieret und zum Klang gebracht worden sein: Item, dass die Bälge eben dieselben mittel, nemlich die Windklappen oder *Ventil*, dadurch der Wind in und aus dem Balg geführt wird, gehabt haben, und mit Leder überzogen und beschlagen worden sein.

Weiter, dass man *Canal* oder Windröhren gebraucht, damit der Wind von den Bälgen zum Werk geleitet: Desgleichen, dass auch *Structuren* mit unterschiedenen Formen *disponiret* gewesen, in welche die Windladen (so inwendig alles an *Cancellen, Ventilen*, Stöhnfedern etc., als wir es noch brauchen, gehabt, und darauf das Pfeiffenwerk gesetzt) geleget und mit Wellbrettern, Angehänge, *Pedal* und *Manual Claviren* gemacht worden. Wie sie denn auch die *Principalen*, welche sie hernacher *Praestanten*, und auch auf den Grund gesatzt genennet, vornen an zum Zier gebracht und poliret (aufn Grund gesatzt heifst, dieweil diese Pfeiffen stracks aufs blofse Fundament, als nemlich auf die Windladen, weil allda weder Register noch Auflagen vorhanden, gesetzt sind.) Haben auch im vollen Werk, welches damals ihre   [107]

Mixtur oder Hintersatz gewest, auf einander folgende *Octaven, Quinten, Super-Octaven &c.* gehabt und *disponiret*, ohn dass es alles auf einmal angangen und *resoniret* hat. Und ist billig zu verwundern, dass das Pfeiff und Flöt Werk, durch alle solche Mittel, wie sie noch heutiges Tages nach allen Umständen gemacht werden, und auch anders zu erfinden unmüglich zum Klange hat können gebracht, und anfangs aus*speculiret* worden. Und dass man auch also bald solche richtige und wolklingende (jedoch unterschiedliche) *Principal mensuren* der Pfeiffen gehabt hat.

Ob aber zwar derselben Art Pfeiffen zu der Zeit nur einerlei, als nemlich offen Stimmwerk gewesen, so sind doch ihrer *Principaln* etliche am Klange oder *resonanz* gewisser *mensur* und sauber Arbeit, bei 200 Jahren hero, dergestalt beschaffen befunden, dass man sich nicht alleine

über solchen ihrem damals geübten und scharf gesuchten Fleiß des
Zirkels, gar wol bedächtig verwundern muss, sondern auch etliche Orgelmacher zu unser Zeit mit Ernst und Fleiß von solchen Pfeiffen noch etwas
zu lernen sich nicht schämen dürfen. Wie dann derer Art *Principaln*, so
aus den Päpstischen alten Orgeln, in unsere jetzigen Werke versetzet und
transferiret worden, noch an jetzo an unterschiedenen Orten zu finden sein.

Das XII. Capitel.

Wie nun jetzo zu unserer Zeit die Verbesserung der Laden, Veränderung und Vermehrung der *Claviren*, auch der Stimmen und
Pfeiffen, aus der alten Orgeln *invention* hergeflossen, und
eins aus dem andern erfolget sei.

Und erstlich:

Welcher Gestalt die Springladen, sowol auch die Schleifladen
anfangs herfür kommen.

He aber die *Invention* der Schleifen, (darvon oben im 7. Cap. Meldung
geschehen) recht offenbar worden, ist diese Art der Laden, so noch
bei unser Zeit Springladen genennet werden, mit großem mühseligen
Nachsuchen erfunden, und in Niederland und Brabant gemacht und gebraucht worden. Welche eigentlich (wie solches vorstendige Orgelmacher
bekennen) aus   [108]
der *Invention*, da man die Vielheit der Pfeiffen von einander hat absondern
wollen, (davon im 14. Cap. Meldung geschehen soll) ihren Ursprung haben.
Darumb denn auch diese Art oder Erfindung der Springladen kein neues,
wie etzliche sich bedünken lassen, sondern aus der ältesten *Invention* hergeflossen, und bei zweihundert Jahren allbereit im Gebrauch gewesen.

Wie dann im Bisthumb Würzburg in einem Mönch Kloster, noch vor
wenig Jahren eine solche Springladen von einem Orgelmacher, *Timotheus*

genannt, aus einem sehr alten Werk, so ein Mönch gemacht, genommen, und an deren statt, hinwiederumb eine neue Lade mit Schleifen darin geleget worden ist.

Es hat aber in dieser Springladen eine jede Stimme ihre sonderliche *Ventil* und viel Arbeit, doch wegen dessen, dass es also nicht hat können zusammen laufen und durchstechen, sehr gut: Welche *Ventil* dann mit eim einzigen Register zugleich aufgezogen, und doch darneben in der Laden zu einen jeden *Clave* sondere *Ventil*, welche mit dem *Clavir* niedergezogen werden, verhanden.

Wie dann die Nieder- und Holländer von solchen Springladen mehr als von den Schleifladen gehalten: Und solches darumb, dass der Wind reiner, ohne *vitia* und sonderbare Mängel, unter den Pfeiffen hat mögen behalten werden; auch in Aenderung des Gewitters, wegen des Schleifwerks, welches sonsten nicht geringe *defecten* sein, bestendig blieben.

Als man sich aber auch in diesen Landen die Schleifladen *just* und *perfect* zu machen mit grofser Mühe beflissen, und die Nieder- und Holländer in Sachsen kommen und gesehen, dass durch derselben Vortheil eben sowol auch die Schleifladen *perfect* zu fertigen müglich, sind sie nach gefolget, und sich deren anzumafsen angefangen. Wie denn *M. Fabian Peters* von Schneeck, zu Rostock, Stralsund und andern Ortern dergleichen gemacht haben soll.

Und muss gewisslich nicht ein geringes Werk sein, die Springladen (als ich von verstendigen Orgelmachern gehört und selbst vernünftig erachten kann) *just* zu machen, wiewol auf den Schleifladen mehr wunderlicher Aenderungen in Stimmwerken mit den abgesonderten Bässen, Holzverleitungen und sonsten zu erhalten und zu wege zu bringen sein, als auf den Springladen dergestalt nicht geschehen kann. Jedoch seind alle beide *Inventiones*, wie denn auch beiderlei Art von Spähn und Leder bezogenen Blasbälgen, auch gut und bestendig; wenn nur ein jeder Meister die hellen an Tag gebrachten Gaben recht und mit höchsten Fleifs in acht nehmen wollte: als leider jtziger Zeit der Mangel mit grofsem Schaden der armen Leute (die in Städten und Dörfern dem Herrn der Heerscharen zu Ehren ein Orgelchen, nach ihrer [109] Kirchen gelegenheit setzen und aufzurichten zum oftern nicht ein geringes kosten lassen) befunden wird.

Welches dann in Lieferungen der Orgel Werke etliche Organisten theils aus Unverstand, theils aus *affecten*, den Orgelmachern zu gefallen und gemeiner *Quintin* halber *contra honestatem & conscientiam* stillschweigend vorüber passiren, und die Kirchen nicht umb ein geringes beschneiden und schneutzen lassen.

Das XIII. Capitel.

Aenderung und Vermehrung der *Clavirn*.

Leich wie man nun vor dritthalb hundert Jahren mit Fleiſs auf Aenderungen und Zertheilungen der Stimmen bedacht gewesen, und durch Göttliches Eingeben dasselbe erlanget: auch gleich wie aus den erst erfundenen *Claviren* und *Pedaln*, so bei vierthaibhundert Jahren fast bei einer Art im Gebrauch geblieben, die *Invention* der *Semitonien* (deren Art oben im 6. Cap. angedeutet) herfür kommen: Also seind auch von jtzgesetzter Jahrzeit her, die *Clavier inventiones* immer verbessert und unterschiedlichen geändert, gekleinert und vermehret, dass endlich vorgedachter dieser Art ☊ *Claves* abkommen, und unsere jtzige Art sich allmählig angefangen: Jedoch also, dass ein *Clavis* bald 2½ Zoll, das ist drei guter Finger breit, und also noch einmal so groſs, als einer der jtzigen unsern, gewesen; wie dergleichen *Claves* noch anjetzo in einer alten kleinen Orgel im Thumstift Minden ich selbsten abgemessen und abgezeichnet habe. Und wäre zu wündschen, dass eine Jahrzahl darbei zu finden gewesen.

Bald hernacher sind die *Claves* noch umb etwas mehr verkleinert worden, also dass eine *Quinta* so weit zu greifen gewesen, als jtzunder

5

eine *Octava* austrägt: wie in der alten Orgel zu *S. Aegidien* in Braunschweig noch jetzo zu sehen, und der derselben Abriss und Gröfse in der *Sciagraph. Col. XXVII* und *XXVIII* zu finden.

Die *Carmina* so noch unter derselben Orgel geschrieben zu finden, hab ich auch hiebei setzen wollen:

Offert devota nunc Claustri concio tota,
Organa facta piè Christo matrique Mariae.
Bartholdus rexit tunc Abbas, ac opifex sit, [110]
Andreas gnarus existens arteque rarus:
Ut tangant coelos, resonant haec organa melos,
Tempus ut annale noscas, sic accipe tale:
1456. M tunc completo, sic bis duo C retineto,
L cum bis ternis, est factum quod modo cernis;
In quo jubilo psalle placens Domino.

Der Anfang ihrer *Clavir* aber ist noch allzeit bei den ♮ geblieben; wie denn zur selben Zeit, etwan vor 200 Jahren, unter andern in Venedig zu *S. Salvator,* ein Werk gemacht worden, dess *Pedal* also:

$$cis \quad dis \quad fis \quad gis$$
$$♮c \quad d \quad ef \quad g \quad ah$$

Und das *Manual,* welches sie den *Discant* genennet, auf folgende Manier gewesen ist:

$$cis \quad dis \quad fis \quad gis \quad b \quad \bar{cis} \quad \bar{dis} \quad \bar{fis} \quad \bar{gis} \quad \bar{b}$$
$$♮c \quad d \quad ef \quad g \quad a \quad h\bar{c} \quad \bar{d} \quad \bar{ef} \quad \bar{g} \quad \bar{a} \quad hh \quad cc$$

Und eben so viel *Claves* im *Pedal* und *Manual,* hat vorgedachtes Werk im Thumb zu Minden. Desgleichen in Nürnberg zu *S. Sebald,* ongefähr vor anderthalb hundert Jahren, von einem Meister, Heinrich Traxdorff genannt, ein grofs Werk gemacht worden, welches *Pedal* sich im *A,* so zu der Zeit *Are* (wie es in Schulen gebräuchlich) genennet, angefangen, und also *disponiret:*

$$B \quad cis \quad dis \quad fis \quad gis \quad b$$
$$A \quad ♮c \quad d \quad ef \quad g \quad a$$

Der *Discant* aber also:

cis	*dis*	*fis*	*gis*	*b*	*c̄is*	*d̄is*	*fis*	*ḡis*	*b*		*ciscis*
ↄ *c*	*d*	*ef*	*g*	*a*	*h c̄*	*d̄*	*ef*	*g*	*ā*	*hh cc*	*dd*

Noch eins hat zur selben Zeit dieser Heinrich Traxdorff in Nürnberg zu unser lieben Frauen ohne *Pedal* gemacht, welches wie eine Schalmey soll geklungen haben: Und ist dessen Clavir auf diese mafs *disponiret* gewesen:

	cis	*dis*	*fis*	*gis*	*b*	*c̄is*	*d̄is*	*fis*
ↄ *c*	*d*	*ef*	*g*	*a*	*h c̄*	*d̄*	*ef*	*g ā*

Es hat aber dieser Meister seine förder Pfeiffen oder *Praestanten* in vorerwähntem grofsem Werke zu S. Sebald, Flöten genennet; auch noch eine *Octava*   [111]
darin gemacht, und dann den Hintersatz, welchen er, als es noch zu der Zeit geheifsen worden, bei vorerwähntem Namen bleiben lassen.

Nach diesem sind andere kommen, die für vornehme Meister geachtet gewesen, als Friedrich Krebs und Nicolaus Mülner von Mildenberg, so ihre *Pedal* vom *A* bis zum *a*, also:

B	*cis*	*dis*	*fis*	*gis*
A	ↄ *c*	*d*	*ef*	*g*	*a*

Und den *Discant* auf diese Weise gefertigt haben; also:

cis	*dis*	*fis*	*gis*	*b*	*c̄is*	*d̄is*	*fis*	*ḡis*	*b*		*ciscis*	*disdis*
ↄ *c*	*d*	*ef*	*g*	*a.*	*h c̄*	*d̄*	*ef*	*g*	*ā*	*hh cc*	*dd*	*cc ff*

Inmafsen denn zu solcher Zeit noch ein fürnehmer Orgelmacher, welcher *Conrad* Rotenbürger, der Geburt aus Nürnberg, eines Bäckers Sohn allda, in Beruf und Preis kommen, welcher das grofse Werk im Stift Bamberg und das Werk zun Barfüfsern in Nürnberg *Anno* 1475 gemacht hat: Ist aber eben bei solcher Art und *disposition* der *Clavir* und Pfeiffwerken geblieben; bis Anno 1493, sind ohngefähr 18 Jahr hernacher, gedachter *Conradus* Rotenb. das vorgedachte Werk im Stift Bamberg, welches auch nur im ↄ seinen Anfang gehabt, vergröfsert und angefangen unter sich mehr *Claves* und dieselben kleiner zu machen; also:

9

•   *B*   *cis dis*   *fis*   *gis*   *b*

     F G A   *c*   *d*   *e f*   *g*   *a*

Im *Discant* aber also:

       B   *cis dis*   *fis*   *fisfis*

   F G A   *c*   *d*   *e f*   *etc.* bis ins   *gg aa*

Hat zuvor auch nur 8 Bälge gehabt, aber in der *renovation* mit 18 Balgen, so 10 Spannen lang und 3 Spannen breit gewesen, beleget.

Kurz zuvor, als nemblich *Anno 1483,* ist die grofse Orgel im Thumb zu Erfurt durch *Magistrum* Steffan von Brefsla, Caspar Melchior und Michael seine Söhne gefertigt worden, wie ich dann denselben Dingezettel und Brief selbsten gesehen und gelesen.

Anno 1499 hat *Heinricus Crantius* die grofse Orgel in der Stift Kirchen *S. Blafij* zu Braunschweig gemacht.

Wie folgende Verfs unter derselben Orgel solches ausweisen:

               Sub Organo majori.   [112]

Quae nos exuperet tabulatu Condita miro

    Ordine diverso, dulci sonoque modo,

Axe sub arctoo vix credimus Organa pandi,

    Inter terrigenas aemula caelicolum.

Quisquis opus spectas, Hinricus Crantius, atque

    Gudenbergensis Hasso magister erat.

Sole quaterdecies Centum terris revoluto,

    Undeciesque novem fert ubi Virgo Deum.

                Sub minore.

Struxit Joannes Thomas haec Organa Christo,

    Daedaleo juvenis praeditus ingenio.

Ergo Christe tui populi defendito caetum,

    ut resonet laudes hic & ubique tuas.

Und in diesen jetztgedachten Orgeln seind die *Manual-Clavir* den unsrigen jtzigen fast an allem gleich gewesen: denn die *Semitonia* auch also, wie jetzo, zwischen den *Clavibus* innen gelegen, und schwarz oder unterschiedlich an Farben, nur dass sie etwas und fast eines *Clavis* grofser und weiter in den Octaven getheilet worden, also, dass sie schwer zugreifen, tief hinunter gefallen und zähe zu schlagen gewesen.

Dass ich aber allhier etlicher *Clavier dispositiones* mit deroselben Ueberzeichen und doppelten Buchstaben, sowol etlicher Meister Namen gesetzet, ist darumb geschehen, damit unserer Vorfahren Art und Gebrauch, sodann auch, wie die *Inventiones* mit der Zeit von Jahren zu Jahren zugenommen und gestiegen sein, manchem dadurch desto besser bekannt und angenehmer sein mögen.

Denn so viel der Unterscheid der Buchstaben von *Octaven* zu *Octaven* belanget, ist die erste *Octava* für sich geblieben, die andere aber mit einem kleinen (—) überzeichnet, und die dritte *Octava* mit doppelten Buchstaben angedeutet worden, darmit, weil die *Clavir* Anzahl der *Clavium* immer zugenommen, auch ein vernemblicher Unterscheid *observiret* werden könnte, welchen sie aber allzeit von ♮ zu ♮ angefangen haben. Warum aber und was ihre Gedanken und Meinung in deme gewesen sein mag, kann man eigentlich nicht wissen, [113]

Mehrgedachtes Herrn *Calvisij* Meinung ist diese, da er an mich also schreibet:

Causa esse videtur, quod principium Clavium ex Clave ♮ producitur, & originem traxit ex veterum tetrachordis, quorum Hypate Hypaton, hoc est primum tetrachordum incipiebat ex Clave ♮. Clavis autem A dicitur Proslambanomenos, hoc est assumta Clavis, ita ut ♮ regulariter sit prima ab antiquo.

Das XIV. Capitel.

Von Veränderung und Vermehrung der Pfeiffen und Stimmen.

SO viel nun der allerersten Art Stimmen und Pfeiffen, nemblich der offnen *Principaln Mensur Variation* (weil man auch noch vor 150 Jahren von nichts anders, denn von dieser einen Art gewusst) an unterschiedener

Tiefen und Höhe belangen thut, haben unsere Vorfahren dieselbe (wie wir die jetziger Zeit in unterschiedlichen Stimmen und Registern haben) alle in dem einigen ihren grofsen Hintersatz oder *Mixturdisposition*, oft in die 56 Pfeiffen stark uff einem *Clave* mit den *Praestanten* zusammengesetzt und geordnet. Wie droben im 7. Capitel etwas darvon berichtet worden.

Denn unsere grofse *Subprincipal* von 32 Fufs (nach unserm jetzigen Ton zu rechnen) und die grofsen *Principal* 16 Fufs Ton, Item unser *Acqual-Principal*, oder grofse *Octava* 8 Fufs, *Octava* 4 Fufs, *Quinta* 3 Fufs, *Superoctava* 2 Fufs Ton, etc. Wie dann auch unsere *Mixturen* alles mit einander zusammen, ist in ihrem Hintersatz gestanden und (jedoch ihre *Praestanten* und *Principalen* davon abgerechnet) *disponiret* gewesen. Wie dann auch, was wir an jetzt genenneten einzeln Stimmen, durch das er-fundene Mittel der Spring- und Schleifladen zum vollen Werk zusammen ziehen können, das haben sie damals durch ein *General-Canal*, oder Wind-führung, so jeder *Clavis*, darauf die *disponirte* Pfeiffen gestanden, gehabt, auf einmal klingend machen und als eine einzige Stimme zusammen nehmen müssen.

Und hat zwar einen grofsen Namen, dass man sagt 56 Pfeiffen auf einem *Clave*: wenn mans aber recht ansiehet, und wir jetziger Zeit nur 5 *Claves*, oder 5 *Componirter voces*, als ohngefähr *c g c e g* aufm *Manual Clavir*, und im ⁣ [114] Pedal einen *Clavem C*, der dennoch allezeit mehr und seine absonderliche Bassstimmen zugleich in vollem gezogenen Werk niederdrücket, und rechnet auf jedem *Clave*, nur gemeiner Weise zu reden, in 4 Stimmen, als *Princ.*, *Octava*, *Quint*, *Superoctav*: (welche gemeiniglich in grofsen und kleinern Orgeln zum vollen Werke gezogen werden) 4 Pfeiffen und die *Mixtur* darzu etwa von 6 Pfeiffen, (denn unsere *Mixturen* seind nur eine Zubufse zum ganzen Werk, oder andern Stimmen: daher werden sie oft nach Zimbeln-Art *repetiret*, weil sie auch in den allerunterst grofsen *Clavibus* nicht so gar grofs, sondern klein von Pfeiffen, wie sie denn auch nicht gröfser, weil die gröfsern in den *Octaven*, *Principalen*, *Gedacten* und *Quintadehnen &c.* allbereit vorhanden, unnötig sein) das sind 10 Pfeiffen auf jedem *Clave*; Also thun gedachte sechs *Claves* 60 und wol 62 Pfeiffen an der Zahl, die eben so wol zugleich *respondiren*, als wenn es alles auf einen Clave ohne Schleifen oder Registern stunde. Wenn ich aber im Pedal mit zweien Füfsen das *C* und *c*, im *Manual* bei der linken Hand das *e g c e* und mit der rechten das $\overline{g}$ *c* $\overline{g}$ *e (sic?)*, das sind 10 *Claves* nehme, und rechne zu jederm *Clave* in den vier obgedachten Stimmen vier Pfeiffen, und in der *Mixtur* aufs wenigste auch nur 6 Pfeiffen, wie wol oftermals 10, 12 oder 14 Pfeiffen in der *Mixtur* vorhanden, so sind es zusammen 100 Pfeiffen, die zugleich auf einmal *intoniren*.

Es hat aber ungefähr vor 100 Jahren fast gleich zu der Zeit, als der Herr *Lutherus* durch Gottes Schickung die Christliche Evangelische Lehre und das reine Wort Gottes an Tag und herfür bracht, auch durch sonderbares Eingeben Gottes diese musikalische *Invention* sich rechtschaffen herfür gethan, und zu Gottes Lob und Preis so vollkömmlich an Tag zu kommen, angefangen, dergestalt, dass man, wie die unterschiedliche Arten des Klanges, eine aus der andern zu nehmen, und wie dieselbigen auch durch ein gewisses dazu erfundenes Mittel der Spring- und Schleifladen zum *Variation* mögen gebracht werden, hat erkennen lernen. Und gleich wie die heilige Schrift im Papstthumb so lange Zeit verborgen und nur einen gemeinen Larven gleich geblieben, also auch die *Musica*, und derselben *Instrumenta* und *Opera* fast immer in einem schlechten und bald nichtigen Stande beruhet hat; Bis dass sie, wie jetzt gedacht durch Gottes gnädigen väterlichen Willen erhaben und gleich aus einer schwarzen verdunkelten Wolken wieder herfür kommen und erhellet, und bei dieser unser Zeit von Tag zu Tage also hoch gestiegen und verbessert ist, dass es nunmehr fast nicht wol höher wird kommen können.

Und ist nun die erste Aenderung der Pfeiffen, dass man die offenen Pfeiffen oben   [115] zudeckt und versucht hat, was sie vor einen Klang und Laut von sich geben möchten; daher die Art der gedeckten Pfeiffen entstanden.

Aus diesem ist stracks fortgefahren, und die Menge der überaus vielen Pfeiffen in dem zuvor oft benannten Hintersatze zertheilet worden. Als dass man die Pfeiffen, so eine *Octava* höher über die *Praestanten* oder förder Pfeiffen gewesen, von der *Mixtur* heraus genommen, auf ein absonderlich Register und Schleifen gebracht, und *Octavam* genennet. Desgleichen die Pfeiffen, so eine *Quinta* höher als diese *Octava* am Laut gestanden, auch also abgesondert und *Quintam* gheeifsen.

Ebenmäfsig die Rauschpfeiffen, so sie anfangs dieser neuen *Invention* für gar gut erachtet, und von zweien Pfeiffen, als nemblich der jetztgedachten *Quint* und einer kleinen *Octaven* von 4 Fufs-Ton zusammen gesetzet; Dass also diese zwo Pfeiffen (welche allwege eine *Quartam*, als *ut fa, re sol, mi la, resoniren* und von sich geben) auf einem *Clave* gestanden: Welches dann, wenn einer groben Art der offnen und *Gedacten* Stimmen dazu gezogen wird, recht daher rauschet.

Und ist ihnen gleichwol ihre *Mixtur*, wegen vorangezogener Menge der Pfeiffen stark genugsam verblieben, also, dass sie zu der Zeit die *Mixtur* gar alleine auf eine sondere Lade gesetzet, und den Wind durch den *Ventil* ab- und zugelassen; Und zu derselben *Mixtur* nur das *Principal* alleine gezogen, welches denn das volle Werk genennet worden und auch gewesen ist: Aus Ursachen, dieweil die *Mixtur* ein *Octav, Quint, Superoctav* und ander mehr noch kleiner Stimmen in sich gehabt, so hat man nicht mehr dann das *Principal*, als das Fundament dazu nehmen dürfen. Wann nun die *Mixtur* durch das darzugehörige *Ventiel* oder Windversperrung wiederumb darvon abgesondert, so hat man alsdenn auf der förder Schleifladen die Veränderungen mit der *Octaven, Quinten*, Kleinoctav, *Gedacten*, Zimbeln und Rauschpfeiffen gehabt.

Wie denn gleichfalls ordentliche Bälge mit rechtmäfsigem Wind und Gewicht vor hundert und neunzehn Jahren ohngefähr auch zum Gebrauch erfunden worden sein; welche aber gleichwol, noch wie vor etzlichen hundert Jahren, mit lohegaren Ross- und Ochsenhäuten überzogen gewesen und alle fünf Jahr haben eingeschmieret werden müssen.

Vor neunzig Jahren ist man den Sachen aber näher kommen, und seind zwar die *Mixturen* auf ihrer abgesonderten Laden und Sperr-*Ventil* geblieben; Aber da seind mehr Stimmen, als nämlich die zugespitzte Pfeiffen, so sie Spitz- [116 floten genennet, und etwas von Schnarrwerken erfunden: Und seind auch Spänbälge gearbeitet worden.

So hat man auch zu der Zeit die *Invention* der Rück-Pofitiven *speculiret;* Wie derer grofsen Orgelwerke unter andern zu Leipzig in der *Pauliner* Kirchen an jetzo noch eins stehet, welches *Principal* im *Pedal* von 10 Fufs-Ton, im *Manual* von 8 Fufs-Ton gewesen; hat Grobgedackt auf 8 Fufs, *Octava* von 4 Fufs, *Superoctava* 2 Fufs, *Quinta* 3 Fufs, Rauschpfeiffen, Zimbeln, *Mixtur* 12fach auf einer befondern Laden.

Im Rück-Pofitiv: *Principal* 4 Fufs, Mittel Gedackt 4 Fufs, Zimbeln, klein *Octävelein* und ein grofs Blechen Kälber-Regal. Sein *Manual-Clavir* vom *D* angefangen, und in zweibestrichenem *c* sich geendet; Sein Pedal vom *C* zum *c* gemachet, und mit 12 Spänbälgen belegt gewefen; hat auch in der Brust ein Messing-*Regal* und im Pedal Posaunen gehabt.

Zu der Zeit sind dieser Art Werke viel, beides klein und grofs gebauet worden, wie denn zu S. *Johann* in Göttingen auch ein klein Werk in der Höhe schwebend gefunden, und auch noch gebraucht wird, welches feine liebliche Stimmwerke und auch gute Trommeten hat.

Inmafsen zu Nordhaufen in *Sanct Blafij* Kirchen, Eins mit dreien *Manual-Claviren* gestanden und neulich abgebrochen worden. Das eine *Clavir* hat das grofse *Principal* und *Mixtur* alleine gehabt: Die *Mixtur* hat man abziehen, das *Principal* aber (ob es wol vor sich alleine, wenn die *Mixtur* darvon abgezogen, zu gebrauchen) gar nicht abgezogen werden können, und also stets im Klange blieben. Das andere *Clavir* hat auch seine eigene Lade, darauf die andern Stimmen, als die Gedackten, *Octav*, *Quint, Superoctav*, Zimbeln etc. gesetzet gewesen. Das dritte *Clavir* ist zum Rückpofitiv gebraucht worden.

Und also haben sie alsbald mit der *Invention* der Register und Aenderung der Stimmen wunderliche Meinungen anfangs versucht; Jedoch, dass diefe Meinung gar gut zum langen reinen Klange wahrhaft befunden worden. Es hat aber diefes Werk ein Principal von 16 Fufs und seine *Clavir* im *F* angefangen, und ist, wie faft die meiste damalige Orgeln, umb einen Ton höher, als unser jetziger Cammerton gestanden; Wie denn, was den

Ton belangend, niemals etwas gewisses von ihnen in acht genommen
worden.

Also ist diese *Invention*, dass die *Mixtur* ihre eigene Laden mit einer
Windversperrung, und das andere Pfeiffenwerk auch seine eigene Laden
mit Schleifen gehabt hat, und also eins dem andern den Wind nicht nehmen
oder rauben können, allezeit für gut und beständig befunden. Wie denn
derselben Orgelwerke, ob sie schon   [117]
vor 60, 70 und mehr Jahren gebauet worden, doch an jetzo noch gar gut
am Klang und beständig sein und gebraucht werden.

Als, dass an noch stehende alte kleine Werk im Dom zu Magdeburg,
so eine *Quarta* höher, denn das jetzt erbaute grosse neue ist.

Item zu Aschersleben, uffm Haufe Mansfelde, *etc.* und derer mehr,
so gar schön und gut Pfeiffwerk und Laden dieser Manier haben, und noch
gut zu gebrauchen sein.

Die besten aber, so unter dergleichen Werken sein, hat ein Mönch,
mit Namen *M. Michael* gebauet, der denn das jetztgedachte Magdeburgische
mit soderlichem Fleifs gemacht und verwahret hat, darin auch nur *Principal* und *Mixtur* zum vollen Werke gezogen wird, weil die *Mixtur* ihre
grobe Fundament-Stimmen, als *Octav*, *Quint* und *Superoctaven* in sich hat.

Von solcher *Invention* ist es nun gar auf die unserige jetzige Art
kommen, also, dass die *Mixtur* nun nicht mehr alleine, sondern zugleich
mit den andern Pfeiffwerken auf eine Laden geordnet und andere Stimmen
darzu genommen werden.

Hierüber sind nun vieler und mancherlei Arten Stimmwerke an Gröfse
und Kleine, sowol an unterschiedlichen Klange, beides im Flöt- und
Schnarrwerken erfunden worden. Unter andern aber die Gemshörner,
Rohrflöten und *Quinta*dehnen, die Sordunen, Rancketen und andere stille
Schnarrwerk; wie auch die Gedäcten Untersätze und dergleichen Stimmen
mehr bei Menschen Leben an Tag gebracht. Inmafsen denn der Tremuland mit jetztgedachten neuen Stimmen auch herfür kommen ist.

Man hat sich aber von 50 Jahren her sehr der Lieblichkeit beflissen,
sonderlich in den Niederlanden mehr, als diefer Orten: Wie dann unter

andern ein Meister, *Gregorius* Vogel, vor 51 Jahren noch gelebt, welcher ein sehr lieblich Werk, von offen und zugedäckten Pfeiffen und Schnarr-werk zu *S. Johannes* in Magdeburg und sonsten in der Mark, auch in Braunschweig zu *S. Aegidien* und S. Märten gefertiget hat, der denn sonderlich den Zirkel in Pfeiffen *Mensur fundamentaliter* muss verstanden haben.

Und ist also von einem Jahr zum andern die Kunst in Verfertigung der Orgeln so hoch gestiegen, dass sich billich darüber zu verwundern, und Gott dem Allmächtigen und alleine Weisen nicht genugsam zu danken, dass er den Menschen solche grofse Gnade und Gaben von oben herab so gnädiglich verliehen, die ein solch *perfectum* ja fast *perfectissimum opus* und *Instrumentum Musicum,* als die Orgel ist, (die da, wie im Anfang erwähnet, fürnemlich für allen andern *Musicalischen In-*   [118] *strumenten,* welche meiftentheils in diesem einzigen Werke können be-griffen, vernommen und gehöret werden, billich gerühmet und herfür ge-zogen wird) dergestalt *disponiren* und verfertigen; Und die auch dasselbige dergestalt *tractiren, manibus pedibusque* zwingen können, dass Gott im Himmel dadurch gelobet, der Gottesdienst gezieret, und die Menschen zur Christlichen Andacht bewogen und erweckt wer-

den.

Und dies sei also von alten Orgeln gnug

vor diesmal.

VIERTER THEIL

Dieses

TOMI SECUNDI.

Von unsern jetzigen neuen Orgeln.

So begreift in sich vier
Capitel.

Im I. wird gehandelt

Von den rechten Namen und Titul der Orgeln, nach ihrer *Proportion* und Gröfse der *Principaln.*

Im II. Capitel.

Von allerlei Art und mancherlei Namen der Stimmen in den Orgeln, wie dieselbe nach ihrem Laut oder Klang, und dero sonderbaren Eigenschaft recht eingenommen und verstanden: Auch wie solche Stimmen unterschiedlich, aus der Länge ihrer *Corporum generaliter* und in gemein nach den Füfsen, oder Zahl der Füfse in ihrem unterschiedenen tiefern und höhern Ton gerechnet werden mögen: Mit mehrerem umb fernerm Bericht, was bei jeder Stimme *in specie* und besonders zu wissen von nöthen sei.

Als:

Von der *Mensur* oder Länge der Pfeiffen:

Auch wie die Pfeiffen von einander unterschieden und abgetheilet werden, mit beigesetzter *Universal-Tabell.*

Da dann   [120]

1. Von offenen Stimmwerken, so *Principaln*-Art und *Mensur* seind.

Im III. Capitel.

Unterricht, wie man Schnarrwerke in den Orgeln, sowol auch absonderlich die *Regal*werk und andere *Instrumenta*, als *Clavicymbeln, Spinetten* und dergleichen von sich selbst recht und rein *accordiren* und einstimmen könne: Im gleichen, welcher mafsen die andern Pfeiffen nachzustimmen, oder im stimmen nachzuhelfen.

Im IV. Capitel.

Wie sich die Kirchen und diejenige, so unserm Herrn Gott zu Ehren ein Orgelwerk in ihren Kirchen setzen und bauen lassen wollen, wol vorzusehen haben, dass sie sich nach erfahrenen und berümbten Orgelmachern umthun, damit sie nicht um eines geringen Vortheils willen, den sie bei etlichen unerfahrenen und allererst anfahenden Orgelmachern zu erhalten vermeinen, berückt: Auch beides von Erfahrnen und Unerfahrenen wol übersetzt, und zuweilen gleichwol mit einem unbeständigen wandelbaren Werk, daran man jährlich zu flicken und zu stücken hat, versehen werden.

Das I. Capitel.

Vom rechten Namen der Orgel Werke nach ihrer Größe.

Dieweil folgendes zum öftern der Fuß-Ton gedacht wird: Als ist sonderlich *Cantoribus* in acht zu nehmen, dass 8 Fuß-Ton das rechte Chormaß sei, welches die natürliche Höhe und Tiefe hat. Und müssen nach diesem die andern also wol im *dupliren* als halbiren geachtet werden.

Denn so oft diese Zahl *dupliret* wird, klinget die Pfeiffe eine *Octave* niedriger: So sie halbiert wird, eine *Octave* höher.

Als zum Exempel, 16 Fuß-Ton klinget eine *Octav* niedriger, und 32 zwei *Octaven* niedriger, als 8 Fuß-Ton oder Chormaß.

Im Gegentheil, 4 Fuß-Ton klinget eine *Octav*: 2 Fuß zwei *Octav*: 1 Fuß drei *Octaven* höher denn Chormaß, wie in folgenden Abrissen zu ersehen.

| 16 Fuß-Ton | 8 Fuß-Ton | 4 Fuß-Ton | 2 Fuß-Ton | 1 Fuß-Ton |

Ferner ist zu merken, dass die Orgelwerke nach Füßen genennet werden: Klein 4 Fuß-Ton: dessen *Principal* unterste *Clavis* im *Manual* und *Pedal:*

Mittel oder Chormäßig von 8 Fuß-Ton: dessen *Principal,* unterste *Clavis* im *Manual* und *Pedal:*

Groß von 16 Fuß, dessen *Principal* unterste *Clavis* im *Manual* und *Pedal* ist eine *Octav* von der vorigen tiefer. Wird aber eines *Principalen* von 2 Fuß-Ton gedacht, dessen unterster *Clavis* ist

Wo aber von 1 Fuſs 2.

32 Fuſs-Ton aber ist eine *Octav* tiefer, denn 16 Fuſs, aber eines gar unnatürlichen und unvernemblicher *Soni* und Klanges.

Welcher gestalt nun unsere Vorfahren ihre Orgeln *intituliret* und genennet haben, davon ist im vorhergehenden III. Theil von alten Orgeln genugsamer Bericht geschehen.

Zu unserer jetzigen Zeit aber seind fürnemblich dreierlei Art Orgelwerke, deren Namen recht zu nennen und zu gedenken sein. Und solches dahero, weil man dreierlei *Principalen* Art und Gröſse hat, so fornen an ins Werk zur Zierde gesetzet, und die *structuren* oder Gehäuse darnach *proportioniret* werden: Denn wie man sagt, *à potiori parte fit denominatio.*

Und ist der ersten Art Name groſs *Principal;* welcher von den Orgelmachern wegen seines *Corporis* Länge und tiefen Lauts von 16 Fuſs-Ton genennet wird. In welchem Orgelwerk nun ein solches *Principal* zum *Manual* gebraucht fornen anstehet, dessen rechter Name wird ein groſs *Principal*werk genannt: und ist daselbsten die Groſsoctava von 8 Fuſs-Ton: die Octava von 4 Fuſs-Ton. Und werden bisweilen in solchen Werken im *Pedal Subprincipal-* oder *Sub*gedacte Bässe von 32 Fuſs-Ton gefunden.

Der andern Art Name aber ist *Aequal,* oder wie es andere nennen, mittel- oder Chor-*Principal:* Welcher billich darumb also heiſset, dieweil solcher an der Tiefe und Höhe mit der Menschen-Stimme überein komme; und werden dieselben *Principal,*   [123] umb ihres *Corporis* Länge und Lauts willen zu 8 Fuſston gerechnet. Wo nun etwa ein solch *Principal* zum *Manual* zu gebrauchen, im Werk stehend gefunden, wird dasselbige, ungeachtet bisweilen auch ein Groſs-*Principal*bass von 16 Fuſs-Ton im *Pedal,* auch wol in den Seit-Thürmen vorhanden sein möchte, ein *Aequal-Principal*werk geheiſsen, und ist die *Octava* von 4, die kleine Octava von 2 Fuſs-Ton.

Die dritte Art ist ein Octav- oder klein *Principal,* und hat solches an seiner *Corporis* Länge und Laut 4 Fuſs am Ton. In welchen Werken nun solcher *Principal* Gröſse gefunden wird, dieselbige seind billich der *Mensur* und Ordnung nach klein *Principal*-Werk zu nennen, und ist daselbsten die kleine Octava vor 2 Fuſs, und die *Superoctav* 1 Fuſs-Ton: Welche sonsten Siffloit genennet wird.

Und ob sich zwar ein Orgelmacher oft nach dem Ort und Raum richten, und der Gröſse seiner *structuren* zusetzen oder abbrechen muss; daher denn vielmal der *Principalen* gröſste Pfeiffen nicht zum Gesichte, weil es des *Corporis* Gröſse nicht leiden kann, herfür gesetzt; bisweilen auch geschicht, dass die *Principalen* mit noch gröſseren Pfeiffen, jedoch allein *pro forma* ersetzet, und der Gehäuse Gröſse damit erfüllet werden, so muss es doch bei obbeschriebenen dreien Arten, als 16, 8 und 4 Fuſs-Ton *Principal* bleiben und beruhen.

Es werden aber diese beschriebene Namen, wie jetzt gedacht, allein zu oder nach den *Manual-Claviren* gerechnet: Sonsten seind groſse *Principal*-Werke zu finden, welcher Pedal *Principal*-Bass, weil im *Manual* das *Principal* 16 Fuſs-Ton ist, von 32 Fuſs-Ton gesetzet wird, und dieses erfolget, wenn die *disposition* der *structuren* also, dass die sonderlichen Bässe auf die Seiten neben das *Manual*werk kommen, geordnet werden. Und dieweil dann diese groſse *Sub-Principaln* nicht natürlich oder möglich im *Manual* zu gebrauchen, sondern alleine ins Pedal zum Bass gehören, und von wenig Orgelmachern gearbeitet werden, kann auch ein Werk nicht von solchem Basse im Pedal, sondern vom *Manual* seinen gebürlichen Namen haben.

Ob auch etliche gar kleine Werklein, derer *Principal* nur von 2 Fuſs-Ton gefunden werden, so gehören doch solche nicht unter der Orgelwerken Zahl der Namen, sondern allein unter die *Disposition* der Positiv: Aus Ursachen, weil sie gemeiniglich auch andere gröbere Stimmen zu ihren *Fundamentis*, als gedackt, oder Quintadehn von 4, auch wol von 8 Fuſs-Ton haben, und daher Groſs- oder Kirchenpositiv, auch klein Octaven-*Principal*-Werklin genennet werden. Wie denn billich ein jeder Orgelmacher dahin sehen sollte, dass seine *dispositiones*, als an der Gröſse und

Ton fein *ordine disponiret* würden, damit man sich, gleich wie in andern *Instrumenten* nach derer Namen, Laut und *disposition* der Stimmen zu achten hätte.

Das II. Capitel. [124]

Von allerlei Art, und mancherlei Namen der Stimmen in Orgeln, wie dieselbe nach ihrem Laut oder Klang, und dero sonderbaren Eigenschaft recht genennet: Auch wie solche Stimmen unterschiedlich, aus ihrer *Corporum* Länge, *generaliter* nach den Füfsen, oder Zahl der Füfse in ihrem unterschiedenem tiefern und höherm Ton gerechnet werden. Mit mehrerm Bericht, was bei jeder Stimme *in specie* zu wissen von nöthen sei.

Llhier sollte nun wol von der *Mensur* an den Pfeiffen nach der Länge der *Corporum* etwas gesagt werden: Weil aber solches vor die Orgelmacher allein gehöret, ist derselben allhier zu gedenken unnötig.

Doch gleichwol kann dieses hierbei *obiter* angedeutet werden: Dass ein *Principal* und alles offen Pfeiffwerk am *Corpore* und der *Mensur* Länge (welche nicht von dem Unterfufse, der nur eine Zuführung des Windes ist, sondern von dem *Labio* oder Mundloche, darvon das Ober-*Corpus* klingend gemacht wird, ihren Anfang hat) fast allezeit gleich so viel Füfse hat, als von Laut oder Ton gesagt wird. Wiewol derselben Länge auch ungleich, und eine vor der andern, wegen der ungleichen Weiten, umb etwas (doch gar ein geringes, also, dass man es an den kleinen Pfeiffen kaum merken kann) verkürzet werden muss: sintemal es die Vernunft giebet, dass, wann einem Dinge an der Breite zugegeben wird, demselben an der Länge hinwiederumb etwas abgebrochen werden müsse, also auch, so an der Weite abgebrochen wird, muss an der Länge zugesetzt werden.

Mit den gedacten Stimmwerken aber hat es nach dem Namen oder Zahl der Füfse eine andere Meinung und Verstand. Denn obwol solche gedacte Pfeiffe juster *Principalen* Weite oder Dicke im Cirkel, auch bisweilen umb ein geringes weiter ist, so ist sie doch noch nicht gar halb so lang. Als zum Exempel: die *Principal*-Pfeiffe ist 8 Fufs-Ton, und hat auch 8 Fufs an der *Corpus*-Länge: die Gedactpfeiff ist zwar auch 8 Fufs-Ton, und an der *Corpus*-Weite *(liceat sic loqui cum artifice)* fast mit dem *Principal* gleichförmicht: Aber sie ist und hat nur 4 Fufs und fast etwas ringer an der Länge; Ursach, weil sie gedäckt ist: dann eine jede offene Pfeiffe, so bald man sie zudecket, wird umb eine *Octav* oder *Quint,* oder *Sext* tiefer. Also ist es zwar auch mit der Quintadehnen Art, nur allein, dass sie viel länger ist als ein Ge-   [125] dackt; denn sie umb ein geringes weiter, als ein *Principal* von 4 Fufs, da hergegen das Gedact so weit ist, als ein Mittel-*Principal* von 8 Füfsen.

Dass aber diese beide zugedeckte Pfeiffwerke so ungleicher Weiten sind, und dennoch nach der Fufslänge 8 Fufs-Ton am Laut haben, daraus erfolget dieses, dass durch der Quintadehnen Engigkeit, die in sich habende und lautende *Quinta,* darzu denn auch der Bart, so umb das *labium* oder Mundloch herum gehet, und sonderlich der gar enge Aufschnitt des *Labij* sehr helfen und befördern muss) heraus kann gebracht werden. Denn ohne diese beide Mittel, (als nemblich, dass die Quintadehna enger als das Gedact, und dass sie den Aufenthalt des Windes, nemblich den Bart darbei hat) kann keine *Quinta* von ihrem Laut, sondern nur eine blos gedacte Art allein vernommen werden.

Darmit aber auch im aussprechen der unterscheid vernommen werde: So saget man bei denen Stimmen, da der Ton mit der *Mensur* überein kömpt, als in den offenen Pfeiffwerken, es ist ein *Principal* von 8 Fufs, ein *Octav* von 4 Fufs-Ton, etc. Bei den andern aber, als in den gedackten Arten, da die *Mensur* dem *Tono* nicht *respondiret,* sagt man, es sei ein Gedact der Quintadehn auf 8 Fufs, ein Nachthorn auf 4 Fufs, ein Blockflöt auf 2 Fufs-Ton etc.

Aber hiervon auf diesmal genug.

Dies ist aber anfänglich wol und mit Fleifs in acht zu nehmen, dass nur zweierlei Art, nemblich offene und zugedeckte Pfeiffen sein, daraus alle andere Arten und Lautsänderungen erfolgen: und ob schon mancher zum dritten die Schnarrwerke allhier nicht mit eingerechnet haben wollte, so befindet sich doch unwidersprechlich, dass die Aenderung des Klanges in demselben eben so wol aus der Aenderung derer *Corporum*, (inmafsen mit andern offnen und gedeckten Pfeiffen geschicht) erfolget; darum sie billich, weil in ihnen noch viel wunderliche und mehr *Variationes*, als in anderen Pfeiffwerken erwiesen und erfunden werden, können und müssen mit eingeschlossen werden.

Und werden nun also

1. Die Pfeiffen in Orgeln abgetheilet in Flöt- und Schnarrwerk.

2. Das Flötwerk ist oben an seinem *Corpore* entweder offen, oder zugedeckt.

3. Der offenen Flötwerk etliche sind gleich aus *proportioniret*, und [126] haben gleichweite *Corpora:* Etliche aber sind nicht gleich aus weit *proportioniret*.

4. Die gleichaus *proportioniret* sein, haben einestheils lange, enge und schmale *Corpora*, anders theils aber kurze und weite *Corpora*, als die Hohlflöten allerlei Art.

5. Die nicht gleichaus *proportioniret*, deren sind auch zweierlei: Etliche unten weit und oben enge, als die Gemshörner, Spitzflöten und Flachflöten: Etliche aber oben weit und unten enge, als der Dulzean.

6. Die zugedeckte Flötwerke, seind entweder ganz zugedeckt, als die Quintadehnen und Gedacten allerlei Art: Aber seind oben aufm Deckel in etwas wiederumb eröffnet, als die Rohrflöten.

7. Der Schnarrwerken seind auch zweierlei: Etliche offen, als die Posaunen, Trummeten, Schallmeyen, Krumbhorn, Regal, Zincken, Cornett: Etliche zugedeckt, als die Sordunen, Rancket, Baerpipen, Bombart, Fagott, Apfel und Köplinregal, etc. Wie in nachfolgender Tabell mit mehrerem zu ersehen.

Hierher gehört die Tabell.

Von offenen Stimmwerken, so gleichaus
proportioniret und an ihrer Weite *Principal-Mensur* sein. Als nemblich:
Principal, Octaven, Quinten, Rauschpfeiffen, Schweizerpfeiffen,
Mixturen, Zimbeln und dergleichen.

Principal.

Ieser Name *PRINCIPAL* (welches die Alten, unsere liebe Vorfahren, *Praestanten* genennet haben) ist nicht ohngefähr, oder nach Gedünken solchem Pfeiffwerke zugeeignet worden. Dann dieweil dieselbigen nicht allein des Werks Zierde und Ornament sein, sondern auch dasjenige, was vor erwähnet und geliebter kürz halber allhier nachmals zu gedenken unnötig, [127]

praestiren können, werden sie recht, wol und billich mit dem Namen *Principaln intituliret.* Wiewol es von etlichen mit dem Namen Doeff genennet wird.

Es seind aber derselben viererlei Art:

1. Grofs *Sub Principal* Bass von 32 Fufs.

Diese Stimme kann nicht, wie vorhergedacht, zum *Manual-Clavier.* sondern allein zum Pedal gebraucht werden, darumb, weil deroselben so gar tiefer Ton unnatürlich ist, dass wenn auch nur ein *Clavis* alleine, als ein Bass *respondiren* soll, es mehr ein Windsausen und schnauben, als ein rechter vernehmlicher reiner Ton zu hören ist; Was wollte denn, wenn es *Concordantenweise Manualiter* geschlagen würde, für eine greuliche un deutlich und abscheuliche *Harmony* erfolgen, also, dass es Organisten und Zuhörer bald satt werden und mit Verdruss anhören würden: Darumb solche nur allein *Pedaliter* neben einer dazugezogenen Stimme von 16 Fuſs soll und muss gebraucht werden.

2. Groſs *Principal* von 16 Fuſs.

Diese Stimme ist nun gebräuchlich und kann von derselben, wenn sie aus rechter fundamentalischer Theilung an dem *Corpore* und *Labien* fleiſsig und just gemacht und *intonirt* wird, ein rechter vornemlicher Klang und *Sonus* erhöret, auch *Manualiter* (wenn nur in der Tiefen nicht zu grobe *Concordanten* mit Tertien und Quinten gegriffen) wol alleine geschlagen, und lieblich auf einen langsamen *Tact* gebraucht werden; aber noch besser, wenn sie eine andere höhere Stimme, wie folgen soll, neben sich zur Ausbreitung des Klanges haben mag.

3. *Aequal Principal* von 8 Fuſs-Ton.

Dieser *Corpus* Gröſse oder 8 füſsiger Ton, ist der allerlieblichste, auch der Menschen-Stimme und aller vornembsten *Instrumenten* ähnlichster *Aequal*-Ton, inmaſsen denn alle Stimmen, die 8 Fuſs-Ton sein, zu Motetten und *Choralconcordanten* ganz bequeme, ohne Bedenken und *Vitiis* im Gehör, nach rechter gesetzter *Composition* und *praeceptis* gebraucht werden können und mögen. Darinnen auch ein sonderbares Geheimniss verborgen, solcher 8 Fuſs-Ton, aller anderen kleinen Stimmen, ihre heimlich in sich habende Unreinigkeit auf und an sich nimpt, zu seiner eigenen Reinigkeit und Ehren bringet, und derselben sich theilhaftig machet: Davon auf eine andere Zeit, geliebts Gott, ausführlicher geschrieben werden kann.

4. Klein *Principal* oder *Octaven Principal* 4 Fuſs.

Ist zwar auch eine liebliche Stimme alleine zu gebrauchen, aber dieweil sie für sich, sonderlich in der Höhe, keine sonderliche *Suavitet* oder Lieblichkeit hat, wird in solchen Octav- oder kleinen *Principal*werken, als anfänglich gedacht, gemeiniglich ein Fundamentstimme, Quintadehn oder Gedact von 8 Fuſston dazu *disponiret* und gearbeitet. [128]

In etlichen *AEqual*-Werken, wird auch wol ein klein *Principal Discant* von 4 Fuſs gearbeitet, welches sich im ungestrichnen *f* von 1½ Fuſs-Ton anhebet und *ascendiret*, so weit das *Clavier* oben wendet: Wiewol sie sonsten nur im mittel *c* oder *cis* angefangen werden.

Schweizerpfeiff.

ES ist aber noch eine Art Stimmwerk dieser *Principalen*-Art, aber gar enger *Mensur*, welche von den Nieder- und Holländern Schweizerpfeiffen genennet worden sein; und solches vielleicht darumb, weil sie so lang und gegen der Enge des *Corporis* im Ansehen gleich der *Proportion* einer Schweizerpfeiffen erscheinen; haben gleichwol einen gar besonderen, lieblichen, scharfen und bald einer *Violn*-Resonanz, welcher durch ihre Engigkeit entstehet; sind mit kleinen Seitbärtlein und Unterleistlein, als es die Orgelmacher nennen, gemacht, sonst wollten sie schwerlich wegen der gar zu engen *Mensur* zur guten *Intonation* kommen, wie man sie denn auch dieserwegen im *Discant* und kleinen Pfeiffen etwas weiter machen muss.

Es seind aber derselben nur zweierlei:

1. Grofse Schweizerpfeiff von 8 Fufs-Ton,
2. Kleine Schweizerpfeiff von 4 Fufs-Ton.

Aus dieser kleinen Schweizerpfeiff wird von etlichen nur der *Discant* gearbeitet und Schweizerpfeiffen-*Discant* genennet: Desgleichen auch im *Pedal* allein von 1 Fufs-Ton, und wird (3.) Schweizerpfeiffen-Bass, oder Schweizer-Bass genannt.

Diese Stimmen aber sind nicht gemein, werden auch nicht leichtlich gearbeitet, denn sie ihrer schweren *Intonation* halber einen rechtschaffenen und geübten Meister suchen und haben wollen.

Die grofse Schweizerpfeiff gibt im *Pedal* auch einen schönen lieblichen Bass, und gar einer Bassgeigen ähnlich, wenn sie zu stillen Stimmen gebraucht wird. Es ist aber zu merken, dass diese Stimme im *Manual* mit einem langsamen *Tact* und reinen Griffen, ohne sonderbare *Colloraturen*, wegen ihres langsamen Anfallens, geschlagen sein will, sonsten sie zu ihrer Lieblichkeit und Reinigkeit nicht kommen kann.

Es findet sich auch noch eine andere Art von Schweizerpfeiffen, welche recht auf *Praestanten-* oder *Principal-Mensur* gerichtet, oben aber gedeckt sein; und ungeachtet sie sich dahero nothwendig überblasen müssen, so fallen sie doch in rechtem Ton, gleich, als wenn sie offen und gar nicht gedeckt wären.

Octava.

Gleich wie nun von viererlei *Principalen-*Art jetzt gesetzt ist, also folgen auch viererlei Octaven aus derselben *Principal-Mensur*, als Octava, Grofsoctava, *Octava*, Klein-Octava und *Super*octävlin.

1. Grofsoctava ist von 8 Fufs-Ton.

Diese Octava gehöret allein ins grofs *Principal-*Werk, und ist an der *Mensur* und Klange nicht anders, als ein *Aequal-Principal*, wie es denn von etlichen gegen das grofse *Principal*, Klein-*Principal* genennet wird. Weil aber im Rück-Positiv dasselbige kleine *Principal* von 4 Füfsen, zum Unterscheid das von 8 Fufs-Ton stehet: Ueberdies auch die *Principal* mehrertheils von Zinn, die Octaven aber aus Blei oder Halbwerk (das ist halb Zinn und halb Blei) gearbeitet und in die Orgelwerke hinein, die *Principal* aber vorn angesetzt werden, wird diese Stimme billich grofse Octava genennet.

2. Octava ist von 4 Fufs-Ton.

Und gehöret in die *Aequal-*Werke, und heifset darum also, weil sie im Mittel mit ihrem Ton eine Octava höher, als das *Aequal-Principal* und dergleichen 8 Fufs-Ton Stimmwerke ist; auch aufserdem allein gebraucht werden kann, und sich zu höhern und niedern Stimmen ziehen lässet.

3. Kleinoctava ist von 2 Fufs-Ton.

Und wird sonst *Superoctava* genennet: Weil aber noch kleiner Octaven, wie folget, verhanden, kann diese Stimme nicht recht *Super-* oder *Supremaoctava* heifsen; und gibts auch die obergesetzte Ordnung, dass Grofsoctava 8 Fufs-Ton, Octava 4 Fufs-Ton sei, darumb muss diese ja billich klein-Octava 2 Fufs-Ton, und die folgende *Super*octävlein 1 Fufs-Ton genennet werden.

4. *Superoctävlein ist von 1 Fufs-Ton.*

Heifset sonst Sedeze, darumb, weil es zwei Octaven über der Octaven 4 Fufs-Ton stehet: Aber weil die Octava 4 Fufs keine Fundament- oder *Aequal*-Stimme [130] ist, kann diese nicht wol von derselben an zu rechnen, Sedez genennet werden: Sondern behält billich den Namen *Superoctava*, und gehöret vornemlich in die grofsen Positive, darinnen *Principal* von 2 Fufs-Ton *disponiret* sein.

5. Hierher gehören auch die *Quinten* von 6,3 und 1⅓ Fufs-Ton, und diese letzte Art wird von etlichen *Quindez* genennet, aber unrecht.

6. Item, die Rausch-Pfeiffen, welches ein alter Name, von den Alten erfunden. Da dann etliche diese zwei Stimmen und Register, als *Quint* 3 Fufs und *Superoctava* 2 Fufs zusammengezogen: Etliche aber auf ein Register zusammen gesetzet, und eine absonderliche Stimme draus gemacht, welche sie mit dem Namen Rauschpfeiff *intituliret,* gleich wie die *Mixtur* und Zimbeln einen Namen und Register, doch mehr als eine Pfeiffen haben: Etliche haben es auch Rauschquinten genennet, dieweil die *Quinta* gröber ist, als die *Superoctava.* Also haben sie auch eine Rauschpfeiffen-Bass gehabt, welcher jetzt noch im Gebrauch gefunden wird.

I.

Mixtur-Zimbeln.

Nter oder aus dieser *Mensur* werden nur die *Mixturen* und Zimbeln grofs und kleiner *disposition* genommen und gearbeitet, und gehören dieselbige billich zu den *Principal-* und *Octav*-Stimmwerken, dieweil sie eben derselben *Mensur* seind, und die *Octaven* und *Quinten* ohne das zur *Mixtur* und Zimbeln des vollen Werks halben gezogen werden. Und weil derselben *dispositiones* und *Variationes* von den Orgelmachern mancherlei, nach Art und Gelegenheit der Werke und Kirchen, gemacht werden, ist hiervon *in specie* nit zu schreiben: Nur allein das, ob sie wol allezeit eine einige *Octaven* hinauf steigen und denn alsobald wieder *repetiret* werden, doch dieser Unterscheid hierin verhanden: Dass einerlei Art 1. grofse *Mixtur* genennet wird, welch die Alten in ihren Werken, (weil sie damaln noch nicht von mancherlei Art Stimmen, wie jetzo gewusst) gesetzet haben: Und wie bevor angezeigt worden, oft von 30, 40 und mehr Pfeiffen stark, darunter die gröfste·von 8 Füfsen gewesen: Jetziger Zeit aber sind die grofsen *Mixturen* allein von 10, 12, bisweilen doch gar selten 20 Pfeiffen stark auf einem Chor, und ist die eine grofse Pfeiffe im untersten *Clave* von 4 Fufs-Ton.

2. Die andere Art heifset *Mixtur*, weil dieselbige im mittel und nicht zu grofs noch zu klein mit Pfeiffen besetzet: Und ist eben die, welche jetzund in die *Aequal-Principal*, auch wol in die grofse *Principal*werke von 4, 5, 6, 7, 8 und 9 Pfeiffen oder Chören gemacht wird: Darinnen die gröfste Pfeiffe gemeiniglich von 2 oder 1 Fufs-Ton ist.   [131]

3. Die dritte Art wird genennet kleine *Mixtur*, oder wie sie die Niederländer vor Jahren genennet haben, Scharp: und nicht unrecht, denn es ist eine rechte scharfe Stimme, und doch nur von drei Pfeiffen, als f $\overline{c}$ $\overline{f}$ etc. *disponiret*, und wird oft *repetiret:* Auch wol in grofsen Werken in die Brust, oder im kleinen vor seine rechte *Mixtur* gesetzet und geordnet. Etliche nehmen gar kleine, subtile und junge Pfeifflin darzu, die gröfste 3 Zoll lang, als f $\overline{f}$ $\overline{c}$ $\overline{f}$: oder drei oder vier Pfeifflin in *unisono*, und ein Octävlein, aber keine *Quint* und gehen von einer *Octav* zur andern: Dasselb heifsen sie Scharp. (*Repetirt* heifst, zu etlichen malen in einem *Clavir* durch *Octaven* wiederholen, als von einem c oder f zum andern, und ist einerlei, derowegen dann die *Mixturen* und Zimbeln zum schlagen vor sich selbst alleine nicht können gebraucht werden.)

Zimbeln.

1. Rober Zimbel ist von 3 Pfeiffen besetzet.

2. Klingende Zimbel, 3 Pfeiffen stark, *repetiret* durchs ganze *Clavir* in f und in $\overline{c}$, und wird also gesetzt f a $\overline{c}$: welches die kunstreichste sein soll.

3. Zimbel ist von 2 Pfeiffen, und wird etliche mal mehrentheils *per Octavas repetiret.*

4. Kleiner Zimbel ist von einer Pfeiffen und ist *repetiret.*

5. *Repetirende* Zimbel ist von 2 und 1 Pfeiffen besetzt, und *repetirt* sich fort und fort.

6. Zimbel-Bässe seind zwei oder zum höchsten dreierlei Arten: Die gröfsten etwan ein halben Fufs-Ton, und werden einmal *repetiret:* die andern seind etwas geringer, werden zweimal *repetiret,* und doch alle durch *Quarten* und *Quinten disponiret.*

<hr>

II.
Hohlflöt.

St ein offenes Stimmwerk, welches viel weitere, doch etwas kürzere *Mensur,* als die *Principaln,* und gleichaus weitere *Corpora* hat: Und an ihrer weiten bald gedacter *Mensur* seind, ohne dass sie engere *Labia* haben. Und dieweil sie offen, und so weit sind, so klingen sie auch so hohl, daher ihnen dann der Name Hohlflöt gegeben worden. [132]

1. Grofse Hohlflöten 8 Fufs-Ton.

Es haben aber die alten Orgelmacher vor 60 und mehr Jahren in die Choral- oder Thumbkirchen-Werke solche Stimme ins *Pedal,* und so grofs am Ton, als das *Principal* gemacht; sintemal man damals von den unterschiedenen Bässen oder Untersätzen noch nichts gewusst, und solchen Bass, *Sub*bass und Thunbass, auch Coppel geheifsen, darumb, dass er weit und tönend geklungen, und den Werken, weil sie eine *Quinta* tiefer, als Chor-Ton gewesen, eine besondere brausende Art in solcher Tiefe gegeben hat. Wie derer noch in vielen alten Thumb-Werken gefunden werden, dass ein Unwissender meinen sollte, es wäre wegen seines Tönens und Erfüllens ein Untersatz, weil es an dessen statt zum vollen Werke gebraucht worden, dabei verhanden.

2. Hohlflöten 4 Fufs-Ton.

3. Hohlquinten 3 Fufs-Ton

Werden durchs *Manual* und *Pedal*, wie man will, gebraucht: Und haben die Alten den Hohlquinten-Bass gern in den Choral-Werken, den Sang-Meister und die *Chorales*, bisweilen zur Schalkheit, aufsm rechten Ton und Anfang des Chorals zu verführen gehabt.

4. Kleine Hohlflöt 2 Fuss-Ton.

Diese ist von etlichen auch Nachthorn genennet, darumb dass es hohl, und fast als ein Hornklang sich im Resonanz artet: Ist aber nicht gar recht nach ihrem Klang genennet, sintemal sich die Quintadehnen-Art viel besser darzu schicket.

5. Kleinflöten-Bass, 2 Fuss, ist auch gar gut zum Choral zu gebrauchen.

6. Quintflöten, anderthalb Fuss-Ton.

7. Suiflöt, 1 Fuss-Ton. Das Suiflöt oder Siefflitt rechnen etliche unter die *Principal*-Stimmen.

8. Waldflötlin, anderthalb Fuss-Ton.

Welche Stimm in Seestädten an jetzo noch gebräuchlich, und wird 2 oder 3 mal, weil es so kleine ist, *repetirct*.

9. Klein-Flöten-Bass ist 1 Fuss-Ton.

Wird anstatt, und wie die Bauerflötlein *disponiret*, ist aber etwas heller und   [133]
lauterer am Klange. Und sind nun diese kleine Stimmen, wenn dieselbe zu *Aequal* Stimm-Werken mit und ohne den *Tremulant* gezogen werden, gar gut und fremd am Klange zu hören.

Schwiegel.

Allhier ist noch eine besondere Art von Laut oder Resonanz und Namen, die nicht so gar weiter *Mensur*, als diese Hohlflöten, verhanden, welche von den Niederländern auch fast vor hundert Jahren, wie aus des *Sebastiani Virdungs Musica* zu ersehen, Schwiegel (weil sie gegen andere enge *Mensur* Pfeiff-Werk zu rechnen auch hohl, und doch sanft, und am Resonanz den Querflöten gar ähnlich klingen) genennet worden. Sie sind bisweilen auf Gemshörner-Form gerichtet, doch unten und oben etwas weiter, gleichwol oben wiederumb zugeschmiegt, das *Labium* ist schmal, und sind stiller als Spilflöten. Es seind aber derselben nur zweierlei Art, als:

1. Grofse Schwiegel, 8 Fufs-Ton;
2. Kleine Schwiegel, 4 Fufs-Ton.

Woher aber solch sanfter Klang komme, lass ich andere dessen verstendige Bericht geben. Und dies sei also von dieser *Mensur* vom Gröfsten bis zum Kleinsten genug gesagt.

III.
Offene Stimmwerk, welche nicht gleichaus weite *Corpora* haben.

Dies ist nun die andere Art der offenen Pfeiffen, welche, weil sie unten ziemlich weit und oben zugespitzet, und also mehr, als halb zugedeckt sein, viel ein andern Resonanz, als vorbeschriebener *Principalmensuren* Art an und in sich haben. Und werden dieselben darumb, dass sie an der Proporz und Resonanz als ein Horn klingen, billich Gemshorn genennet: Und sind deroselben Art unterschiedlich als Gemshorn, Plockflöt, Spitzflöt, Flachflöt, Dulzian und dergleichen. [134]

Gemshorn.

1. Grofs Gemshorn ist am Ton 16 Fufs.

Dieses ist eine liebliche Stimme, aber besser im Pedal als *Manual-Clavir* zu gebrauchen, es sei dann, dass eine andere Stimme von 8 oder 4 Fufs-Ton darzu genommen werde.

2. *Aequal*-Gemshorn ist am Ton 8 Fufs.

Und ist eine sonderbare liebliche und süfse Stimme, wenn sie aus rechter fundamentalischer Theilung nach allen ihren Umbständen gemacht und *Intoniret* wird, zu hören; gibt wunderliche Aenderungen mit andern

Stimmen zu verwechseln: Möchte auch wol *Viol de Gamba*, weil sie solchem *Instrument* am Resonanz sehr nachartet, wenn sie recht gemacht wird, *intituliret* werden. Die Niederländer nennen es auch Coppelflöten, und sind länger als ein Gedact, aber kürzer als ein *Principal*.

3. Octaven-Gemshorn ist am Ton 4 Fuſs.

Diese Stimme ist der nächstobgesetzten von 8 Fuſs zu vielen lieblichen Aenderungen nicht ungleich zu gebrauchen: Und können beide so wol in grofs- als in klein *Principal*werken gesetzt und gebraucht werden.

4. Klein Octaven-Gemshorn ist am Ton 2 Fuſs.

Gehöret mehr ins Rückpositiv und klein *Octaven Principal* Werklein, als im grofsen: Jedoch kann sie von andern und grofsen *dispositionen* auch nicht ausgeschlossen sein; denn sie daselbst eben so wol eine liebliche Art im *Manual*, und auch ein schönen Bass im *Pedal* zum Choral zu gebrauchen gibt, und sich gar vernemblich und eigentlich hören lässet.

Es werden auch aus dieser Gemshörner-Art *Quinten disponiret:* als:

5. Die grofse Gemshorn-Quinta 6 Fuſs-Ton.
6. Die Gemshorn-Quinta 3 Fuſs-Ton: Und denn:
7. Die klein Gemshorn-Quinta anderthalb Fuſs-Ton:

Ist oben halb so weit als unten: Das *Labium* wird in fünf Theile getheilet, ein Theil ist des Mundes breite, alsdann wird die Hälfte aufgeschnitten.

Und wird diese letzte Stimme sonsten nicht unrecht *NASATH* genennet, dieweil sie wegen ihrer Kleine zu andern Stimmen gleichsam nösselt*), sonderlich wenn sie recht und nicht so scharf *intoniret* ist; gibt auch einen schönen *Discant* in der rechten Hand, mit andern darzugezogenen Stimmen zu gebrauchen. Etliche arbeiten das *Nasath* uff weite Pfeiffwerk-*Mensur.* und enge *labiret.* [135]

Etliche heifsen das Gemshorn auch Spillflöten, und dasselbige allein wegen der Gestalt und *Proportion*, das solche Pfeiffen einer Hand-Spillen gar gleich und ähnlich anzusehen sein.

---

*) näselt:

Etliche nennen die Gemshörner noch an jetzo Plockpfeiffen: Ist aber nicht recht getauft. Denn Plockpfeiffen eine andere Gestalt und Klang haben, und können die Spitzflöten von 4 Fuſs-Ton (darvon jetzt alsobald soll gesagt werden) wenn ihnen oben die rechte Weite, etwas weiter, als den Gemshörnern gegeben wird, des Klanges halben billicher Plockpfeiffen oder Plockflöten geheiſsen werden: Weil sie alsdann einen Resonanz, natürlich als die andere blasende *Instrumenta*, welche Plockpfeiffen genennet werden, von sich geben. Kleiner aber, als von 2 Füſsen, werden dieser Art Stimmen von verstendigen Meistern nicht gearbeitet.

Etliche arbeiten die Plockflöten fast auf Querflöten-Art, also dass das *Corpus* noch eins so lang wird, als sonsten die rechte *Mensur* mit sich bringt, oben zugedeckt, und daher sich in der *Octav* übersetzen und überblasen muss.

Spitzflöt.

ES sind noch andere und fast dieser Art Stimmen, welche auch also zugespitzt sein und Spitzflöten genennet werden: Und dieser Art *Mensur* ist auch nicht gar lange üblich und im Gebrauch gewesen.

Es ist aber ein ziemlicher Unterscheid zwischen den Gemshörnern und dieser Spitzflöten. Weil dieselbe unten im *labio* weiter und oben mehr zugespitzt wird, als gedackte Gemshörner: Darumb sie recht Spitzflöt geheiſsen. Und sind derselben nicht mehr, als zweierlei an Gröſse und Ton:

1. Spitzflöt 4 Fuſs am Ton.
2. Klein Spitzflöt 2 Fuſs am Ton.

Auch habe ich Spitzflöten-Art funden, welche oben gar wenig offen und unten gar enge *labiret* sein; dahero einen aus dermaſsen lieblichen Resonanz von sich geben: Aber mit groſser Mühe zur reinen und rechten *Intonation* zu bringen seind.

Flachflöt. [136]

ÚNd ist noch eine Art Stimme fast von dieser *Mensur*, und werden
Flachflöten geheifsen; die seind unten im *labio* nicht gar weit, mit
einem engen niedrigen Aufschnitt, doch gar breit *labiret*, daher es
auch so flach und nicht pompich klinget, und seind oben nur ein wenig
zugespitzet, wollen aber ihrer *Intonation* halben ein erfahrnen Meister haben;
klingen sonsten gar wol und etwas flacher, als Gemshörner, darumb sie
recht mit dem Namen Flachflöt getauft sein. Es ist aber dieselbe dreierlei
Art am Ton und Fufs Länge, als

1. Grofs Flachflöt 8 Fufs-Ton.
2. Flachflöt 4 Fufs-Ton.
3. Klein Flachflöt 2 Fufs-Ton.

Seind alle drei gar gut und nütze, wenn viele Stimmen in einem Werk
disponiret sein, zu lieblichen Aenderungen zu gebrauchen: Geben auch im
Pedal schöne Bässe zu vernehmen, denn sie etwas lauter, jedoch frembder
als die Gemshörner am Klange sein:

Mögen auch sonderlich die kleine Flachflöt, wenn sie nach der *Quinten*
Art *disponiret* ist, im Rück Positiv mit einer Zimbel und Quintadehn zu
einem geigenden *Discant* gebraucht werden; denn es dem gar ähnlichen
sich hören lässt. Und so viel sei von dieser Art berichtet.

Dulzian.

ES ist noch eine Stimme, die ungleicher Weiten ist, übrig, oben weit,
unten aber im *labio* umb ein ziemliches enger: Solche Stimme wird
Dulzian genennet, stehet zu Stralsund im neuen Werke und ist 8 Fufs-
Ton, kann auch wegen der gar schweren *Intonation* kleiner nicht gemacht
werden: Klinget darumb dem Dulzian etwas ähnlich, weil sich das *Corpus*
oben aus, gleich wie das *Instrument* Dulzian erweitert, und im *labio* enger
ist. Weil aber der Dulzian an ihm selbsten ein Rohr oder schnarrend
Instrument bleiben muss, und jetztbeschriebene Stimme unter das Flöt-

oder Pfeiffwerk gehöret, kann dieselbige [137]
dem Rohr-*Instrument* nicht gar gleich stimmen. Man lässt es aber also
bei des Meisters gegebenen Namen bleiben.

IV.
Von Gedacten Pfeiffen, und erstlich von der Quintadehna, Nachthorn und Querflöt.

Quintadehna.

ES ist diese Stimme nicht lange, sondern etwa 40 oder 50 Jahr im Gebrauch gewesen, wie sie denn in alten Orgeln nicht gefunden wird;
und ist eine liebliche Stimme (von etlichen Hohlschelle genennet) darinnen zweene unterschiedliche Laut, als die *Quinta ut, sol,* im Gehör zu
vernehmen sein; daher sie anfänglich *Quinta ad una* genennet worden.
Sie ist fast, jedoch ein ziemliches weiter, an Proporz ihres *Corporis,* als
die *Principal* an der *Mensur* sein; und weil sie gedeckt, ein *Octava* tiefer
als offene Pfeiffwerk gegen ihrer Länge zu rechnen. Es sein aber derselben, die aus einer *Mensur* unterschiedlichen nach dem Ton oder Füfsen
gearbeitet werden, nur dreierlei Art verhanden, als:

1. **Grofse Quintadeen 16 Fufs-Ton.**

Diese Stimme ist *Manualiter* und *Pedaliter,* wenn eine andere Stimme
von 8 Fufs dazu genommen wird, ganz lieblich zu gebrauchen und zu hören.

2. **Quintadeen 8 Fufs-Ton.**

Dieses ist beides im Rück Positiv oder im kleinen *Octaven Principal*
Werk zum Fundament. Wie denn auch im Pedal zum Choral-Bass gar
bequem zu gebrauchen.

3. **Quintadeen 4 Fufs-Ton.**

Ist eine liebliche Stimme, sonderlich bei und zu gröfseren Stimmen in
der *Variation* anzuhören; kleiner aber wird sie nicht gefunden, wie sie denn
auch nicht geringer gearbeitet werden kann.

Nachthorn.

S wird aber diese kleine Quintadeena von etlichen Orgelmachern an der *Mensur*, jedoch auf gewisse mafse erweitert, und daher, (weil sie aus solcher Erweiterung einen Hornklang bekömpt, und die *Quinta* etwas stiller darinnen wird) Nachthorn geheifsen. Welcher Name auch recht ist. Es mag aber diese Art ebenmäfsig zu vielen andern Stimmen gar lieblich und mannigfältig verendert werden.

Aus dieser *Mensur* oder Art kömmet auch der Nachthorn Bass, beides von 4 Fufs, so denn auch von 2 Fufs-Ton her, und ist eine zierliche Stimme, bevorab im Bass anzuhören.

Die Niederländer arbeiten das Nachthorn offen, wie eine Hohlflöte, doch oben umb etwas enger, und brechen allmählich immer etwas ab, ist auch im *Labio* nicht so hoch aufgeschnitten als die Hohlflöt, daher es einen sonderlichen Klang bekömpt, gleichsam, als wie einer zuchete oder schluggete.

Querflöt.

Och ist aus dieser *Invention* der Quintadeen eine neue Art erfunden worden, welche sich mit den Querflöten, wie sie denn auch Querflöt genennet wird, gar ähnlich im Klange vergleichet und vereinbaret.

Es kömpt aber derselbe Klang nicht aus freiwilliger natürlicher *Intonation*, sondern aufsm übersetzen oder übergallen; das übergallen oder übersetzen aber daher, weil das *Corpus* gegen seiner Enge mehr als noch eines und fast noch anderthalb mal so lang ist.

Als zum Bericht; wenn das *c*, 4 Fufs-Ton, seinen Klang hören lässt, so ist desselben *Corpus* an der Länge so lang, dass, ob es zwar wegen seiner Länge auf 12 Fufs *respondiren* sollte und könnte, so *intoniret* doch in denselben nur allein die *Quinta*, die vom übersetzen oder übergallen herrühret; wie denn auch solche *Corpus* wegen der unnatürlichen Länge gegen der Enge, anders nicht als *Quinten* kann.

Diese Art der Querflöten ist zwar gar gut und auch neuer *Invention*; aber die offener *Mensur* und an der *Corpus* Länge noch eins so lang sein, welcher Art denn auch in dem Fürstlichen neuen hölzernen Orgelwerk, (welches der Hochwürdige, [139] Durchleuchtige hochgeborne Fürst und Herr, Herr Heinrich Julius, Postulirter Bischoff zu Halberstadt, Herzog zu Braunschweig und Lüneburg, mein gnädiger Fürst und Herr hochlöblicher Gedächtniss, S. Fürstl. G. herzl. Gemahl auf deroselben Schloss zu Hessen durch den vornemen Orgel- und Instrumentenmacher, Meister *Esaiam Compenium*, von 27 Stimmen, mit dreien *Claviren* in einem zierlichen Schappe, dessen *Disposition* hinten im V. Theil zu finden, setzen lassen) an jetzo von Holz, sonsten aber von andern hiebevor auch in Metall gearbeitet worden sein, gefallen mir besser; denn es ist natürlicher, dass es sich in der *Octava* übersetzet, als dass es noch weiter sich übersetzen und ferner in die *Quint* fallen sollte. Und sind dem natürlichen Querflötenklang am Resonanz noch gleicher, als die Gedacte, derer Art auch in vor hochgedachter S. F. G. herrlichen grofsen Orgel zu Grüningen, von 8 und 4 Fufs Ton im *Manual* und *Pedal* verhanden sein.

V.
Gedacten allerlei Art.

Diese Stimme ist von den Alten in ihren Werken nur allein schlecht mit dem Namen Flöten genennet worden. Die Niederländer und etliche andere nennen sie Bordun, sonderlich wenn sie enger *Mensur* sind: Etliche nennen sie auch Barem, wenn sie gar still und linde *intonirt* wird. Es seind aber der Gedacten oder ganz zugedäckten Stimmen nach ihrem Ton und Fufs gerechnet, sechserlei Arten.

1. Grofs Gedact auf 16 Fufs-Ton.

Diese Stimme wird mehrern theils ins Pedal gesetzt und grofs Gedackter Untersatz geheifsen: sie wird auch wol ins *Manual* herdurch geführet. Aber wegen ihres thunen und stillen Klanges und ihrer Tiefe nicht so gar anmutig und verständlich zu hören, wie die Erfahrung und Natur bezeuget. Und ob zwar diese gedackte *Mensur* auch wol zu Zeiten von 32 Fuſs Ton im Pedal gesetzt und grofs gedacter *Sub Bass* genennet wird, so ist doch, wie vorher vom grofsen *Sub Principal* berichtet worden, daraus viel weniger als in offnen Pfeiffen ein rechter verständlicher Ton zu vernehmen. Meines Erachtens wäre auf 32 Fuſs Ton keine bessere Art anzubringen, als die Flachflöten: Doch will ich solches einem verständigen Orgelmacher zu probieren anheim gestellet haben.

2. Gedact am Ton 8 Fuſs.

Dieses ist nu eine gemeine Stimme im Gebrauch, wird auch wol in kleine *Octav Principal*werk zum Fundament, wie denn auch in grofse Rückpositiv gesetzt und *disponiret.*

3. Klein Gedact am Ton 4 Fuſs.   [140]

Wird auch in gemein in allerhand *dispositionen* der Werken und Positiven gesetzt: Ist aber gut, und gibt feine und mannichfaltige, sonderlich mit Quintadehnen und Gemshörnen Vorenderungen.

Es ist ohngefähr vor 28 Jahren von einem damals jungen Meister *E. C.* eine seltzam Art erfunden, nachdem derselbe ein Gedact 4 Fuſs Ton, mit zweien *labiis,* die just einander gleich *respondiren,* gemacht, also, dass man die Pfeiffen durchsehen kan, welche er Duiflöt genennet hat. Dieselbe verändert ihren Klang gar vor anderer Gedacten Arten. Ist aber noch zur Zeit nicht gemein worden.

4. *Super*gedäctlein ist 2 Fuſs am Ton.

Ob dieses schon gleich ist, so gibt es doch auch liebliche *Variationes* mit grofsen Stimmwerken, wie von dem Suiflöt und andern mehr erwehnet worden; sonderlicher aber, wo ein guter *Tremulant* verhanden ist. Inmafsen es dann, wofern es juster *Mensur* und reine gleichlautend *intoniret,* einen ausbündigen guten *Discant* in der rechten Hand zu gebrauchen, und einem kleinen Plockflötlein ganz gleich und ähnlichen; wie es denn auch zum grofsen Rancket oder Sordunen von 16 Füfsen einen frembden Klang und Aenderung gibt und mit Lust anzuhören ist.

5. Gedacte Quinta 3 Fuſs Ton.

11

Diese Stimme ist von etlichen, als *Gregorio* Vogel, Pfeifferflöt, welches eine *Quinta* vom Chor Ton gestanden, genennet worden.

6. Bawerflöt Bass, oder Päurlin 1 Fuß Ton.

Von dieser Stimme wird bei uns in Deutschland, sonderlich wenn man den Choral im Pedal führen will, gar viel gehalten: Die Italiener aber verachten alle solche kleine Bassstimmen von 2 oder 1 Fuß Ton, dieweil sie als eitel *Octaven* lauten und im Resonanz mit sich bringen.

VI.
Die zwar gedäct, aber wiederumb oben in etwas eröffnet sein:
Als
Rohrflöten. [141]

Us dieser Gedacten *Mensur* und Art ist nun eine andere erfunden, welche durch gewisse *mensurirte* Röhrlein, wiederumb in etwas eröffnet wird: dahero sie denn recht Rohrflöt heißet.

Dieser Art Stimmen aber werden unterschiedlich gearbeitet. Etliche lassen die Röhren halb heraußer und halb herein gehen: etliche gar hinein, dass man nichts siehet, als oben das Loch, und diese sind zum beständigsten, denn die Röhren können alsdann nicht verbeuget werden: Dieselbige aber muss man alsdenn mit Deckhütten stimmen.

1. Grofse Rohrflöt ist 16 Fuß Ton.

Wann nun ja von solchen grofsen Gedacten Stimmwerken eine durchs ganze *Manual* gehen sollte, so wäre diese grofse Rohrflöt wegen dessen, dass sie lauter und reiner klingt, weit besser, denn die ganz Gedacte Art, weil sie noch eine feine wolklingende *Quintam* darneben mit hören lässet.

2. Rohrflöt ist 8 Fuß Ton.

3. Kleine Rohrflöt ist 4 Fuß Ton.

4. *Super* Rohrflötlein 2 Fuß Ton.

Diese sind alle gar füglich und lieblich zu aller Art Stimmen, sonderlich aber zur Quintadehnen zu gebrauchen.

5. Es gibt auch keine Art Stimmwerk ein besser Bauerflöt-Basslin

von 1 Fufs-Ton, als diese; denn sie gar eigentlich solchen Klang, als wenn einer mit dem Munde pfiffe, in der Höhe in sich hat, und dasselbige wegen des aufgesetzten Röhrleins. Dies Stimmlein ist von etlichen, weils eine helle *Quint* in sich hat und hören lässt, Rohrschell, aber wenn seine Eigenschaft wol betrachtet wird, nicht recht genennet worden.

Allhier sollte auch wol des hölzernen Pfeiffwerks gedacht werden; dieweil aber dasselbige, wegen allerhand Fundament Theilung, wie ichs selbst gar fleifsig mit angesehen, so wol auch im Klange, ganz eine andere Meinung davon zu schreiben hat, und mit andern Orgelwerken an Laut und Arbeit fast wenig zu vergleichen: welches dann mit vorgedachtem Musicalischen auf dem Schloss Hessen stehenden Orgelwerk zu beweisen.

Dessen frembder, sanfter, subtiler Klang und Lieblichkeit aber im Schreiben so eigentlich nicht vermeldet werden kann: Als habe ich Weit-läuftigkeit zu vermeiden, von solchen Pfeiffwerk vor diesmal allhier etwas mehr zu erinnern und anzudeuten   [142]
vor unnötig erachtet. Es kann aber hiernächst und bald von gedachten *Compenio* selbsten von diesen und anderen Sachen mehr *fundamentaliter* nach *geome*trischem Bericht etwas ausführlichers an Tag gegeben werden, sintemal solches eigentlich meiner *Profession* nicht ist. Gleichwol will ich meines Theils dieser Kunst Liebhabern zum besten solches mit Fleifs zu befördern nicht unterlassen; inmafsen denn auch billich von dem *Monochordo*, daraus alle *Instrumenta Musicalia* und Pfeiffwerk ihren Ursprung, rechten Ton und fundamentalische Theilung haben müssen, und billich eine Mutter aller Instrumenten und der ganzen *Music* möchte genennet werden, auch dasselbige einzig und allein aus dem Zirkel herfleufst und mit dem-selbigen bewiesen und *demonstriret* sein will, daran ihrer viel mit grofser Mühe, aber doch vergeblich gearbeitet haben, etwas Erwähnung und Be-richt ob Gott will, erfolgen soll. Und so viel von offen und zugedäckten Pfeiff- und Stimmwerken.

        Folget von den Schnarrwerken.

VII.
Von offenen Schnarrwerken.

Weil die Schnarrwerke fast gemein und einem jeden bekannt, ist unnötig darvon allhier viel zu erinnern, nur allein, dass allezeit in der Länge und *structur* dieser offenen *Corporum* zu *disponiren,* der eine Meister ein andere Art hat, als der ander; In dem etliche die Pofaunen, gleich wie sie am Refonanz 16 Fufs-Ton halten, also auch am *Corpore,* doch gar selten von 16 Füfsen lang arbeiten: Etliche aber von 12 Fufs, dass es also von dem rechten Ton in die *Quint* abweiche, und das ist die beste Art: die gemeinste Art ist von 8 Fufs *Mensur.* Etliche arbeiten die Pofaunen nur von 6 Füfsen. Etliche von 5 Füfsen lang, oben etwas zugedeckt und ein Loch, als ein Spund viereckct drinn geschnitten, etc. Diefenige aber, weil die *Corpora* so klein, haben gar ein flachen und plattwegfallenden Klang und Refonanz. Wenn es aber pralen, prangen und gravitätisch klingen soll, muss es von 12 Füfsen sein. Und solche *Variation* wird auch in den andern *succedirenten* offenen Schnarrwerken gehalten: Also,

Wenn die	16 Fufs	So sind die	8 Fufs	Schalmeyen	4	Fufs
Mensur	12 ,	Trommeten	6 ,	von	3	
der Pofau-	8 ,	von	4 ,		2	
nen von	6 ,		3 ,		1½	

Dass aber so gar viel an der *Mensur* und Länge der *Corporum* in Schnarrwer- [143]
ken nicht gelegen, kömpt daher, dieweil die Tiefe oder Höhe des Refonanzes nicht vom *Corpore* oder *structur* (welche aber gleichwol auch ihre Richtigkeit und rechte Mafs haben muss) sondern von den Mundstücken herrühret: Und ist dies dabei, wenn die Mundstücke länglich und schmal sein, so geben sie viel ein lieblichern Refonanz, als wenn sie kurz und breit sein. Welches denn auch in den andern Pfeiff- und Flötwerken sich gleichergestalt also befindet, dass die weiter *Mensur* nimmer nicht so lieblich am Refonanz sein, als die enge.

Darumb sich billich ein jeder Orgelmacher der gar engen *Mensuren* befleifsigen sollte, denn je enger, je lieblicher und anmutiger. Aber weil solche enge *Mensuren* zur rechten *intonation* zu bringen, nicht eines jeden Orgelmachers thun ist, sintemal es guten Verstand, grofsen Fleifs, und treffliche Mühe erfordert: So bleiben die meisten, welche faule *Patres* und etwas mehreres zu lernen verdrossen sind, gemeiniglich bei den gewöhnlichen weiten *Mensuren*, so dürfen sie den Kopf nicht allzusehr drüber zerbrechen, desto gefchwinder der Arbeit abkommen, und den Beutel besser füllen.

Im Land zu Hessen ist in einem Klofter eine sonderliche Art von Pofaunen gefunden worden, da auf das Mundstück ein Messingbödemchen aufgelötet, und in der mitten ein ziemlich länglicht Löchlein drinn, darüber dann allererst das rechte Zünglein oder Blättlein gelegt, und mit geglüheten Messing- oder Stälenen Saiten drauf gebunden wird, dass es nicht also sehr schnarren und plarren kann. Und weil es dergestalt etwas mehr als sonsten gedämpfet wird, gibt es gleich einer Pofaunen, wenn die von einem guten Meister recht *intonirt* und geblafen wird, einen pompenden, dumpichten und nicht schnarrenden Refonanz.

Doch müssen sie gleichwol mit Auf- und Niederziehung des oberſten *Corporis* gestimmet werden, und wahr bleiben *Regalia mobilia*: Sintemal das falsch werden nicht, wie etliche meinen, vom auf- und niederweichen der kröckel oder drötlin, daran die Regal sonsten eingestimmet werden müssen, herrühret; Sintemal unmöglich, dass die Kröckel von sich selbsten hin und herwieder auf und nieder steigen können. Sondern von wegen der subtilen Messingblättlein, welche sich im warmen Wetter von der Hitze (dass denn auch am Papier oder dünnem Holze kann probirt werden) auswärts krümmen; Und weil dadurch das Loch am Mundstücke erweitert wird, der Refonanz etwas tiefer unter sich steiget. Im kalten Wetter aber das Blättlein sich inwärts und näher zu dem Mundstücke wendet, dadurch das Loch kleiner und der Refonanz höher über sich steiget: Wie diefelbige Veränderung ein jeder so mit Orgeln und Regaln umbgehet, täglich erfähret: dass, sobald im Winter das kalte Wetter sich ändert und zum Thauwetter

anlasset, die Regal unter sich steigen und tiefer werden: So bald es
aber hinwiederumb zu frieren beginnet, werden [144]
sie also bald höher, darumb denn auch das Aufbinden der Kröckel nicht
viel helfen kann.

Und dies befindet sich auch gleicher gestalt nicht allein auf den *Clavicymbeln* und *Symphonien* an den Stälenen und Messingsaiten, sondern auch
auf den Lauten und Geigen an den Saiten, so von Schafdärmen gemacht
seind. Dass sie von der Hitze nachlassen, sich ausdehnen und erweitern,
und derowegen der Resonanz *descendiret*, von der Kälte aber *contrahiret*,
und sich mehr in einander ziehen, davon denn der Resonanz auch *ascendiret*, also, dass im Winter die *Instrumenta*, wenn sie *continuè* etliche Wochen
im Kalten gestanden, fast umb einen halben Ton und mehr *ascendiret* und
gestiegen sein. Daher dann, w…… von einem verständigen Meister die
Mensur auf *Clavicymbeln* und *Symphonien* also, dass eine jede Saite nun
ein halben Ton zur Noth sich höher ziehen lassen kann, nicht abgetheilet
worden, fast alle Saiten abgesprungen sein. Welches ich nicht sonder
Schaden und grofsen Unmuth zum öfteren selbst erfahren.

Und aus diesem *Fundamento*, dass die Veränderung im *Regal* und
Schnarrwerken von Messingblättlein herrühre, entstehet eine *Proba*, dadurch
man erfahren kann, ob ein *Regal* mit den Zünglein oder Blättlein durch
und durch just und fleifsig abgerichtet sei, dann wann ein Schnarrwerk von
einem guten Meister fleifsig verfertiget ist, so weichet es in Wandelung
des Wetters durchs g *Clavir* zugleich mit einander, und treten entweder in der Wärm und Hitz zugleich mit einander weiter ab: Oder begeben sich in der Kält und Frost näher zu dem Mundstücke, also, dass
man auf einer Orgel, oder sonsten, dasselbige ohne Mitzuziehung des
Flötwerks und anderer Pfeiffen gar wol, als wenn es noch gar just eingestimmet, beständig blieben wäre, gebrauchen kann.

Wann aber ein Flötwerk darzu gezogen wird, so befindet sich der
Mangel, dass sich entweder das Schnarrwerk unter, oder über sich vom
Flötwerk durch und durch abgewendet habe: Und alsdann ist dasselbe
Schnarrwerk fleifsig und juft bereitet. Befindet sich aber, dass das Schnarr-

werk nicht zugleich mit einander durchs ganze *Clavir* abgetreten ist, sondern der eine *Clavis* ist gegen dem Flötwerk zu tief, der andere zu hoch, der dritte rein, so ists ein gewiss Zeichen, dass die Mundstücke nicht gleich beblattert, sondern ein Blättlein stark, das andere schwach sei; denn sich das starke Dicke nicht so bald von der Hitze oder Kälte zwingen lasst, als das dünne und schwache.

Ob nun zwar sonsten auch allhier von allerlei anderer Arten der Schnarrwerke ausführliche Meldung geschehen sollte, so ist doch wegen der vielfältigen Veränderung und mancherlei *Inventionen*, solche alle zu beschreiben unmüglich, sonderlich [145] weil derselben noch täglich mehr und viel frembder erfunden werden; und solch ein Schnarrwerk nach einem andern *Instrument*, welches mit dem Munde geblasen wird, recht nach zu machen, und dessen Art und Resonanz recht zu treffen, sehr schwer fället; so will ich nur etliche der fürnembsten Art zur Nachrichtung allhier gedenken.

Schalmeyen seind 8 Fuſs Ton.

Aber besser nicht, als mit rechten Schalmeyen *Corporibus*, jedoch etwas weiter, nachzumachen; wie sich denn auch dieselbige Art gar fein mit dem rechten Schalmeyenklange vereiniget.

Krumbhorn ist allein 8 Fuſs Ton:

Und ob es auch wol müglich, dies Stimmwerk uff 16 Fuſs Ton, darinnen es doch gar selten gefunden wird, zu bringen: so ists doch, weil es etwas stark lautet und so tief gehet, *Manualiter* nicht fast lieblich, sondern besser *Pedaliter* allein in solcher Tiefen zu gebrauchen.

Es ist aber derselben *Invention* mancherlei: Denn ob wol etliche solchen Klang in einem rechten *Regal Corpore* (das oben mit eim Deckel zugemacht und zwei, drei oder mehr Löcherlein, entweder oben im selbigen Deckel, oder unten nebenst dem Mundstücke darein gebohret) oder sonsten durch andere Arten mehr zu wege bringen wollen; daher sie dann wol unter die Gedacte Schnarrwerke auch könnten *referirt* werden: so ist doch diese *Invention*, dass die *Corpora* gleichaus weit, oben offen und an der Länge 4 Fuſs haben, die beste und gleicheste Art der Krumbhörner.

Sie wollen aber gleich anderen solchen lieblichen Schnarrwerken durch guten und rechten Verstand gewiss und nicht leichtlich von einem jeden gemacht und gefertiget sein.

Grob Regal seind 8 Fuſs Ton:

Werden in Orgeln meistlich von Messing und 5 oder 6 Zoll hoch an der *Mensur* gearbeitet: Wiewol man bisweilen, sonderlich in den *Regal*werken, so zu Augsburg und Nürnberg bisher gemacht worden, gar kleine *Corpora* der *Regal*pfeifflin, die kaum ein Zoll hoch sein, findet, und doch 8 Fuſs am Ton haben: wie hiervon im vorhergehenden II. Theil *Num. 45,* weitläuftiger ist erinnert worden.

Jungfrauen *Regal* oder Bass ist 4 Fuſs Ton; an ihm selbsten ein klein offen *Regal* mit einem kleinen geringen *Corpore,* etwa ein, oder aufs meiste zweene Zoll hoch; wird aber darumb also geheiſsen, weil es, wenns zu andern Stimmen und Flötwerken im Pedal gebraucht wird, gleich einer Jungfrauenstimme, die einen Bass singen wollte, gehöret wird. [146]

Es wird auch solch klein Regal auf 4 Fuſs Ton von etlichen Geigen- oder Giegend Regal genennet; und solches darumb, dass es, wenn die Quintadehna auf 8 Fuſs Ton darzu gezogen, etlicher maſsen (sonderlich wenns ins der rechten Hand zum Discant allein gebraucht wird) einer Geigen gar ähnlich klinget.

Dieweil aber in jede Stimme für sich allein, ohne anderer Hülfe also klingen soll, als sie will und soll genennet werden, so kann man diese Stimme nicht billicher als klein Regal nennen.

Zincken 8 Fuſs Ton:

Werden allein durchs halbe *Clavir* im *Discant* gebraucht, haben gleichaus weite *Corpora,* unten etwas zugespitzet, oben offen; darumb werden sie am Klang etwas hohl als ein Flötwerk, und nicht also schnarrend, denn ihnen wegen der starken Blätter und starken Windes das Schnarren ziemlicher maſsen vergehet und verboten wird.

Cornett wird meistentheils im Bass allein gebraucht, ist zwar *Regal Mensur,* aber enger und länger: denn ob es gleich nur von 4 oder 2 Fuſs Ton, so ist doch das *Corpus* 9 Zoll hoch und also höher, als ein *Regal*

Corpus 8 Fuss-Ton: darumb es sich auch einer Menschenstimm ganz und gar vergleichen thut. Wiewol etliche die *Corpora* im Cornett kaum 4 oder 5 Zoll hoch machen: Denn hierin von den Orgelmachern gar sehr *variirt* wird, und also nichts gewisses darvon kann geschrieben werden.

VIII.
Gedäcte Schnarrwerk.

Sordunen sind 16 Fuss-Ton:

Önnen auch wegen der *Invention*, dass sie gedäct sein müssen, und in sich noch ein verborgen *Corpus* mit ziemlichen langen Rohren haben nicht wol höher, wenn sie ihre rechte Art behalten sollen, *intoniret* werden: Ihr auswendiges *Corpus* ist zwar ohngefähr zwei Fufs hoch, und seine Weite als ein Nachthorn *Corpus* von 4 Fufs Ton. Es ist aber sehr lieblich und stille, wenn es seinen rechten Meister gehabt hat, und also zu Saiten- oder Flötwerk gar wol zu gebrauchen. Man muss aber dabei in guter acht haben, dass es gleich wie ander grob Pfeiffwerk von oder uff 16 Fufs, mit den *Concordantiis*, als *tertien* oder *Quinten* in der linken Hand zu greifen verschonet, und von solchen tiefem Ton nicht verderbet und übel anzuhören gemacht werde. Vornemblich aber ist es zierlich im Pedal zu vielen Änderungen zu gebrauchen. [147]

Grofs Rancket sind auch 16 Fufs Ton.

Rancket ist 8 Fufs Ton.

Sind auch ausbündige liebliche zugedäckte Art von Schnarrwerken, ganz stille zu *intoniren*, und zu vielen *variationibus* und veränderungen gar bequem.

Es haben diese beide Stimmen gleich kleine *Corpora*, ihr gröfstes ist ohngefähr einer guten Spannen, oder neun Zoll lang, und haben in sich noch ein verborgen *Corpus* gleich wie die Sordunen, derer vorher gedacht worden ist.

Bärpipen oder Bärpfeiffen sind auch 16 und 8 Fufs Ton und nicht kleiner zu arbeiten, oder sie verlieren ihren rechten Namen und Klang, den sie vielleicht von eines Bären stillen brummen haben: Wie sie denn auch gar in sich klingen und mit einer brummenden *intonation respondiren*. Haben zwar nicht hohe *Corpora*, doch ziemlich weite und als zwene zusammengestülpte Trichter, jedoch in der mitten einer gleichen Weite und fast ganz zugedeckt. Von Holz aber werden sie etwas anders gearbeitet, wie in der *Sciagraphia* zu sehen. Man kann sie auf mancherlei Art formiren, allein ist dies ihr *proprium*, dass sie unten eng und alsobald gar in die Weite ausgestrecket werden müssen.

Zu Prag hab ich in der Jesuiterkirchen ein Schnarrwerk gesehen, so *Pater Andreas* erfunden, und gar eines lieblichen Refonanzes, do das *Corpus* vierecket neben einander hin und herwieder geführet, und sich allezeit auch in die Weite ergröfset hat: Wie in der *Sciagraphia* zu sehen.

Pombarda: Ist fast der Sordunen *Invention* gemäfs, ohne dass die Auslassung des Refonanzes durch die Löcherlein geändert wird, und gröfsere Mundstück und Zungen haben will, daher sie denn auch sich lauterer und stärker hören lässet; und ist auf 16 und 8 Fufs Ton zu arbeiten. Die Pombarden gehören und schicken sich aber füglicher und besser zum Pedal, als zum *Manual*, denn sie einen anmutigen und mittelmäfsigen Klang im starken Laut geben.

Fagott ist 8 Fufs Ton: Hat auch gleichaus weite und enge *Corpora*; das gröfste von 4 Fufs an der Länge, und wird *Manualiter* geschlagen.

Dulcian ist nur 8 Fufs Ton: Wird von etlichen oben zugedeckt, und durch etliche Löcherlein sein Refonanz unten an der einen Seiten ausgelassen, welche in denen Regalwerken, so zu Wien in Oesterreich gemacht werden, zu finden. Etliche aber lassen es oben ganz offen, darumb sie auch gleichwol so stille nicht sein und sich dem blasenden *Instrumente*, welches mit diesem Namen genennet wird, gleich artet; gehöret auch billicher ins Pedal, denn zum *Manual*. Und weil derer *Invention* auf unterschiedliche Arten verändert wird, ist allhier mehr davon zu schreiben unnötig. [148]

Apfel- oder Knopf-Regal ist 8 Fufs Ton; Wird seiner *Proportion* halber, dass es wie ein Apfel uffm Stiel stehet, also genennet; Das gröfste *Corpus* ist etwa 4 Zoll hoch, hat eine kleine Röhr, an der Gröfse wie sein

Mundstück, und auf derselben Röhren einen runden hohlen Knopf voller kleiner Löcher, gleich einem Biesemknopf gebohret, da der *Sonus* wieder ausgehen muss. Ist auch nach Regal-Art lieblicher und viel stiller, denn ein ander Regal anzuhören, dienet wol in Pofitiven, so in Gemächern gebraucht werden.

Köpflin-Regal sind 4 Fufs Ton, haben oben auch ein rund Knäuflein, als ein Knopf, und ist derselbige in der mitten von einander gethan, als ein offen Helm, also dass es den Refonanz gleich wieder ins untere *Corpus* einwendet; ist gut und lieblich.

Und dies sei also von den Stimmen in
Orgeln vor diefes mal gnug.

Das III. Capitel.

Unterricht, Wie man die Schnarrwerke in den Orgeln, sowol auch absonderlich die Regal-Werke und andere *Instrumenta*,

als Clavicymbalen, Spinetten und dergleichen,

vor sich selbsten recht und reine *accordiren* und einstimmen könne:

Im gleichen welcher mafsen die andern Pfeiffen nachzustimmen,

oder ihnen im Stimmen nach zuhelfen.

ES ist zwar gut und keine sonderbare Mühe, die Schnarrwerke in den Orgeln einzuziehen und rein zu stimmen, wenn die Fundament des andern Pfeiff- oder Flötwerks rein sein. Dennoch aber ist dieses ein Vortheil, dass, wenn man ein Schnarrwerk, welches 16 Fufs am Ton ist, stimmen will, eine andere Stimme vom Flötwerk, als *Principal* oder grofs *Octav* von 8 Fufs darzu gezogen werde. Also, wenn ein Schnarrwerk, so 8 Fufs am Ton soll gestimmet werden, muss eine Stimme von 4 Fufs, als die *Octava;* Zum Schnarrwerk aber, so 4 Fufs Ton, eine *Principal* oder grofs *Octava* oder Quin- [149] tadehn von 8 Fufs-Ton, mit der *Octav* von 4 Fufs Ton darzu gezogen und darnach gestimmet werden. Und das aus diesen Ursachen, weil die Pfeiffwerks Stimmen, so mit den Schnarrwerken *Aequal* am Ton sind, betriegen und *laviren.*

Und ob es ja das Flötwerk an *Principalen*, *Octaven* oder Quintadehnen, darnach die Schnarrwerke gestimmet werden sollen, nicht gar just und rein wäre, und ein Organist könnte das Regal vor sich alleine in sich selbst, nach der Art, wie ein *Instrument* reine *accordiret* wird, nicht durch *concordanten* stimmen; So ist dies nach ein Vortheil, dass man alsdann zu einer jeden unreinen Regalpfeiff, (jedoch das Flöt- und Schnarrwerke nicht zu gleich auf einem *Clavir* beisammen stehen) eine *Concordant* greife, und der schnarrenden Stimmen das ihrige darein oder dazwischen rein mache. Als zum Exempel: Wenn man das *C* oder *c* im Pedalschnarrwerk (es sei nun in der Posaun, Trummet, etc. und was mehr unter die Schnarrwerke gerechnet wird) stimmen will, so greif man aufm *Manual* also, *c e g c,* so muss das unreine *Pedal C* oder *c* im Schnarrwerk zu derselben *Concordant* (weil darinnen eine *tertia* und *sexta perfect*, eine *Quarta*, *Quinta* und eine *Octava* begriffen) sich aufs reineste bringen lassen: Ob schon das andere zuvor erwähnte Pfeiffwerk auch nicht gar rein wäre.

Also auch, wenn im Rückpositiv ein Schnarrwerk nach einem Flötwerk, welches unrein, nicht just könnte eingezogen werden, so ist es besser, dass man im Oberwerk eine Flötwerks Stimme zum *Concordanten* greifen gebrauche, und versuche, als denn die Regalpfeiffen im Rückpositiv eine nach der andern gegen vorgedachte *Concordanten* im Oberwerk.

Hergegen kann man auch dergestalt ein Regal im Oberwerk nach einer Flöten im Rückpositiv einziehen und *accordiren.* Jedoch muss man hierauf Achtung geben, dass die Schnarrwerk, weil derselben etliche gar stille klingen, nicht nach gar zu lautklingenden Stimmen eingezogen oder gestimmet werden können.

Gleich wie nun ein Regal oder Schnarrwerk bei dem Draht oder Krucken, so durch die Pfeiffen gehet, hoch und niedrig gestimmet, und je mehr das Draht herausgezogen, oder mit einem *Plectro* geschlagen (davon denn dessen *Labium* erweitert) je tiefer die Pfeiffe klinget, und je tiefer das Draht hinein geschlagen, je enger und höher dieselbe *resonirend* wird.

Also werden auch die andern Pfeiffen in Orgeln und Positiven, jedoch auf andere Art, hoch und niedrig gestimmet, als: das offen Flötwerk wird höher, woferne die Pfeiffen oben erweitert, oder denselben etwas genommen wird; niedriger aber wirds, so dieselben oben mit eim Stimmhorn enger gemachet oder zugedrückt werden. Man muss sich aber wol fürsehen, damit man den Pfeiffen nicht leichtlich etwas nehme, denn es ist viel leichter eine Pfeiffe höher, denn nie-   [150] driger zu stimmen, und ist ein gewiss Merkzeichen, wo die Pfeiffen in Orgelwerken oben sehr zugedrückt und gleich als ein Haufen zerkrökelte H. drei Königshüte gefunden werden, dass ein fauler und unfleifsiger Orgelmacher, welcher die *Mensur* nicht in Acht genommen, drüber gewesen sei.

Die Gedacten aber werden bei ihren Decken oder Stulpen, so sie haben, gestimmet; denn je niedriger dieselben gedruckt, oder mit eim draufliegenden Brettlein geschlagen werden, je höher der *Sonus;* je höher sie abgerückt, je tiefer derselbe wird.

Es werden aber auch oben zugelötete Gedacten funden, dieselbe werden bei ihren habenden Bärten gestimmet; je weiter solche vom *Labio* gethan, je höher der Resonanz; je näher aber, je niedriger er wird.

Zuweilen begiebts sichs auch, dass ein Flöt- oder Schnarrwerkspfeiffe gar erstummet, welches denn leichtlich geschehen kann, wenn sich ein Stäublein oder Fliege ins *Labial,* oder zwischen das Blatt und Röhre im Schnarrwerk setzet; so mans aber subtil weg thut, *intonirt* die Pfeiffe leichtlich wieder.

Ebener mafsen setzet sich auch zum öftern Salpeter, Rost oder ander Unflat in die Pfeiffen, sonderlich aber an die Messingblättlein und Röhren in Schnarrwerken, welches ihnen gleichfalls kann benommen werden, ehe denn man die Blätter streichen will. Man muss sich aber fürsehen, dass man die Blätter nicht zu hart, noch zu gelinde streiche; denn wo sie zu hart, kann der Wind dieselben nicht überwältigen, noch zum Resonanz bringen, wo aber zu weich, überwältiget er sie gar zu sehr und treibet die Blätter fest an die Röhren, davon sie gleichfalls erstummen.

Und ob wol zu förderst, welcher gestalt eine *Symphonia, Clavicymbel,*

oder dergleichen *Instrument* besaitet und befidert werde, Meldung ge
schehen sollte. Jedoch weil solches eigentlich die *Instrument*macher an-
gehet, und anderweit besser und mehr durch Uebung, dann schriftlichen
Unterricht kann erlernet werden, sintemal die Rollen Saiten nach ihren
Numeris nunmehr fast sehr ungleich, sintemal einerlei *Numeri*, theils grob,
theils klein, zun Zeiten auch an den *Tangenten* bald dieser, bald jener
defectus vorfallet, als ist hievon weitläuftig zu schreiben unvonnöten.

Wie man ein *Regal, Clavicymbel, Symphonien* und dergleichen
Instrument vor sich selbst *accordiren* und rein stimmen könne.

Allhier muss vornemlich nachfolgends mit Fleiſs in Acht genommen
werden:

1. Dass man einen gewissen *Clavem* vor sich nehme, von welchem
man zu stimmen anhebe, und nach welchem die andern, doch allwege je
einer nach dem andern einzuziehen.

2. Dass alle *Octaven* und *Tertiae perfectae seu majores* gar rein gestimmet werden, so wol der niedrigste *Clavis* nach dem höchsten, als der
höchste nach dem niedrigsten.

3. Dass alle *Quinten* nicht gerade und rein, sondern gegeneinander
(doch auf gewisse maſs) niedrig schwebend gelassen werden (zu verstehen,
der höchste *Clavis* muss gegen   .   [151]
dem niedrigen etwas nachgelassen, oder herunterwärts stehen: so man
aber die *Quinten* von untenwärts, oder den untersten *Clavem* gegen dem
obern stimmen will, muss derselbe zu hoch stehen und schweben, und
also etwas mehr, denn gar rein stehen).

Wenn nun diese dreierlei recht in acht genommen werden, so kann
man im stimmen nicht leichtlich irrren: doch ist das letzte die *Quinten*
(vorbeschriebener Art nach) recht einzuziehen das schwerste, oder in Acht
zu nehmen das vornehmste. Denn nach *Octaven* und *Quinten* kann man
ein ganz *Instrument* einstimmen, nur allein, dass die *Tertiae majores,* als
zu Richtern gebraucht werden, davon weitläuftiger Meldung geschicht.

Etliche Geübte können auch nach *Octaven* und *Quarten* rein stimmen, und werden dieselben den *Quinten* im schweben gleich, aber *contrarie*, oder *viceversa* gestimmet: dann der oberste *Clavis* soll nach dem untern umb etwas zu hoch, der unterste aber gegen dem obersten zu niedrig schweben. Das Wort Schweben aber ist ein Orgelmacherischer *Terminus* und wird von ihnen gebraucht, wenn eine *Concordanz* nit reine stehet: Ist aber bei ihnen, und daher bei vielen Organisten so sehr üblich, dass es schwerlich abzuschaffen. ˙Dannenher ichs im künftigen auch (wiewol ganz ungern) gebrauchen müssen, nur dass dabei gesatzt: hoch oder niedrig. Dann schweben soll so viel heifsen wie unrein, das ist, entweder zu hoch oder zu niedrig gestimmet; sie *derivirens* aber daher: wann man in den Orgeln, sonderlich die *Octaven, Quinten* und *Quarten* einziehen und stimmen will, so schwebt der Resonanz und Klang in den Pfeiffen und schlägt gleich eim *Tremulant* etliche Schläge: Je näher man es aber mit dem einstimmen zur Reinigkeit und *accort* bringt, je mehr verliert sich die Schwebung allmählich und werden der Schläge immer weniger, bis so lang, dass die *Octava* oder andere *concordanten* recht eintreten. Daher dann aus solcher Schwebung die *Dissonantien* in Orgeln viel leichter und ehe, als in den Regaln, Clavicymbel und dergleichen *Instrumenten observirt* und erkannt werden können. Demnach nun die *Octava,* welche eine *Quintam* und *Quartam* in sich begreift, gar rein sein und bleiben muss, der *Quinten* aber, als dem ersten Theil etwas genommen wird, so folgt nothwendig, dass der *Quarten,* als dem andern Theil, so viel hinwiederum gegeben (als der *Quinten* abgebrochen) werde, damit die *Octava* rein bleibe.

Die *Quinta,* so eine *Tertiam majorem* und *minorem* in sich hält, muss, wie vorgemeldet, nicht gar rein stehen: die *Tertia major* aber ist rein, so folget, dass die *Tertia minor* (umb so viel, als die *Quinta* betrifft) unrein sei.

Ex Tertia majore entspringt *per Transpositionem sexta minor.* Als wenn der unterste *Clavis* eine *Octava* höher, oder der oberste eine *Octava* niedriger gesetzt oder genommen wird: gleich wie nun die *tertia major* rein, so muss auch *sexta minor* rein werden.

Also auch, wo ein *Clavis* gegen dem andern rein stehet, so müssen alle andere *Claves* (so desselben Namens sind) gegen demselben rein werden. Als: der *Clavis c* ist gegen dem *c* rein, so folgt, dass alle *Claves*, so *c* heifsen, sie sein klein oder grob, wie sie seind, gegen dem [152] oder andern *c* rein sein müssen. Also ferner, ein *d* ist gegen dem andern rein, darumb folget, dass alle *d*, eins gegen dem andern rein sein müssen.

Ex Tertia minore kömpt vorbemeldeter mafsen *per Transpositionem, Sexta major.* Gleich wie nun die *Tertia minor* unrein und schwebend ist, also muss auch die *Sexta major* schweben oder unrein sein; doch solcher gestalt: die *Tertia minor* hat zu wenig, *ergo*, so muss *sexta major* zu viel haben, damit die *Octava* just bleibe und also *per inversionem; Sexta major* schwebt zu viel, *ergo*, *Tertia minor* zu wenig, denn wenn diese beide zusammen gesetzt werden, müssen sie eine reine *Octavam* geben. Weil man nun jedem Theil nicht gibt, was ihm gebühret, so folget daraus, dass das eine Theil mehr, dann das andere haben muss.

Also auch, wo ein *Clavis* gegen den andern schwebet, so ist gewiss, dass alle andere (des Namens) *Claves* gegen demselben schweben, und ist gleich damit, wie jetzt gemelt, da von den reinstehenden *Clavibus* Meldung geschehen, nur mit diesem Unterscheid, dass das eine Theil umb so viel zu hoch, als das ander zu niedrig wird.

Welcher mafsen aber ein *Clavis* gegen dem andern zu niedrig stehen müsse, ist in folgender Tabel besser und verständlicher zu ersehen. Als:

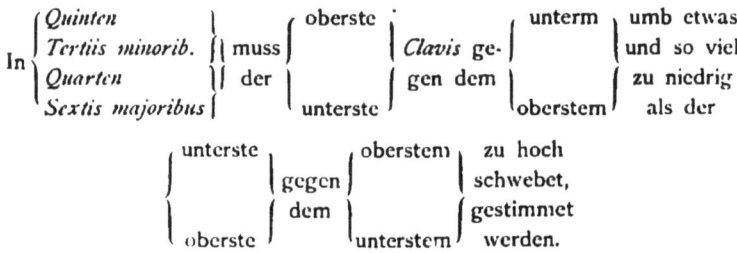

Die *Octaven, Tertiae majores* und *Sextae minores*, (wie oft erwähnet) bleiben rein. Wenn nun ein *Intervallum*, oder vielmehr eine *Concordant*

soll just bleiben, so müssen die *Intermedia* alle beide gleich sein, entweder beide rein, oder beide (eins zu hoch, das andere zu niedrig) schweben.

Wenn aber das eine *Intermedium* falsch und das andere rein ist, so muss das rechte *Intervallum* falsch sein und kann nicht rein bleiben: *Idque ex principio Geometrico. Si enim ad certum numerum incertus addatur, tum totus ille fiet incertus; Vel si ad quantitatem definitam incerta addatur quantitas, tota illa quantitas fiet incerta, & dato uno inconvenienti, sequuntur plura.* [153]

Dies sei also einfältig geredt und *deliniiret.* Welcher gestalt aber die *defectus* und *excessus* der *Quinten, Quarten, Tertiarum minorum* und *sextarum majorum* recht *demonstriret* werden können, soll bald nach diesem auch in etwas angedeutet werden.

Und ob nun zwar nicht grofs (sonderlich deme der des Stimmens läuftig) daran gelegen, von welchem *Clave* man den Anfang mache, so ists doch bequemlich am $\bar{f}$, wenn dasselbe erstlich Chormäfsig *intonirt* wird, anzufangen, und folget demnach die richtige Ordnung der *Concordanten,* also:

Diese *Claves* auf dieser Seiten werden rein und müssen die auf der andern Seiten gegenüber allezeit nach diesen gestimmet und eingezogen werden.

1	f	$\_$	
2	f	$\bar{c}$	
3	f	a	
4	$\bar{c}$	c	
5	c	g	
6	c	e	
7	g	$\bar{d}$	
8	g	h	
9	$\bar{d}$	d	
	d	a	Prob. 1.
10	d	fis	
11	a	$\bar{e}$	
	$\bar{e}$	e	Prob. 2.
12	a	$\overline{cis}$	
13	$\overline{cis}$	cis	

Chormäfsiger oder rechter Ton, nach deme sich das *Instrument* leiden will, darin wird $\bar{f}$ rein eingezogen.

Proba.

Wenn die vorhergehende *Concordanten* und *Quinten,* nach vorbeschriebener Art recht eingezogen sein, so müssen diese fünf *Proben* auch recht sein. Als wo in der *1. Proba* die *Quinta d* gegen dem gestimmten *a* nicht recht schwebet oder etwas falsch stehet, so muss den vorigen *Concordanten* allen (weil sie entweder in den *Quinten* zu rein oder zu falsch gemacht sein) nachgeholfen werden, bis das *d* und *a* auch seine rechte Schwebung erlangt. Wann

14	*cis*	*gis*
	e	*gis* Prob. 3.
15	*f*	*b*
	b	*d* Prob. 4.
16	*b*	*dis*
	dis	*g* Prob. 5
17	*dis*	*dis¯*

dann diese *Proba* also *justificiret* ist, so ist kühnlich mit den folgenden fort zu fahren und sich darauf zu verlassen. Allhier aber, wenn man zum 15. mal stimmen will, ist in Acht zu nehmen, dass alsdenn die *Quinten* vom untern *Clave* gegen dem obersten, auf andere Weise rückwärts eingezogen werden. Als wenn der unterste *Clavis* erstlich gar reine in die *Quinten* eintritt, so muss er ferner hochschwebend gebracht oder gestimmet werden: Inmafsen davon in voriger Tabell Bericht geschehen. Nach diesem fängt man von dem gestimpten *b* an *descendendo*, und ziehet nach demselben die *Octavam H* gar rein ein, nach dem *b* das *B*, nach dem *a* das *A* etc. und also vollends bis zum untern *Clave*. Jedoch, dass man fleifsig drauf höre, dass solche *Octaven* just, und die untersten *Claves* gegen dem allbereit reingestimmten *Clave* ja nicht zu hoch gemacht werden, denn wo das geschicht, werden die *Quinten* [154] so viel deren noch in der Tiefen zu gebrauchen sein, gar zu unrein und verderben das beste und reineste Gehör, wenn volle Griffe gebraucht werden.

Wenn nun dieses *descendendo* also geschehen, so *procediret* man als denn *ascendendo*, und zeucht das *fis¯* nach dem gestimpten *fis* auch gar rein ein, das *g¯* nach dem *g*, und so fort an, bis gar hindurch so weit das *Clavir disponiret* ist.

Allhier aber in den obern *Clavibus* ist noch mehr und mit viel fleifsigerm und schärferm Gehör, denn zuvor in den untersten, in Acht zu haben, dass man ebenmäfsig die *Octaven* gar rein ziehe, also, dass die beiden *Claves* in dem *Octaven*klange so gar gleich klingen, als wenn es durchaus nur eine Pfeiffe oder Saite wäre; und denn, dass man allezeit zur *Proba* die *Tertien perfecten* zum *Judice* und Richter behalte; als wenn das *fis¯* nach dem *fis justificiret* ist, so probier solch *fis¯* mit dem *d*, und höre, ob diese *Tertia perfecta* gar reine sei. Item, wenn das *g¯* nach dem *g* gestimmet ist, so probier das *g* mit dem *dis¯*, wenn das *a¯* mit dem *a* accordiret, so probiere es mit dem *f*, und wenn dieses alles also hindurch vollendet ist, so gibt es ohne Betrug eine reine *Harmoniam*. Aber es will aus Uebung und vielem Gebrauch erlernet werden.

Die 2. Art.

1 *f f*   Allhier muss mit den *Quinten* und *Octaven* eben dies,
2 *f c̄*   was im vorigen erinnert allerdings auch in acht genommen
3 *c̄ g*   werden.
4 *ḡ g*   Diese *tertia major f a* (wie auch alle andere *perfectae*
5 *g d̄*   *tertiae*) oder *Tertia majores* muss gar rein sein: Es kann
6 *d ā*   aber die *Tertia* viel besser in der *Decima*, als nemblich *f ā*
f̄ ā Prob. 1.   gehöret und unterschieden, auch gar rein eingezogen wer-
7 *ā a*   den: Aber doch also, dass die *Quinta a d* nicht zu sehr
8 *a ē*   falsch, oder zu rein werde.
9 *e h̄*   Diese beide *Proben* müssen eben also, wie jetzt vom
h̄ g) Probe   *f̄ ā* angedeutet worden, vorgenommen werden.
c c̄) 2. 3.   Wann nun diese obgesetzte *Claves* (dann die *Octaven*, so wol die *Tertiae perfectae* müssen gar *perfect* und rein, und die *Quarten* noch mehr als rein eingezogen und gestimmet sein; die *Quinten* aber, wie oben angedeutet, etwas schweben, alsdann werden hernach nur die *Octaven* auf- und niederwärts im ganzen *Clavir*, ohne die *Semitonia*, gegen und nach einander rein fortgestimmet.

Was aber die *Semitonia* belangen thut, muss mun erstlich das *b̄* zu dem *f*, (welches allbereit rein ist) schwebend, wie alle andere *Quinten* ein-ziehen, und das *b* alsdenn gegen der *Tertia majore d̄* auch probieren und rein einziehen, welches *b*, wie hiebevor gesagt, gegen der *Decima d* besser vernommen werden kann; darauf die   [155]
Octav b b̄ und *B b:* Und die *Quint es b*, doch schwebend. Alsdann muss das *es* gegen der *Decima ḡ* probieret, und gar rein nachgezogen werden: Folgends die *Octava ḡ* und *g:* Diese drei *Claves* aber *cis fis ḡis* sollen gegen ihren *Tertien* als *a d e* gar rein einstimmen: wiewol solches gegen ihren *Decimis* (wie jetzt oft gedacht) allezeit eigentlicher zu vernehmen: Und hernach ihre *Octaven* vollends auch einzuziehen sein.

Die *Quinten cis gis* und *fis cis*, müssen nicht so gar falsch und nicht

12*

so gar reine sein, sondern nur etlicher maſsen, doch dass sie nicht so sehr wie andere *Quinten* schweben, damit es, wann aus frembden *Clavibus,* und durch die *Semitonia* etwas geschlagen wird, nicht gar zu sehr *dissonire,* wiewol etliche meinen, die *Quinta cis gis* müsse gar rein sein, welches aber meines Erachtens nicht passiren kann.

Darumb dann auch die Alten das *f gis* den Wulf genennet haben, dieweil diese beide *Claves* (wenn zu Zeiten *Secundus Modus* ein Ton niedriger aufsm *f,* oder sonsten etwas *fictè* und *Chromaticè* durch die *Semitonia* solle und müsse geschlagen oder getractiret werden) eine gar falsche *Tertiam minorem* geben: Und damit ihnen gleichwol in etwas geholfen würde, haben sie allen andern *Clavibus* ein gar geringes abgebrochen, und die *Tertiam majorem e gis* nicht zu gar reine, sondern etwas weiter von einander gezogen, damit das *gis* ein wenig in die Höhe dem *a* näher, dem *f* aber weiter kommen, und also fast, wiewol nicht gar *pro Tertia Minore* zur Noth könne gebraucht werden.

Etliche wollen nicht, dass *f* und *gis* der Wulf sei, sondern der Wulf werde ins *dis* gebracht, dieweil *c* (? fehlt) und *dis* nicht kann rein sein, welches denn die *Proba* gibt auf allen Orgeln: Etliche meinen der Wulf sei im *dis* (es) *fis* und *b cis:* Ich aber lasse einem jeden seine Meinung, und ist zum besten, dass der Wulf mit seinem widrigen Heulen im Walde bleibe und unsere *harmonias Concordantias* nicht *interturbire.*

Dass aber das *fis gis* und *cis* also stehen muss, geschicht unter andern wegen der *Clausulen,* welche in diesen schwarzen *Clavibus* oder *Semitoniis* formiret werden, und gibt im *f fis, g gis, c cis* kein *la fa,* oder *mi fa;* wie es im *a b* und *d dis* thut. Hergegen so kann in diesen *Semitoniis b* und *es* hinwiederumb nicht, wie in den andern vorigen *clausuliret* werden. Aber wenn die schwarze *Claves duplirt* werden, wie im 2. Theil *Num. 40* zu sehen, so kann mans haben, wie mans haben will.

Aber hiervon soll *ex consideratione Monochordi* in einem andern *Tractat ex regulis proportionum fundamentaliter* hiernächst, ob Gott will, mit mehrerm gesagt werden: denn allhier hat sichs nicht anders schicken wollen, als dass auf gut Orgelmacherisch und Organistisch, damit es auch die einfältigen verstehen könnten, hiervon geschrieben und etwas aufgezeichnet würde.   [156]

Die 3. Art.

Etliche haben **im** $\bar{c}$ anzustimmen, und sagen dies sei musicalisch und *ex Fundamenta*. Dann gleich wie die *Instrumenta* und Orgeln vom *C* (nach dessen Art Füßen Ton sie denn genennet werden) mehrentheils anfangen, und denselben *Clavem pro fundamento*, nicht alleine unten, besondern auch oben haben, also sei es auch am besten und füglichsten in der Mitten von mehrgedachtem *Clave* den Anfang zu machen, deren Ordnung aber ist also:

1	$\bar{c}$	c	
2	c	g	
3	c	e	
4	g	$\bar{d}$	
5	g	h	
	e	h	1. Probe
6	e	$\bar{e}$	
	c	$\bar{e}$	2. Probe
7	$\bar{d}$	d	
8	d	a	
	$\bar{e}$	a	3. Probe
9	dis	$\bar{fis}$	
	h	$\bar{fis}$	4. Probe
10	$\bar{fis}$	fis	
11	fis	$\bar{cis}$	
	a	$\bar{cis}$	5. Probe
12	$\bar{cis}$	cis	
13	cis	gis	
	c	gis	6. Probe
14	$\bar{c}$	f	
	a	f	7. Probe
15	f	f	

Zu merken:

Vom Anfange bis auf *Numero 14* werden die *Quinten* niedrig schwebend oder sinkend, nachmals aber müssen dieselben hochschwebend gestimmet werden, denn alsdann muss sich der unterste *Clavis* nach dem obersten richten.

NB.

Hierbei habe ich auch des *Calvisii* Meinung *de Temperatura Instrumentorum* aufzusetzen nicht unterlassen wollen.

Das ist gewiss (sagt er) wenn die *Consonantiae* sollen recht klingen, so müssen   [157] sie rein in ihren *proportionibus* stehen, und weder überhäuft noch geringert werden; und dasselbige befindet sich also in *voce humana*, auch in Posaunen und in andern, welchen man mit menschlichem Athem etwas zugeben oder nehmen kann. Denn *vox humana* lenket sich natürlich zu der rechten *Proportion* der *Intervallorum* und legts ihnen zu, wo etwas mangeln, oder nimpt weg, wo was überlei sein sollte.

Auf den *Instrumenten* aber und Orgeln hat es

16 *f* *b*   eine andere Meinung, da seind der *Clavir* gar
   d *b* 8. Probe   zu wenig, darumb muss man allda etlichen *Con-*
17 *b* *dis (es)*   *sonantiis* etwas nehmen, auf dass solches alles
   g *dis (es)* 9. Probe nicht auf einem *Clave* allein mangle.

Die *Claves* sind also:

c und *d distant tono majore* $\frac{8}{8}$+

d und *e Tono minore* $\frac{10}{9}$ +

e und *f distant Semitonio Majore* $\frac{16}{15}$ +

f und *g Tono majore* $\frac{9}{8}$ +

g und *a distant Tono minore* $\frac{10}{9}$ +

a und *h Tono majore* $\frac{9}{8}$ +

h und *c Semitonio Majore* $\frac{16}{15}$

Wenn nun die *Instrumenta* nach diesen *proportionibus* sollen gestimmet
werden, so würde alsobald aus dem *d* ins *f Semiditonus imperfectus;* denn
es ist *Tonos minor cum semitonio* und fehlet ein ganz *Comma;* Item, aus
dem *d* ins *a* würde in der *Quinta* auch ein *Comma* mangeln, welches dann
gar zu viel, und die Ohren können solchen Mangel nicht erdulden. Darumb
sollte man billich mehr *Clavier* haben, also, dass man zwei *d* hätte, die
nur ein *Comma* von einander wären.

Aber weil solches auch in andern *Clavibus* geschicht, würden der
Clavier, sonderlich wenn die geduppelte *Semitonia* auch noch darzu kämen,
gar zu viel werden; darumb muss man die *temperatur* brauchen, die ist also:
Dem *Tono majori* wird ein halb *Comma* genommen, dem *Tono minori*
hergegen wird ein halb *Comma* gegeben. *Hinc manifestum, quod Tertiae
majori, quae constat Tono majore & minore, nihil decedat,* und bleibet rein;
und *altera pars videlicet Sexta minor,* (dass die *Octava* erfüllet werde)
bleibet auch rein. Dem *Semitonio majori* aber wird ein Viertel eines
commatis gegeben; daher kömpts, dass nunmehr eine *Quarta,* welche ein
tonum majorem und *minorem* und   [158]
ein *Semitonium majus* hat, zu grob ist, weil dem *Semitonio quarta pars
commatis* zugelegt ist.

Also die *Quinta* hat zwei *Tonos majores,* einen *minorem* und ein

Semitonium: weil allhier jedem *tono majori* ein halb *comma,* und also beiden
ein ganz *Comma* genommen wird, und hergegen nur drei Viertel *commatis*
gegeben werden, folget, dass die *Quinta* in *Instrumenten* nicht vollkommen
sein kann.

Weil aber eine *Quarta* und eine *Quinta* eine *Octavam* machen, welche
nicht kann geändert werden, so folget nothwendig, wenn ein Theil gröfser
wird, dass das ander kleiner werde, und darf ferner keiner *demonstration*
nicht. *Divide grossum in duas partes, sunt utrobique sex nummi: Si jam
alterutri parti dabis septem nummos, necesse est, altera pars habeat tantum
quinque nummos, si grossus integritatem custodire debet et non minui aut
augeri.*

Wenn aber die Orgelmacher sagen, die *Quarta d g* schwebt: die
Tertia minor g b schwebt auch: *Ergo,* so ist die *Sexta minor d b* rein, etc.
Das ist wol etwas nach ihrer Art, aber nicht recht *secundum artem et
demonstrationem* geredet, sondern, wenn ich *demonstriren* will, dass die
Sexta minor rein sei, muss ich also sagen:

*Tertia major et Sexta minor constituunt Octavam; Sed Tertia major
in temperatura retinet suam veram proportionem; Ergo necesse est, ut et
sexta minor suam retineat, et legitima sit. Sic Quinta et Quarta constituunt
duplam, sive octavam; et Quinta in temperatura per Quartam partem
Commatis minuitur: Ergo necesse est, ut Quarta, quae conjungitur, quarta
parte commatis augeatur: Et contra, sic de aliis. Necesse enim est, ut de
partibus judicetur ex integro.*

Das IV. Capitel.

Allhier wäre zwar auch noch sehr hochnötig einen ausführlichen Be-
richt zugleich mit einzubringen, wie und welcher geftalt eine neue
Orgel könne, müsse und solle geliefert, auch durch und durch im
Augenschein und Gehör *(visu et auditu)* 1. An dem Geheimnisse des
Windes, so aus der wilden Luft durch die Blasebälge und alle Wind-
führungen bis oben zur Pfeiffen hinaus wiederumb in die Luft *observiret;*

2. der Laden *Fundamenta* an allen verborgenen Gebrechlichkeiten, so allbereit verhanden und künftig erfolgen, *examiniret;* 3. die Pfeiffen an Flöt- und Schnarr-Werken in ihren justen *mensuren* und *intonationen* [159] mit sonderlichen Fleiß *probiret* werden; 4. Item, Was vom Bestande und Verstande der *Inventionen* des Eingebeudes und andern geheimbten *defecten* (so billich zu verwerfen, und vielleicht auch denen, die sich es nicht dünken lassen unbekannt sein möchten) zu eröffnen und zu *demonstriren* nöthig sein möchte. 5. Und dann wie ein Orgel-Werk, zusampt den Schnarrwerken, und in allen fürfallenden Mängeln, so nicht fundamentaliter oder im Fundament entstehen, von einem Organisten in gebeulichen Wesen erhalten werden könne.

In billicher Betrachtung, dass jetzo auch in den kleinen, sowol als großern Städten, die Gemeinen zu Ehren, Lob und Preis dem Namen Gottes des Allerhöchsten ein Orgelwerk zu verfertigen und setzen zu lassen, keine Unkosten sparen, und doch unterschiedlichen sehr übel angeführet werden; Also, dass hernacher an sochen Werken oft mehr nachzubessern, und von einem Jahr zum andern zu flicken und zu sticken fürfällt, dahero dann ungleich höhere Unkosten verursacht werden, als es anfanglichen nicht hätte gekostet, wenn man es einem rechtschaffenen Meister verdinget hätte.

Denn wenn etliche deroselben Orgeln von ihren Meistern (es geschehe denn aus Geiz, Unwissenheit der Kunst, oder aus lassfertigem Zusehen aufs Gesinde und Unbeständigkeit allerhand *materialien)* also *obiter* und nicht *fundamentaliter* hingemacht, und auch wol der Zeit halber (damit mancher den Namen haben will, dass er vor andern bald fertig werden könne) von der Hand hinweg geschlagen werden; da erhebt und findet sich denn alsobald ein heulen, so aufsm bösem Fundament gebrechen der Laden, oder sticken und hemmen im Angehänge der *Ventilen* und *Claviren,* oder aus dem auseinander quellen und zusammen trocknen des Holzes, an unterschiedlichen Oertern herfleust. Bald zeucht ein Register linde, das andere hart; Eins halb, das andere ganz ab. Bald bleiben sie gar behalten, zerbrechen und zerreißen, daraus große Ungelegenheiten erfolgt.

Bald setzen sich die Pfeiffen, wegen ihrer Schwachheit und all zu geringen Metalls, bald fallen dieselb ihrer Oberlast und üblen Fassung halber gar überhaufen, oder stehen und hängen durch und übereinander, als wenn volle Bauren eine Kirchmesstanz darunter gehalten; Daher die *Intonation* verhindert, das *accort* Stimmen zergehet, und ein abscheulich Gehör daraus verursachet wird. Bald gehet der Wind hier und dar aus und verschwindet, bleibt auch noch wol gar aufser seiner Macht: Bald ist er im Winter zu stark, im Sommer zu schwach; Bald muss man zweene, bald drei *Calcanten*. oft umb des schweren tretens, oft um des geschwinden Laufens willen, zulegen, etc. Und was der vielen Mängel und *defecten*, die sich von einer Zeit [160] zur andern vernehmen lassen, mehr seind. Dass demnach aus oberzählten fürfallenden *defecten* oftmals einem rechtschaffenen Organisten so bange dabei wird, dass er viel lieber in eine Scheuren zu treschen, als auf eine solche Orgel zu schlagen gehen sollte.

Und ob zwar wir Menschen nicht ewigwährende Dinge, daran sich ganz kein Mangel ereugen sollte, machen können: So bezeugt doch die Erfahrung, dass etliche Orgelwerke, wenn sie von erfahrnen und fleifsigen *observanten* gefertiget worden, zu 50, 60, 70, 80 Jahren ohne sonderbare *Revidirung* dahin stehen, und ohne einigen *Fundament defect* an Laden, Pfeiffen, Bälgen, Eingebäude und aller anderer Beweglichkeit sich so just befinden lassen, dass solche zum öftern die neuen Orgeln weit übertreffen, und daher billich solch herrlich Geschöpf Gottes, an dessen *Invention* unsere liebe Vorfahren so grofsen Fleifs gewendet, höchlich gerühmt, gelobt und davon geschrieben wird.

Damit aber nun aus diesem allen aufs beste und müglichste fürzukommen, die Kirchen nicht also böslich in Unkosten gebracht, und mancher guter Organist solcher schweren *perturbirung* an den Orgeln geübriget sein möge; So ist nicht alleine hoch von nöten, dass die *Inspectores* und Kirchväter zuvor, ehe sie bauen lassen wollen, mit erfahrnen Organisten. die mit den Orgelmachers nicht *laviren* oder heucheln möchten, sich bereden, und in ihrem Beisein die *disposition* der Stimmen und des ganzen

Werks vordingnüsse, dem Orgelmacher antragen und *contrahiren* helfen; Sondern es will auch allhier die Noth erfordern, dass, wie oben erwähnet, ein gewiss *Tractätlein* von diesem allen richtig verfasset und in Druck *publiciret* werde.

Derowegen ich dann bei vorgedachtem meines gnädigen Fürsten und Herrn bestaltem Orgel- und Instrumentmacher, *Esaia Compenio* (welcher mir in vorgesetztem Bericht und Unterricht von alten und neuen Orgeln sehr beiräthig gewesen) mit allem Fleifs angehalten, dass er ein solch Tractätlin fassen und den Kirchen, Organisten und Orgelmachern zum besten in öffentlichen Druck kommen lassen wollte.

Wozu ich ihme dann meines Theils nicht allein beförderlich, sondern auch nach meinem geringen Verstande und Vermügen, beiräthig und behülflich zu sein, dem gemeinen Nutzen zum besten, mich schuldig erachte.

Und soll ein solch *Opusculum* und Tractätlin, weil es sich hier hinten anzusetzen nicht allerdings schicken wollen, ob Gott will bald folgen.

E n d e.

FÜNFTER THEIL

TOMI SECUNDI:

Darinnen

Dispositiones etlicher

Vornehmen Orgeln Werk in Deutschland.

Als

I.

Costnitzer Orgel.

Der Costnitzer und Ulmer Orgel *Disposition*, hat mir, wie sehr ich mich auch darnach bemühet, bis anher nicht werden können: Allein dass mir es also, wie allhier gemeldet wird, zugeschickt worden. [162]

Die Orgel zu Costnitz soll ein grofs ganz Werk sein: Der erste Organist hat Hans Bucher geheifsen, der jetzige Johann Deutlein.

Hat über 3000 Pfeiffen und 70 Register. Die gröfste Pfeiffe wiegt mehr denn 3 Centner und ist 24 Schuh lang.

Auf der Lehnen umbher stehen 14 Engel, haben rechte Pfeiffen, so mit eingehen.

Der Blasbälge sind 22, ein jeder 10 Schuh lang und 4 Schuh breit. Das Leder kostet mehr als 200 gute Gülden.

II.

Ulmer Orgel.

Diese Orgel ist vor 30 Jahren erbauet, vor 12 Jahren aber wieder umb*renoviret*. Die *Renovation* ist bei 7000 gute Gülden zu stehen kommen.

Die gröfste Pfeiff hält 315 Ulmer Mafs Wein, das sind $157\frac{1}{4}$ Stübichen, oder bald 8 Emmer oder vier Ahmen.

III.

Die grofse Orgel zu

Danzig.

In S. Marienkirche, so *Anno* 1585 von *Julio Antonio* erbauet worden, hält 55 Stimmen.

Im Ober-Werk seind 13 Stimmen.

	1. *Principal*	16 Fufs
Dieser	2. Hohlflöte	16 ,
Stimm	3. Quintadehna	16 ,
ein jede	4. Spillpfeiffe	8
hat 48	5. *Octava*	8 ,
Pfeiffen.	6. Quintadehna	8 ,
	7. Offenflöte oder	
	Viol	3
	8. Spillpfeiffe	4

9. Viol 4 Fuſs
10. *Sedecima*
11. Rauschquint
12. Zimbel hat 144 Pfeiffen. Ist derwegen drei Chöricht.
13. *Mixtur* hat in alles 1152 und auf jeder *Clavem* 24 Pfeiffen.

In der Brust- oder Vorpositiv
8 Stimmen.

1. Gedacte Stimm 8 Fuſs
2. Gedact 4 »
3. *Principal* 4 »
4. Quintadehna 4 »
5. Zimbel
6. Dunecken 2 »
7. Regal singend 8 »
[163]
8. Zincken 4 Fuſs

Im Rückpositiv.
18 Stimmen.

1. *Principal*
2. Holföt od. Holpſeiff } 8 Fuſs
3. Spillpſeiff od. Blockfl.
4. *Octav*
5. Offenflöt oder Viol } 4 Fuſs
6. Kleine Blockflöt
7. Gemshorn.
8. *Sedecima.*
9. Flöte.
10. Waldflöt.
11. Rauschquint.

12. Nasatt.
13. Zimbel von 144 Pfeiffen.
14. *Mixtur* von 220 Pfeiffen.
15. Trommet } 8 Fuſs
16. Krumbhorn
17. Zinken } 4 Fuſs
18. Schallmeien

Im Pedal zum Ober-Werke
4 Stimmen, ein jede von
43 Pfeiffen.

1. Grofs Unterbass von 32 Fuſs
2. Unter-Bass 16 »
3. Posaunen-Bass 16 »
4. Trommete 8 »

Im Pedal auf beiden Seiten.
12 Stimmen.

1. Flöten oder *Octava* 8 Fuſs
2. Gedact 8 »
3. Quintadehna 4 »
4. *Superoctav* 2 »
5. Nachthorn.
6. Rauschquint.
7. Bauerpfeiff.
8. Zimbel von 144 Pfeiffen.
9. *Mixtur* von 220 Pfeiffen.
10. Spitz oder Cornett.
11. Trommeten oder Schalmeyen.
12. Krumbhörner.

Über das seind noch in der ganzen Orgel 3 *Tremulanten* und 1 Trummel im Bass. Daſs also 60 Register in alles vorhanden seind.

IV.

Das Werk zu **Rostock**,

Welches von Heinrich Glovatz, Bürger daselbsten, gebauet, und Anno 93 *absolvirt* worden, auch zu bauen 5000 Gülden gekostet, hat 39 Stimmen, 14 Blafsbälge, 3 Clavir, deren das öberste zum Ober-Werk, das mittelste zum Brust und das unterste zum Rückpositiv gehört und gebrauchet wird. [164]

Im Ober-Werk.
6 Stimmen.

1.	Weit *Principal*	16	Fufs
2.	*Mixtur.*		
3.	Zimbel.		
4.	Gedact	16	Fufs
5.	*Octav*	8	»
6.	*Superoctav*	4	»

Im Brust-Werk.
12 Stimmen.

1.	Geigen- Regal	4	Fufs
2.	Krumbhorn	8	»
3.	Sedetz	1	»
4.	Suiflöt (Sifflöte*)	1	»

*) Praetorius druckt einmal Suiflöt, Sifelitt und Siflitt, Siflöt, auch Ziflöt. Nach Walther heifst sie Sifflöte und ist eine Art Hohlflöte.

5.	*Superoctav*	2	Fufs
6.	Blockflöt.		
7.	Regal	8	»
8.	Zimbel.		
9.	Waldflöt	1	»
10.	Spillpfeiffe.		
11.	Nasspfeiffe	1	»
12.	Gedact	8	»

Im Rückpositiv.
12 Stimmen.

1.	*Principal*	8	Fufs
2.	Quintadehna	8	»
3.	*Octav.*		
4	Waldflöt.		
5.	*Mixtur.*		
6.	Trommet.		
7.	Gedact.		
8.	Offenflöt.		
9.	Gemshorn.		
10.	*Superoctav.*		
11.	Zimbel.		
12.	Pommert.		

In den Seiten-Bässen zur linken Hand:
9 Stimmen.

1.	Posaunen	(Barem ist ein
2.	Schallmey	*Aequal*gedact
3.	Cornett	gar still u. linde
4.	Barem	*intoniret)*
5.	Gedact	Bass

6. *Octav*
7. *Superoctav*
8. Bauerflöten
9. Regal

} Bass.

V.
In Lübeck.
I.

Die Orgel zu S. Peters Kirchen, so M. Gottschaldt Burckart, ein Niederländer gemacht, hat 45 Stimmen. *3 Manual-Clavir* von *C* bis *a*, Coppel zum Oberwerk und Rückpositiv und Coppel zum Pedal und Rückpositiv. Das Pedal aber gehet vom *C* mit dem *Gis* und *Fis* bis oben ins *d*.

Im Ober-Werk seind
13 Stimmen.

1.	*Principal* von	16 Füfsen
2.	Spillpipe	8 Fufs
3.	Klein Spillpipe	4 »
		[165]
4.	*Superoctava*	4 Fufs
5.	Rauschquinta	4 "
6.	Kleinoctava	4 »
7.	Grofsoctava	4 »
8.	Borduna	24 "
9.	Dulcian	16 "
10.	Feld-Trommeten	16 »
11.	Scharf Zimbel.	

12.	*Mixtura.*	
13.	Gedact	8 Fufs

In der Brust
8 Stimmen.

1.	Gedact uff	8 Fufs
2.	Offenflöt	4 »
3.	Scharf Regal.	
4.	Harfen-Regal.	
5.	Geigen-Regal.	
6.	Sifelitt *(Sifflöte).*	
7.	klein Quintadehna.	
8.	*Sedecima.*	

Im Rückpositiv
14 Stimmen.

1.	*Principal* von	8 Fufs
2.	*Octava* »	4 »
3.	Quintadehna.	
4.	Gemshorn.	
5.	Krumbhörner.	
6.	Gedact uff	8 Fufs
7.	Querpipe.	
8.	Feldpipe.	
9.	*Superoctava.*	
10.	Trommeten	8 Fufs
11.	Bärpipen.	
12.	Blockflöten	4 Fufs
13.	Zimbel.	
14.	*Mixtur.*	

Im Pedal
10 Stimmen.

1.	*Principal*-Bass	32 Fufs

2. Gedact-Bass   16 Fufs
3. Blockflöten Bass   16 »
4. *Decem* Bass.
5. *Superoctaven* Bass   8 Fufs
6. *Mixtur* Bass   8 »
7. Dusan Bass   16 »
8. Passunen Bass   16 »
9. Schallmeyen Bass.
10. Cornet Bass   8 »

Die 2. Orgel.

Bei unser lieben Frauen, welche M. Bartold N. verfertiget, begreift 46 Stimmen, 3 *Manual-Clavir*, deren die beiden obersten vom *D* bis ins *a*. Das unsterste vom *C* bis ins $\bar{a}$. Das Pedal aber vom *C* bis ins $\bar{d}$ hinauf steiget.

Item Coppel zum *Pedal* und *Manual*.

Oben in der Orgel sind
7 Stimmen.

1. *Principal* und *Ventile*.
2. Grofsoctava.
3. Kleinoctava.
4. Ruschquint (Rauschquint)
5. Scharf Zimbel,
6. *Superoctava*.
7. *Mixtur*.   [166]

Im Rückpositiv
20 Stimmen.

1. Gemshörner.

2. Blockpfeiff'   4 Fufs
3. *Principal*.
4. Zimbel.
5. *Mixtur*.
6. *Superoctava*.
7. *Principale*.
8. Feldpfeiffe.
9. *Octava*.
10. Borduna.
11. Offenflöt von   8 Fufs
12. Gedact   »   8 »
13. Dulcian od. Fagott von 8 »
14. Querpfeiffe von   4 »
15. Offenflöt   »   4 »
16. *Octava*   »   4 »
17. *Superoctav*.
18. *Mixtur*.
19. Dulcian oder Fagott   16 Fufs
20. Trommeten.

In der Brust
5 Stimmen.

1. Regal.
2. Zinck oder Cornett.
3. Krumbhorn.
4. Baarpfeiffe*).
5. Gedact.

---

*) Praetorius druckt Baarpfeiffe und Barpfeiffe, auch Baapfeiffe, ich glaube es muss stets Bauerpfeiffe heifsen.

Im Pedal
14 Stimmen.

1. Grofs-*Principal* Unter-Bass.
2. Duppelt Unter-Bass. *Ventile* zu allen Röhren-Bässen oben in der Orgel, als Dulcian-Bass, Schallmeyen-Bass und Cornett-Bass.
3. Unter Bass. *Ventile* zu allen Pfeiffen und Bässen im Stuel.
4. *Mixtur*-Bass im Stuel.
5. Trommeten Bass.
6. Bassunen B.
7. Schallmeyen B.
8. Feldpfeiffen B. im Stuel.
9. Klein *Octaven* B. *Ventile* zum Bassunen- und Trommeten-Bass im Stuele.
10. Dulcian-Bass.
11. Cornett-B.
12. Grofs-*Octaven*-Bass im Stuel.
13. Decem-Bass im Stuel.
14. Quintadehnen-Bass im Stuel.

Die 3. Orgel.

In der Thumbkirchen hat M. Jacob N. Anno 1606 zu ende gebracht, darinn 30 Stimmen, 2 *Manual-Clavir* von *F* bis ins $\bar{a}$. Und Pedal von *C* bis ins $\bar{c}$ zu finden.

Im Ober-Werk
7 Stimmen.

1. *Principal* von   8 Fufs
2. Bordun oder Gedact   16 »
3. *Octava.*   4 »
4. *Superoctava*   4 »
            [167]
5. *Quint.*   3 Fufs
6. Zimbel.
7. *Mixtur.*

Im Rückpositiv
14 Stimmen.

1. *Principal*   8 Fufs
2. Gedact   8 »
3. *Octava*   4 »
4. *Superoctava*   2 »
5. Querflöten   4 »
6. Blockflöten.
7. Gemshorn,
8. Offenflöte.
9. Nasatt.
10. Siflitt (Sifflöte).
11. *Mixtur.*
12. Zimbel.
13. Trommet   8 Fufs
14. Regal.

Im Pedal
9 Stimmen.

1. Untersatz von   16 Fufs
2. Dulcian-Bass von   16 »
3. Dezem-Bass.

4. Feldpipen-Bass.
5. *Octaven*-Bass.
6. Cornetten-Bass.
7. Trommeten-Bass   8 Fuſs
8. Quintadehnen-Bass.
9. Gedact-Bass.

VI.
Das Werk zu
Stralsund.

dessen Meister Nicolaus Maaſs
gewesen, der sich hernach bei Kön.
Majest. in Dänemark aufgehalten,
hat 43 Stimmen.

Im Ober Werk
10 Stimmen.

1. *Principal*   16 Fuſs
2. Quintadehna   16 »
3. Spillpfeiff   8 »
4. *Octava*   8 »
5. *Octava*   4 »
6. Dolcian   8 »
7. *Quint*   3 »
8. Grofs-Gedact   8 »
9. *Mixtur*   12 fach
10. Zimbel   3 »

Im Pedal
11 Stimmen.

1. Untersatz   16 Fuſs
2. *Principal*   8 »
3. *Octaven*-Bass   4 »

4. Bauerflöt   1 Fuſs
5. Nachthorn   1 »
6. Zimbel   2 fach
7. Posaunen-Bass   16 Fuſs
8. Trommet-Bass   8 »
     Cornett-Bass   4 »
     Gedact-Bass   8 »
     Quintadeen-Bass   4 »
     [168]

Im Rückpositiv
11 Stimmen.

1. *Principal.*
2. Gedact.
3. Quintadehn.
4. *Octava.*
5. Holflöte.
6. Spillpfeiffe.
7. *Mixtur.*
8. Zimbel.
9. Trommeten. .
10. Fagott.
11. Ein Schnarrwerk mit engen
     Cörperen gleich aus: LBbötze.

In der Brust
11 Stimmen.

1. *Principal*   4 Fuſs
2. Gedact   4 »
3. Nasatt   2
4. Suiflöt *(Sifflöte)*   2 »
5. Schweitzerflöt   1
6. Krumbhorn   8

7. Regal 8 Fuſs
8. Geigend Regal 4 »
9. Querpfeiffe im *Discant*.
10. Zimbel.
11. *Mixtur*.

VII.
In Hamburg.
I.

Die zu S. Jacob hat 53 Stimmen neben den *Tremulanten*, und 18 kleinen Blaſsbälgen, auch 3 *Clavir*.

Im Ober-Werk
9 Stimmen.

1. *Principal* 12 Fuſs Ton
   im *F* angehende.
2. *Octava* 6 Fuſs
3. Quintadeen 12 »
4. Holpipe 6 »
5. Holflöt 3 »
6. Querpipe 6 Fuſs Ton
   12 Schuh lang und ist offen.
7. Ruſspipe.
8. Scharp.
9. *Mixtur*.

Oben in der Brust
11 Stimmen.

1. *Principal* 8 Fuſs, angehende
   im *C*.
2. Holpipe 8 Fuſs
3. Flöte 4 »

4. Offene Querflöte 4 Fuſs Ton
   8 Füſse lang.
5. Nasat uff die Quint 3 Fuſs
6. Gemſshorn 2 »
7. Kleinflöt 2 »
8. Klingende Zimbel 3 Pfeiffen
   stark.
9. Trompete 8 Fuſs
10. Regal 8 »
11. Zincke 8 »
   vom *f* bis ins *a*, wie gebräuchlich.

Unten in der Brust
4 Stimmen.

1. Krumbhorn 8 Fuſs
   [169]
2. Quintflöt 3 Fuſs
3. Waldflöt 2 »
4. Spitzflöte uff 4 »
   im *Discant*.

Im Rückpositiv.
15 Stimmen.

1. *Principal* 8 Fuſs im *C*
2. *Octava* 4 Fuſs
3. Scharp. |
4. *Mixtur*. |
5. Gedact 8 Fuſs
6. Quintadeen 8 »
7. Holflöt 4 »
8. Blockflöt 4 »
9. Gemshorn 2 »

13*

10. Ziflöt.
11. Klingende Zimbel.
12. Schallmeyen   4 Fuſs
13. Baapfeiffe (Bauerpfeiffe?) 8   ,
14. Regal   8   ,
15. Krumbhorn   8   ,

Im Pedal
14 Stimmen.

1. *Principal* aus dem *F*, 24 Fuſs
2. *Mixtur*, wobei ein Bass von 12 Fuſs.
3. *Principal C*   16 Fuſs
4. Groſs-Bass   16   ,
5. *Octava*   4   ,
6 Gemſshorn Bass.
7. Spitzquinte.
8. Zimbel. ⎱
9. *Mixtur.* ⎰
10. Spillpipe   4 Fuſs
11. Krumbhorn   16   ,
12. Bassaune (Posaune) 16 Fuſs
13. Trommete   8   ,
14. Cornett   2   ,

II.

Die bei S. Peter hält sich in gleicher Gestalt: 3 *Clavir*, 42 Stimmen, 9 Bälge und *Tremulanten*.

Das Ober-Werk im mittelsten *Clavier* hat 9 Stimmen.

1. *Principal* 12 Fuſs, angehende im *F*.

2. Quintadehna   12 Fuſs *F*
3. *Octava*   6   ,   *F*
4. Gedact   8   ,   *C*
5. Holflöte   3   ,   *F*
6. Ruſspipe.
7. Scharp.
8. *Mixtur.*
9. Zimbel.

Das Brustpositiv oben in der Orgel gehört zum obersten *Clavir*, und hat 10 Stimmen.

1. *Principal*   8 Fuſs *C*
2. Holpipe   8   ,
3. Holflöte   4   ,
4. Nasatt auf die *Quinta* 3 Fuſs
5. Gemſshorn   2   ,
6. Kleinflöt   2   ,
7. Zimbel   3 Pfeiffen stark
8. Trompete   8 Fuſs
9. Regal   8   ,
10. Zincke   8   ,

[170]

Das unterste Brust-Positiv ist an das Oberbrustpositiv angehenget und hat nur

1. Krumbhorn   8 Fuſs

Das Rückpositiv gehöret zum untersten Clavier und hat
11 Stimmen.

1. *Principal*   8 Fuſs *E*
2. Quintadehna   8   ,

3. Gedact 8 Fuſs
4. Holflöte 4 »
5. *Octava* 4 »
6. *Siflöit (Sifflöte)*.
7. Scharp.
8. *Mixtur*.
9. Baarpfeiffe (Bauerpfeiffe) 8 Fuſs
10. Regal 8 »
11. Krumbhorn 8 »

Im Pedal seind
11 Stimmen.

1. *Principal* 4 Fuſs *ex F*
2. Grofs-Bass oder Untersatz von
16 Fuſs ins *C*.
3. *Octava* 8 Fuſs
4. Gedact 8 »
5. Gemſshorn-Bass.
6. Zimbel.
7. *Mixtur*
8. Bassaune (Posaune) 16 Fuſs
9. Trompete 8 »
10. Krumbhorn 16 »
11. Cornett 2 »

VIII.
Die Orgel zu S. Johannes in
Lüneburgk.

Welches ein trefflich Werk von 27
Stimmen, gar hell und scharf, und
mit Springladen gezieret, soll im
Niederlande, und wie man saget,
zum Hertzogen-Busch ohngefähr vor

siebenzig Jahren verfertiget, und zu
Schiff heraufser gebracht sein, hat 1
Tremulant, 2 *Ventil*, unter welchem
eines zum obersten *Clavir*, das
andere zum Rückpositiv gehöret.
3 *Clavir*, das mittelste als das
gröfste Werk, hat unten ein ganz
Octava mehr, als sonsten andere
Clavir ingemein: Nemblich noch
eine andere *Octaven* unter das grofse
C, welche *Octava* dem Pedal angehenget ist und darzu gebrauchet
wird. Sonsten seind diese 3 *Praestanten* oder *Principale* in den dreien
Claviren alle gleich, und nicht tiefer
als 4 Fuſs Ton.

Das mittelste Clavier, welches
das gröbste Werk sein soll:
hat 8 Stimmen.

1. *Mixtur*
2. *Praestant* } stehen alle
3. *Octava* } uff der
4. Nachthorn-Bass } Laden
5. Scharp }
6. Trommeten-Bass.
7. Buerflöten-Bass (Bauerflöten)
8. Untersatz. Diese Stimme stehet an der [171]
halbe, und ist von einem Orgelmacher zu Hamburg, mit Namen

M. Dirich, ohngefahr vor 40 Jahren daran gesetzt worden.

Das oberste Positiv und Clavir hat 8 Stimmen.

1. *Superoctava.*
2. Nasatt.
3. Flöte.
4. Gemfshorn.
5. *Praestant.*
6. Zimbel.
7. Holpipe.
8. Trommete.

Das Rückpositiv oder unterste Clavir: 11 Stimmen.

1. *Praestant.*
2. Scharp.
3. Klein Holpipe.
4. Quintadehna.
5. Baarpipe (Bauerpipe?)
6. *Mixtur.*
7. Schallmey.
8. Regal.
9. Siflöit *(Sifflöte).*
10. Koppeldone oder *Octava.*
11. Rufspipe.

IX.
Die neue Orgel zu
Breslau.

ist von Michael Hirschfeldern zwar angefangen, hat aber wegen seines zeitigen absterbens nicht verfertiget können werden, und wenn dieses Werk dergestalt, als hier nachfolgende Verzeichniss lautet, *absolviret* wäre worden, hätte ich mir dasselbe zu sehen und zu hören wol wünschen mögen.

1. { Grofs-*Principal* / Chormafs-*Principal* / Doppelt *Principal* } mit eim Register 8 Fufs

2. { Gedactfl. unt. Chor. / , Chormafs / Doppeltflöte } mit einem Register

3. { Offen Chormafs besondere Art / *Octava* / *Duplicat* dieses

4. { Offen *Octava* / *Sedecima* offen / *Duplicat* dieses

5. { *Sedecima* offen / *Super Sedecima* offen / *Duplicat* dieses

6. { Gedactflöte / *Sedecima* / *Duplicat* dieses

7. { Thubalflöte Chormafs / , *Octav* / *Duplicat* dieses

8. { Dulcian unter Chormafs / Krumbhörner Chormafs / *Duplicat* dieses

9. { *Quinta ex Octava* / *Quinta ex Sedecima* / *Duplicat* dieses

10. { Zimbel grob / Zimbel klein / *Duplicat* dieses [172]

11. { Grobe *Mixtur* unter Chormaſs / Kleine *Mixtur* Chormaſs / *Duplicat* dieses

NB. Unter Chormaſs ist   16 Fuſs

Chormaſs   8 ,

Octava   4 ,

Summa 33 Stimmen und 11 Register.

1. *Sedecima* offen, *Principal*-Art.
2. *Super Sedecima* offen scharf.
3. Zimbel scharf.
4. Spitzflöte oder Gemſshorn.
5. Querpfeiffe.
6. Gar klein Flöten.
7. *Sedecima* offen ander Art
8. *Super Sedecima* uff andere Art
9. *Quint de tono* Chormaſs.
10. Gedactflöte *Octava*.
11. *Quint ex Sedecima*.
12. Zimbel scharf.
13. Gedactflöte Chormaſs laut
14. *Mixtur* Chormaſs.
15. Schallmeyen-Bass, welcher Geigenart Chormaſs.
16. Harfen-*Principal*.

Aus diesen Stimmen werden nun zum unter *Clavir* einzelne Stimmen genommen.

Als

1. Gedactflöte *Octava*.
2.   ,   *Sedecima*
3. *Quint de tono* Chormaſs.
4. *Quint ex sedecima*.
5. *Sedecima* offen.
6. Zimbel.
7. Querpfeiffe.
8. Schallmey-Chor.
9. *Mixtur*-Chor.

Bässe im Pedal.

1. Groſs-Bass.
2. Unter-Chor-Bass.
3. Chor-Bass.
4. *Octav*-Bass.
5. Flöten-Bass unter Chor.
6. *Dulcian*-Bass.
7. Unter Chormaſs-Bass.
8. *Mixtur*-Bass.
9. Posaunen unter Chor-Bass.
10. Posaunen Chormaſs-Bass.
11. Trommeten-Bass Chormaſs.

X.

Verzeichniss der Stimmen und Registern in den Orgeln zu

Magdeburg,

die I. im Thumb.

Von M. Heinrico Compenio uffgerichtet, vermag 42 Stimmen, 2 *Tremulant*, Vogelgesang, Trummel, 2 *Clavir* vom C bis c̄, Pedal von g bis ins d, 12 lederne Blasbälge.

Im Ober-Werk.

1.	*Principal*	16 Fufs
2.	*Principal* Bass abgesondert	16 Fufs
3.	*Principal* grofser Untersatz bis ins F von	[173] 24 Fufs
4.	Zimbel mit 3 Pfeiffen.	
5.	*Mixtur* mit 12 und 15 Pfeiffen.	
6.	⎱ Quintadehn Untersatz mit ein	
7.	⎰ abgesonderten Bass 16 Fufs	
8.	⎱ Grofse *Octava* 8 Fufs mit eim	
9.	⎰ abgesondertem Bass.	
10.	Grofse *Quinta*	6 Fufs
11.	Klein *Octava*	4 »
12.	Grob Gedact	8 »
13.	Klein Gedact	4 »
14.	Klein *Quint*	3 »
15.	*Nasatt*	1 oder 3 »
16.	Nachthorn	4 »

In der Brust
6 Stimmen.

1.	*Principal*	2 Fufs
2.	Zimbel doppelt.	
3.	*Mixtur* 6fach.	
4.	Flachflöte	4 Fufs
5.	Grob Messing Regal	8 »
6.	Messing Regal singend	4 »

Zum Pedal auf beiden Seiten
9 Stimmen.

1.	Posaun-Bass	16 Fufs
2.	Klein Posaun-Bass	8 »
3.	Schallmey oder Cornet	4 »
4.	Singend Cornet von Messing	2 »
5.	Bauerflöt Bass	1 »
6.	Nachthorn Bass	4 »
7.	Zimbel Bass, 3 Pfeiffen stark.	

Hinterm Werk stehet auf
einer sonderlichen Lade.

8.	Gedacter Unter-Bass	16 Fufs
9.	Grofs Gemfshorn-Bass	8 »

Im Rückpositiv.

1.	*Principal*	8 Fufs
2.	Zimbel doppelt.	
3.	*Mixtur*	3fach
4.	Rohrflöte	4 Fufs
5.	Quintadehn	8 »
6.	Schwiegel	4 »
7.	*Octava*	4 »
8.	Gemfshorn	4 »
9.	*Quinta*	3 »
10.	Suiflöt (Siflöte)	2 »
11.	Gedact *Quinta*	3

<table>
<tr><td>12.</td><td>Klein Gedact</td><td>2 Fufs</td></tr>
<tr><td>13.</td><td>Trommeten</td><td>8 ›</td></tr>
<tr><td>14.</td><td>Dulcian von Holz</td><td>16 ›</td></tr>
</table>

Die 2. Orgel zu S. Johannes
hat 32 Stimmen.

Im Ober-Werk seind
14 Stimmen.

1.	*Praestanten*	16 Fufs
2.	Quintadena	mit einem
3.	Quintadeen-Bass	Reg. 16 F.
4.	Untersatz-Bass	16 Fufs
5.	*Octava*	8 ›
6.	Gedact	8 ›
7.	Gemfshorn	8 ›
		[174]
8.	*Superoctava*	4 Fufs
9.	Quintflöten	4 ›
10.	*Quinta*	3 ›
11.	*Mixtur.*	
12.	Zimbeln.	
13.	*Quint*-Bass	Mit einem
14.	Zimbel-Bass	Register

In der Brust
6 Stimmen.

15. Nachthörnichen.
16. Zimbelchen.
17. Quintadeen.
18. Bassunen-Bass.
19. Cornetten-Bass.
20. Bauerflöten-Bass.

Im Rückpositiv
12 Stimmen.

21.	*Praestanten*	8 Fufs
22.	Quintadeena	8 ›
23.	Spitzflöten.	
24.	*Octava*	4 ›
25.	Gedact klein.	
26.	*Quinta.*	
27.	*Superoctav.*	
28.	Sifflitt (Sifflöte).	
29.	*Mixtur.*	
30.	Zimbeln.	
31.	Trommeten.	
32.	Sordunen.	

Die 3. Orgel zu S. Ulrichs-Kirchen ist von 41 Stimmen, deren etliche halbieret, die aber nicht halbieret, haben 43 Pfeiffen, 2 *Tremulanten*, *Ventil* zum Werk- Brust- und Positiv. Item *Alteration*, Trummel.

Im Ober-Werk sind
12 Stimmen.

1.	*Praestanten*	16 Fufs
2.	*Principal*	8 ›
3.	Grofs Gedact	8 ›
4.	*Quinta*	6 ›
5.	Quintadeen	4 ›
6.	Holschell	4 ›
7.	Sedetz	4 ›
8.	*Octav*	4 ›

9. Schwiegel   4 Fufs
10. *Mixtur Graphicalis* 10 Pfeiffen
    pro Choro, in der Summ. 864.
11. *Mixtur Minoralis* 8 *pro Choro*
12. Untersatz-Bass   16 Fufs

Im Brust-Positiv.

1. Siffloit.
2. Quindetz.
3. Regal.
4. Vogelgesang oder Nachtigall.
5. Coppel.
6. 7. Posaun-Bass⎫ Jeden 2 Re-
8. 9. Regal-Bass ⎭ gister zertheilt
10. Flöten-Bass.
11. 12. Kleinen Schreier   2 Re-
     gister.

Im Rück-Positiv.

1. *Principal* od. *Praestanten* 8 Fufs
2. *Octavagiol.*
3. *Quint.*
4. Grofs Gedact.
5. *Superoctav.*   [175]
6. Klein Gedact.
7. Sifflit (Sifflöte).
8. Zimbel.
9. Singend Regal.
10. Gemfshorn.
11. Quint-Spitz.
12. Gedact-Bass.
13. *Superoctav.*
14. Klein Gedact-Bass.

15. Sedetz.
16. Cornett oder Zincken.
17. Krumbhörner.

IV.

In der Orgel zu S. Peter sind
alles in allen 33 Stimmen.

1. *Principal*   8 Fufs
2. Zimbeln.
3. *Quint*   3 ›
4. *Mixtur.*
5. *Octav*   4 ›
6. Querflöten   4 ›
7. Grobgedact, *manualiter* 8 ›
8. Grob Gemfshorn   8 ›
9. Grofs Quintadeen, *manualiter*
     8 Fufs.

Bässe im Pedal.

1. Grofs Quintadeen-Bass 16 Fufs
2. Gedacter Untersatz   16 ›
3. Zimbeln-Bass.
4. Bauerflöten-Bass   1 ›
5. Holflöten-Bass   2 ›
6. Quintflöten-Bass.

In der Brust zum Manual
4 Stimmen.

1. Nachthorn   4 Fufs
2. Quintflöt oder klein Gedact
     2 Fufs.
3. Zimbeln zweifach.
4. Regal.

In der Brust auf beiden Seiten
zum Pedal
3 Stimmen.

1. Posaunen-Bass.
2. Trommeten-Bass.
3. Schallmeyen-Bass.

Im Rückpositiv
12 Stimmen.

1. *Principal*   4 Fuſs
2. Trommeten   8 »
3. Quintadehna   8 »
4. Gemſshorn   4 »
5. Mittelgedact   4 »
6. Klein Regal.
7. *Octava.*
8. *Quinta.*
9. Kleingedact.
10. Sifflitt (Sifflötl
11. *Mixtur.*
12. Zimbeln.

V.

Die neue Orgel bei S. Catharinen ist gesetzt mit 33 Stimmen. 3 Clavirn, zum Ober-Werk, Brust- und Rückpositiv. Auch 2 *Tremulanten*, 8 Späenbälge, Vogelgeschrei, Kuckuck   [176]

Im Ober-Werk.

1. Quintadehna   16 Fuſs

2. Gemſshorn   8 Fuſs
3. Grobgedact   8 »
4. *Octava*   4 »
5. Rohrflöte   4 »
6. Schweitzerpfeife 8 »
7. *Superoctava*   2 »
8. *Mixtur.*
9. *Quinta*   6 »
10. *Principal*   8 »

Brust-Positiv.

1. Nachthorn   4 »
2. Blockflöte   4 »
3. Kleingedact   2 »
4. Krumbhorn.
5. Zincken.
6. *Principal*   2 Fuſs

Rück-Positiv.

1. *Principal*   4 Fuſs
2. Quintadeen   4 »
3. Gemshorn   4 »
4. Mittelgedact   4 »
5. *Octava*   2 »
6. Kleingedact   2 »
7. Rauschflöte   1 »
8. Zimbel.
9. Trommet   8 »
10. Klein Regal·   4 »

In beiden Seittührmen neben
dem Rückpositiv.

1. *Praestanten*   16 Fuſs

2. Gedacten Untersatz   16 Fufs
3. Schweizer-Bass   2 »
4. Nachthorn-Bass   2 »
5. Bauerflöten-Bass   1 »
6. *Mixtur*-Bass.
7. Posaunen-Bass   16 »
8. Sordunen-Bass   16 »
9. Dulcian   8 »
10. Cornett   1 »

XI.

Zu Bernaw in der Mark, Anno 1576, wie auch zu Stendal bei unser lieben Frauen, im Jahr 1580, ist von M. Hans Scherern uff nachbeschriebene Art eine Orgel gesetzt worden, welche 29 Stimmen, . 1 *Tremulant*, Coppel in beiden *Manualen*, Coppel des Pedals im Rückpositiv. Das *Clavir* im *Manual* hat 4 volle *Octav*, von *C* bis ins $\overline{\overline{c}}$, machen 48 *Claves*. Im Pedal aber so gehet vom *C* bis ins *d* mit allen *Semitoniis*, sind 26 *Claves*.

Im Werke zum Manual und Pedal.

1. Untersatz durch das ganze *Clavir* 16 Schuh die Länge.
2. Untersatzter-Bass.
3. *Principal* 8 Schuh lang.
4. Grobgedact.
5. Quintadehna.

6. Zimbel.
7. *Mixtur* 12 Pfeiffen stark in zehen *Claves*. [177].
8. Jule, ist die *Quint* von der groben *Principal*
9. Stark Regal vornen in der Brust.
10. Bauerpfeiffe oder Blockflöte.
11. Halb *Principal* od. *Octav* 4 Fufs
12. Eine Holflöte 4 Fufs oder *Octav* vom groben Gedacten.
13. Nachthorn 4 Ffs. oder die *Octav* von der Quintadeena.
14. *Quinta* gibt mit dem *Principal* oder Gedact eine Rauschpfeiffe.
15. *Superoctav.*
16. Nasatt, oder klein offene *Quint* von der *Superoctav.*
17. Grofs Posaunen-Bass.
18. Bauerpfeiffen-Bass.

Im Rückpositiv.

1. *Principal.*
2. Holpfeiffe.
3. Spillpfeiffe.
4. Klingend Zimbel, 3 Pfeiffen stark in 10 *Claviren.*
5. *Quinta.*
6. *Superoctav.*
7. Siflöit.
8. Singend oder Geigend Regal.
9. Trommet.

10. Gemshorn.
11. *Principal* im Discant.

XII.
Das Werk zu

Halle

Bei unser lieben Frauen-Kirchen hat
31 Stimmen.

Im Ober-Werk
6 Stimmen

1. *Principal* im *Pedal* 16. im *Manual* 8 Fuſs Ton.
2. *Octava*, 4 Fuſs Ton im *Manual* allein.
3. *Mixtur*.
4. Zimbel.
5. Nachthorn 4 Fuſs Ton } i. *Manual* allein
6. Querpfeiff 8 » » }

In der Brust
6 Stimmen.

1. *Principal* 2 Fuſs Ton
2. *Mixtur*.
3. Zimbel.
4. Regal 8 Fuſs
5. Waldflötgen 1 »
6. Flachflötgen 4 »

Neben der Brust
4 Stimmen.

1. Trommeten Bass 8 Fuſs
2. Schallmeyen Bass 4 »
3. Zimbel Bass
4. Quintflöt Bass 3 Fuſs

Auf der Seiten sind neulich hinan gesetzet
3 Stimmen.

1. Grober Posaunen Untersatz 16 Fuſs
2. Quintadehn Bass 8 »
3. Nachthorn 4 »

[178]

Im Rückpositiv.

1. *Principal* 4 Fuſs Ton
2. *Mixtur*
3. Zimbel
4. *Octava* 2 Fuſs
5. *Quinta* 9 »
6. Quintadeen 8 »
7. Gedactes 4 »
8. Kleingedactes 2 »
9. Spitzflöte 2 »
10. Sifflöit 2 »
11. Trommeten 8 »
12. Singend Regal 4 »

XIII.
Die Orgel zu

Braunschweig

Im Stift S. Blasii, welche M. Hennig aus Hildesheim gemacht, hat 35 Stimmen.

Im Ober-Werk seind
13 Stimmen.

1. *Principal* 16 Fuſs
2. *Principal* 8 ,
3. *Octava* 8 ,
4. Quintadeena 16 ,
5. *Quinta* 3 ,
6. *Mixtur* 2 ,
   oben im Discant 12 Pfeiffen,
   im Bass 7 stark.
7. Zimbel 3 Pfeiffen stark
8. Holflöte 16 ,
9. Holflöte 8 ,
10. Coppelflöte 4 ,
11. Gemshorn 2 ,
12. Trommeten 8 ,
13. Dulcian 8 ,

Diese Stimmen, wie auch im Rückpositiv, gehen durchaus ins *C,* sampt *dis Fis gis,* und oben ins *c̄,* sampt *g̅i̅s̅* und *b̄*.

Im Rückpositiv.
11 Stimmen.

1. Holflöte 8 Fuſs
2. Quintadehna 8 ,
3. *Principal* 4 ,
4. *Octava* 4 ,
5. Zimbel 2 Pfeiffen stark
6. Querflöten 8 Fuſs
7. Schallmeyen 4 ,
8. Krumbhörner 8 ,

9. Blockpfeiffe 4 Fuſs
10. Sifflöit 2 ,
11. Zincken vom *h* bis oben hinaus.

Im Pedal .
14 Stimmen.

1. Gar groſser Untersatz Gedact
   32 Fuſs
2. *Principal* 16 ,
3. *Octava* 8 ,
4. Gedact 16 ,
5. Holflöten 8 ,
6. Poſaunen 16 ,
7. Trommeten 8 ,
8. Krumbhorn 16 ,
9. Gemshorn 4 ,
   [179]

Mixtur { 10. Zimbel, 2 Pfeiffen stark
{ 11. Rauschpfeiffen.
{ 12. *Super Octav* 4 Fuſs
13. Bauerflöten 2 ,
14. Trummel, 2 Pfeiffen stark.
Tremulant.

Coppel zu beiden Clavirn.

Fünf *Ventile:*

1. Zum Ober-Werk.
2. Zun Bässen.
3. Zum Rückpositiv.
4. Sur Sonnen.
5. Zun Sternen.

Diese Bässe im Pedal sind also gemacht, dass man einen jeglichen besonders gebrauchen kann, und haben ihre eigne Laden, gehen alle unten ins grofse *C*, sampt *Dis, Fis, gis*, und oben ins *d*, sampt *cis*.

Die Laden seind nicht auf die gemeine, sondern eine andere Art gerichtet, und werden Springladen genennet, davon im dritten Theil dieses *Tomi Secundi* etwas angedeutet worden.

Es sind auch die Spanbälge, deren achte vorhanden, uff eine besondere Art gemacht, also dass ein jeglicher 9 gute Schuh lang, mit einer einzigen Falten; die Spaene sind 2 starke eichene Bretter, ganz beständig und gehen dichte zusammen, dass keine Maus dabei kommen kann.

Das oberste Werk hat 5 Felder, in der mitte einen raum, die spitzen und ein flachfeld, auf beiden Seiten die Bassthürmer.

Das Rückpositiv hat mitten eine spitze, und den raum, flachfeld, und so vor dann hat 7 Felder.

XIV.

Disposition der Orgel in

Leipzig.

Die I. bei S. Niclas hat 29 Stimmen, Coppel zum Rückpositiv und Pedal. Coppel zu beiden *Manualn*. Vogelgesang, 10 Spaenbälge.

1. *Principal*	8 Fufs
2. Gedact	8 ,
3. Quintadeena.	8 ,
4. Dreifache Zimbel.	
5. Eine *Mixtur* im Bass von 4 Pfeiffen, im *T.* 6 und im Discant 8 Pfeiffen stark.	
6. *Super Octava*	2 Fufs
7. Rausch Quinta	
8. *Octava*	4 ,
9. Gemshorn	
10. Nasatt *Quinta*	
11. Grobgedact von 16 Fufs *Manualiter*.	
12. Und Pedaliter abgesonderter Bass.	

In der Brust.

13. Grob Sordunen Regal 16 Fufs	
14. Regal von	8 ,
15. Regal	4 ,
16. *Tremulant* zum Schnarr-Werke gut.	[180]

Im Rückpositiv.

17. *Principal*	4 Fufs
18. Grobflöte	8 ,
19. Holflöte	4 ,
20. Spillpfeiff	4 ,
21. Nachthorn	4 ,
22. Quintflöt	

23. Suffloit (Sifflöte)
24. Klingend Zimbel mit 3 Pfeiffen.
25. Trommet   8 Fufs
26. Krumbhorn   8 ›

Im Pedal

27. Offenflöt   4 Fufs
28. Posaunen Bass   16 ›
29. Schallmeyen Bass ·   4 ›

Die 2. zu S. Thomas.

Ist stark von 25 Stimmen.

1. Coppeln der beiden *Manual-Clavirn.*
2. Coppeln des Pedals zum Rück-positiv.

Im Ober-Werk

9 Stimmen.

1. *Principal*   16 Fufs
    Pedaliter und *Manualiter.*
2. *Octava*   8 Fufs
3. *Superoctava*   4 ›
4. Sedetz   2 ›
5. Gedact   8 ›
6. Offenflöt   4 ›
7. Zimbeln   3 fach
8. *Mixtur*   6 fach
9. *Quinta*

In der Brust

2 Stimmen.

10. Regal   8 Fufs Ton
11. Regal   4 Fufs

Im Rückpositiv

12 Stimmen.

12. *Principal*   8 Fufs
13. Quintadeena   8 ›
14. Ein linde Gedact   8 ›
15. Holflöte   4 ‹
16. Spillpfeiff   4 ›
17. Trommet   8 ›
18. Krumbhörner   8 ›
19. Nachthorn   4 ›
20. Sedetz
21. *Quint*flötgen
22. Gemshorn   2 ›
23. Klingend Zimbel

Noch im Pedal.

24. Posaunen Bass   16 Fufs
25. Schallmey   4 ›

XV.

Disposition der Orgel zu

Torgau.

Hat 26 Stimmen.

Im Ober-Werk seind

11 Stimmen.   [181]

1. *Principal*   von 8 Fufs
2. *Octava*   4 ‹
3. *Superoctava*   2 ›
4. *Quinta*
5. Zimbeln
6. *Mixtur*   6 Pfeiffen stark

7.	Grobgedact	16 Fufs
8.	Gedactes	8 »
9.	Quintadeena	8 »
10.	Gemshorn	4 »
11.	Nasatt.	

In der Brust
2 Stimmen.

12.	Regal	uff 8 Fufs
13.	Klein-Regal	4 »

Im Rück-Positiv
10 Stimmen.

14.	*Principal*	4 Fufs
15.	Gedactes	8 »
16.	Holflöten	4 »
17.	Gemshorn	2 »
18.	Sufflöite.	
19.	Quintflöte.	
20.	*Sedecima.*	
21.	Zimbeln.	
22.	Grobgedact Regal	16 Fufs
23.	Trommeten.	8 »

Im Pedal
3 Stimmen.

24.	Gedacter Unterbass	16 Fufs
25.	Posaunen	16 »
26.	Schallmeyen	4 »

Ueber diese noch:

1. Trummel.
2. Vogelgesang.
3. Coppel ins *Manual*.

4. Coppel zum Pedal.
5. *Ventil* zum Rückpositiv.
6. Tremulant.

XVI.

Verzeichnüss derer Register und Stimmen, so in den Orgeln zu

Halberstadt

zu finden.

Das 1. Werk in *S. Martini*-Kirchen hat M. David Becke mit 39 Stimmen und einem *Tremulant* gesetzet. Der *Tremulant*, ob er wol keinen laut von sich gibt, so wird er doch von etlichen auch vor eine Stimme (weil man viel verenderung damit haben kann) gerechnet.

Im Ober-Werk
8 Stimmen.

1.	Quintadehna	16 Fufs
2.	*Principal.*	
3.	Grobgedact.	
4.	Grob Gemshorn.	
5.	*Octava.*	
6.	*Quinta.*	
7.	*Mixtur.*	
8.	Zimbel.	

In der Brust
6 Stimmen.

1.	*Principal*	[182]

14

2. Gedact.
3. Nachthorn.
4. Zimbel.
5. *Mixtur.*
6. Regal.

Im Pedal
12 Stimmen.

1. Untersatz.
2. *Principal.*
3. Gedact-Bass.
4. *Octaven*-Bass
5. Zimbel-Bass.
6. Flöten-Bass.
7. Hol-Quinten-Bass.
8. Quintflöten-Bass.
9. Posaunen-Bass.
10. Trommeten-Bass.
11. Schallmeyen-Bass.
12. Cornetten-Bass.

Im Rück-Positiv
12 Stimmen.

1. *Principal.*
2. *Quinta.*
3. *Octava.*
4. Quintadeena.
5. *Mixtur.*
6. Zimbel.
7. Spitzflöte.
8. Gemshorn.
9. Gedact.
10. Suifflöt (Sifflöte).

11. Krumbhorn.
12. Geigend Regal.

Das 2. zun Baarfüssern, dessen M. Elias Winnigsteten gewesen, und zu stehen 700 Thaler ohne das Malwerk gekostet, hat 27 Stimmen, 1 *Tremulant,* 8 Blasbälge.

Im Werk
8 Stimmen.

1. *Principal* 8 Fuſs
2. Grobgedact. 8 ›
3. Grofs-Gemshorn 8 ›
4. *Octava* 4 ›
5. Querflöt 4 ›
6. *Supcroctävlin* 2 ›
7. *Quinta.*
8. Zimbel 2 fach
9. *Mixtur* 6 fach unten, $\bar{c}$ 7 fach, c 8 fach, $\bar{\bar{c}}$ 9 fach.

Im Pedal oben
8 Stimmen.

1. QuintadeenBass 8 Fuſs
2. Gedact Bass 8 ›
3. Holflöten-Bass 2 ›
4. Quint-Bass.
5. Bauerflöten.
6. Zimbel-Bass.
7. Grofs Quintadeen 16 Fuſs
8. Untersatz 16

In der Brust zum **Manual**
5 Stimmen [183]
1. *Principal* 2 Fuſs
2. Nachthorn 2 Fuſs
3. Querflöt.
4. Zimbel 2 Chöricht.
5. *Mixtur* 3 Chöricht.

In der Brust zum Pedal
3 Stimmen.
1. Posaun.
2. Trommeten.
3. Cornet.

Im Rückpositiv
13 Stimmen.
1. Quintadeena 8 Fuſs
2. *Principal* 4 ›
3. *Octava* 2 ›
4. *Quinta,*
5. Gemshorn 4 ›
6. Gedact 4 ›
7. Klein-Gedact.
8. Sifflöt.
9. Zimbel 3 fach
10. *Mixtur* 4 fach
11. Trommet 8 Fuſs
12. Regal 8 ›
13. Geigend Regal 4 ›

XVII.
Zu Cassel
in Hessen sind auf des Herrn Land-

grafen daselbst aufgewandte Un
kosten drei vornehme Orgeln von
den Hamburgen (wie sie bei uns
genennet werden) innerhalb fünf
Jahren erbauet und aufgerichtet
worden.

Derer die 1.
in der Freiheiter Kirchen, ohne die
Coppel und *Tremulant* von 33
Stimmen.

Im Ober-Werke
8 Stimmen.
1. *Principal* 16 Fuſs
2. *Octava.*
3. Rausch-Pfeiffe.
4. Scharff.
5. *Mixtur.*
6. Quintadeena.
7. Holpfeiffe.
8. Flöten.

Im Obern-Positiv
8 Stimmen.
1. *Principal* 8 Fuſs
2. Holpfeiffe.
3. Gemshorn.
4. Waldflöte.
5. Nasatt.
6. Trommete.
7. Zinken.
8. Zimbel.

14*

Im Rück-Positiv
9 Stimmen.

[184]

1. *Principal*   8 Fuſs
2. Gedact   8 ,
3. Quintadeena   8 ,
4. Querpfeiffe   4 ,
5. *Octava*   4 ,
6. Scharff.
7. *Mixtur.*
8. Krumbhorn.
9. Messing-Regal.

Im Pedal.

1. *Principal*   32 Fuſs
2. *Octava.*
3. Untersatz.
4. Gedact.
5. Rauschpfeiffe.
6. Posaunen-Bass.
7. Trommeten-Bass.
8. Cornett-Bass.
   Coppel.
   Tremulant.

Die 2. in der Brüder-Kirchen von 25 Stimmen, Coppel und *Tremulant.*

Im Werk.

1. *Principal*   8 Fuſs
2. *Octava*   4 ,
3. *Octava*   2 ,
4. Kleingedact.

5. Nasatt.
6. *Mixtur.*
7. Scharff.
8. Zimbel.
9. Trommete.
10. Zincke.

Im Rück-Positiv
8 Stimmen.

1. *Principal*   4 Fuſs
2. Grobgedact   8 ,
3. Octävlin.
4. *Mixtur.*
5. Flötgen.
6. Waldflöte.
7. Querpfeiffe.
8. Rlein Regal.

Im Pedal in beiden Thürmen.
7 Stimmen.

1. Offenes *Principal*   16 Fuſs
2. Untersatz   16 ,
3. *Octava.*
4. Posaunen-Bass   16 ,
5. Dulcian-Bass   16 ,
6. Trommeten-Bass   8 ,
7. Cornett   3 ,
   Coppel.
   Tremulant.

Die 3. in der Schloss-Kirchen, von 30 Stimmen, auch Coppel und *Tremulant* gesetzet und gestellet ist.

Im Werk
8 Stimmen.

1. *Principal* halb hinaus doppelt. 8 Fufs.
2. *Quint Tenor*   8 Fufs
3. Gedact   8 »
4. *Octava*   4 »
5. Flöte   4 »
6. Krumbhorn.
7. *Mixtur.*   [185]
8. Rauschpfeiffe.

Im Ober-Positiv
6 Stimmen.

1. *Principal* von Bley   8 Fufs
2. Gemshorn.
3. Holpfeiffe.
4. Trommete.
5. Zimbel.
6. Nasatt-Quinta.

Im Pedal
6 Stimmen.

1. Untersatz.
2. Gedact.
3. Klein Gemshorn.
4. Posaunen-Bass.
5. Trommeten-Bass.
6. Cornett-Bass.

XVIII.
Das grofse Werk zu
Bückeburg.

So der Hochgeborne Graf und Herr, Herr Ernst, Graf zu Holstein, Schaumburg und Sternberg, Herren zu Gehmen, durch M. Esaiam Compenium, Fürstl. Braunschw. Orgel- und Instrumentmacher, auch Organisten, *Anno* 1615 verfertigen lassen. Hat 48 Stimmen, 3 *Clavir* im *Manual.* Coppel zum Ober-Werk und Brust-Clavir. Drei *Tremulanten:* 1. Im Ober-Werk, 2. Rückpositiv und 3. im Pedal.

9 Späenbälge, oben uffn Kirchgewölbe, gleich über der Orgel.

Ein Register, das die Blasbälge allzugleich loslässt und zugleich einschliefst, dass sie der *Calcant* nicht mehr treten kan.

Im Ober-Werk seind
12 Stimmen.

1. Grofs-*Principal*	16 Fufs	
2. Grofs-Quintadehn	16 »	
3. Grofs-*Octava*	8 »	
4. Gemshorn	8 »	
5. Gedacte Blockpfeiffe	8 »	
6. *Viol de Gamba*	8 »	
7. Querpfeiffe.	4 »	
8. *Octava*	4 »	
9. Klein-Gedact,Blockpfeiff	4 »	
10. Gemshorn, *Quinta*	3 »	
11. Klein Flachflöt	2 »	
12. *Mixtur*	8, 10, 12, 14 Chor	

In der Brust
8 Stimmen.

1. Rohrflöten   8 Fuſs
2. Nachthorn   4 ›
3. Offenflöt, soll vornen an zu stehen kommen von Elfenbein   4 Fuſs
4. Klein Gemshorn   2 ›
5. Holquintlein   anderthalb
6. Zimbeln, kleine   2 Chor
7. Regal   .8 Fuſs
8. Geigend Regal von Holz 4 ›

[186]

Im Rück-Positiv
12 Stimmen.

1. *Principal*   8 Fuſs
2. Grofs Nachthorn   8 ›
3. Gedactflöte von Holz   8 ›
4. Nasatt-Pfeiffe von Holz   4 ›
5. Spill-Pfeiff   4 ›
6. Klein Rohrflöte   4 ›
7. Klein *Octava*   2 ›
8. Klein Gedact   2 ›
9. Suiflöit (Sifflöte)   1 ›

10. Klingend Zimbel   3 Chor
11. Rancket von Holz   16 ›
12. Krumbhorn   8 ›

Im Pedal sind
13 Stimmen.

1. *Sub-Principal*-Bass   32 Fuſs
2. Grofs Rohrflöt-Bass   16 ›
3. Grofs Gemshorn-Bass   16 ›
4. Holpfeiffen-Bass   8 ›
5. Grofs Nachthorn-Bass   8 ›
6. Querflöten-Bass v. Holz   8 ›
7. *Octaven*-Bass   4 ›
8. Klein Gemshorn-Bass   4 ›
9. Trommeten-Bass   8 ›
10. Posaun- oder Bombard-Bass   16 ›

Brust-Pedalia.

11. Hornbässlein   2 Fuſs
12. Bauerpfeifflein   1 ›
13. Zimbel-Bass   3 Chöricht
14. Sordunbass von Holz 16 Fuſs
15. Dolcianbass von Holz   8 ›
16. Cornett-Bass   2 ›

Manual Claviers Disposition.

As   **es**   **as**
Dis **fis** **Gis** **B**   **cis** **dis** **fis** **gis**
CD **Eſ** **G** **A** **♮c** **d** **eſ** **g**   **a** etc. bis ins   c̄ f̄

Pedal Clavier.

fis Gis *es* *as*

B C D *cis* *dis* *fis* *gis* b ͞cis

Cf **ꭥ ꭥ ꭥ** ♮c d *ef* g a ♮ ͞c ͞d e.

Anmerkung. Die erhöhten Töne sind im Praetorius wie bekannt durch Buchstaben mit Schwänzchen gedruckt. Die Töne auf der dritten Reihe: *As* und *es* haben zwar dasselbe Schwänzchen, doch geht die Absicht Praetorius' aus andern Beispielen hervor.

XIX.
Zu Dresden.

In der Schlosskirchen ist ein Werk, so M. Gottfried Fritzsche *Anno* 1614 von 33 Stimmen, Coppel zu beiden *Manualen*, Coppel zum Pedal und Rückpositiv, [187]. Heer Trummeln *E* und *F*, Zimbelglöcklin am Stern gesetzet und verfertiget hat. Das Manual-Clavir gehet vom *C* bis ins ͞*d* und ist also gesetzt:

es *as*

B C D *cis* *dis* *fis* *gis* b

Cf **ꭥ ꭥ ꭥ** ♮c d *ef* g a ♮

bis ins ͞c ͞cis ͞d, sind 53 Claves.
Das Pedal aber vom **C** bis ins ͞*d*.

Im Ober-Werk seind
13 Stimmen.

1. Ganz übergüldete Trom. 8 Fuſs ⎫
2. Schön zinnern *Octava* ⎬ Drei *Prin-cipal*
3. „ „ *Principal* ⎭
4. Groſs-Quintadeena 16 Fuſs
5. Quintadeena 8 „
6. Hölzern *Principal* 8 „
7. Coppel-*Octava* 4 Fuſs
8. *Quinta* über *Octava*.
9. Gedact Nasatt 3 „
10. Gemshorn 6 „
11. *Super Quinta* anderthalb
12. Zimbel gedoppelt.
13. *Mixtur* 4fach.
Tremulant.

Brust-Positiv
5 Stimmen.

1. Regal ganz vergüldet 4 Fuſs ⎫
2. Schön zinnern Schwigelpfeiff 1 Fuſs ⎬ Drei *Prin-cipal*
3. Schön zinnern Quintadeena 4 Fuſs ⎭
4. Gedactflötlin 2 Fuſs
5. Scharf *Octav* 2 „
Tremulant.

Das Positiv uff beiden Seiten anstatt des Rück-Positivs.
7 Stimmen.

1. Krummhorn ganz vergüldet 8 Fuſs *Principal*

2. Schön zinnern *Super-octav* 2 Fufs
3. Schön zinnern *Principal* 4 Fufs } Zwei *Principal*
4. Liebliche Flöten oder Flauten 8 Fufs.
5. *Octav-Quint.*
6. Spitz-Pfeiffen oder Quer-Flöten von Holz 4 Fufs.
7. Gedoppelt Zimbel.
Tremulant.

Im Pedal.
8 Stimmen.

1. Grofser *Sub* - Bass offen von Holz   16 Fufs
2. Gedacter *Sub*-Bass   16 ,
3. Grofs-Quintadeena   16 ,
4. *Sub*-Bass-Posaunen   16 ,
5. Offen *Principal*   8 ,
6. Cornett   2 ,
7. Spitzflötlein   1 ,
               [188]
8. Vogelgesang durchs ganze Pedal.

XX.
In der Schlosskirchen zu
Grüningen
Ward *Anno* 1596 ein Werk von M. David Becken, Bürgern u. Orgelmachern in Halberstadt uffgerichtet, welches 59 Stimmen, *Tremulant*

und Coppel zu beiden *Manualen* vermag.

Im Ober-Werk Manual
12 Stimmen.

1. *Principal*   8 Fufs
2. Zimbel doppelt.
3. Grofs-Querflöte   8 ,
4. *Mixtur*   8 ,
5. Nachthorn   4 ,
6. Holflöte   8 ,
7. Klein-Querflöte   4 ,
8. *Quinta*   6 ,
9. *Octava.*   4 ,
10. Grobgedact   8 ,
11. Gemshorn   8 ,
12. Grofs Quintadehna   16 ,

Im Pedal auf der Ober-Lade
10 Stimmen.

1. Untersatz   16 Fufs
2. Octaven-Bass   8 ,
3. Quintadeen-Bass   16 ,
4. Klein Octaven-Bass   4 ,
5. Klein Quintadeen-Bass   4 ,
6. Rausch-Quinten-Bass.
7. Holflöten-Bass   2 ,
8. Holquinten-Bass.
9. Nachthorn-Bass.
10. *Mixtur.*

Im Rückpositiv
14 Stimmen.

1. *Principal*   4 Fufs

2. Gemshorn — 4 Fuſs
3. Quintadehn — 8 »
4. Spitzflöte — 2 »
5. Gedact — 4 »
6. *Octava* — 2 »
7. *Quinta* — anderthalb
8. Subflöte — 1 »
9. *Mixtur* — 4 »
10. Zimbel — 3 »
11. Sordunen — 16 »
12. Trommet — 8 »
13. Krumbhorn — 8 »
14. Klein Regal — 4 » ·

In den beiden Seitenthörmen
zum Pedal
10 Stimmen.

1. Grofs *Principal*-Bass — 16 Fuſs
2. Grofs Gemshorn-Bass — 16 »
3. Grofs Querflöten-Bass — 8 »
4. Gemshorn-Bass — 8 »
5. Kleingedact-Bass — 4 »
6. Quintflöten-Bass — 6 »
7. Sordunen-Bass — 16 »
8. Posaunen-Bass — 16 »
9. Trommeten-Bass — 8 »
10. Schallmeyen-Bass — 4 »

Vornen in der Brust zum Manual
7 Stimmen.

1. Klein Gedact — 2 Fuſs
2. Klein *Octava* — 1 »
3. Klein *Mixtur* — 2 »

4. Zimbel doppelt. — [189]
5. Rancket — 8 Fuſs
6. Regal — 8 »
7. Zimbel-Regal — 2 »

In der Brust auf beiden Seiten
zum Pedal
6 Stimmen.

1. Quintflöten-Bass — 12 Fuſs
2. Bauerflöten-Bass — 4 »
3. Zimbel-Bass — 3 »
4. Rancket-Bass — 8 »
5. Krumbhorn-Bass — 8 »
6. Klein Regal-Bass — 4 »

XXI.
Zu Hessen uffm Schlosse.

Das hölzern, aber doch sehr
herrliche Orgelwerk, so von M.
Esaia Compenio *Anno* 1612 ge-
macht. Jetzo aber der Königin
Dänemark verehret und *Anno* 1616
doselbsten zu Friedrichsburg in der
Kirchen gesetzet worden, ist stark
von 27 Stimmen, Coppel zu beiden
Manualn, Tremulant, Grofser Bock,
Sackpfeiffe, Kleinhümlichen.

Im obern Manual
9 Stimmen.

1. *Principal* — 8 Fuſs
2. Klein *Principal* von Elfenbein
und Ebenholz — 4 Fuſs

3. Gedactflöte 8 Fufs
4. Gemshorn oder klein *Violn* 4 Fufs.
5. Nachthorn 4 Fufs
6. Blockpfeiffen 4 »
7. Gedact-Quint 3 »
8. *Super*gedactflötlin 2 »
9. Rancket 16 »

Im Unter-Manual, unten anstatt
des Positivs
9 Stimmen.

1. Quintadehna 8 Fufs
2. Klein Gedactflöte 4 »
3. *Super*-Gemshörnlein 2 »
4. Nasatt anderthalb
5. Klein *repetirt* Zimbel einfach
6. *Principal Discant* 4 Fufs
7. Blockpfeiffen-*Discant* 4 »
8. Krumbhorn 8 »
9. Geigend Regal 4 »

Im Pedal
9 Stimmen.

1. Grofser Gedactflöten-B. 16 Fufs
2. Gemshorn-Bass 8 »
3. Quintadeen-Bass 8 »
4. Querflöten-Bass 4 »
5. Nachthorn-Bass 2 »
6. Bauerflöten-Bässlein 1 »
7. Sordunen-Bass 16 »
8. Dolcian-Bass 8 »
9. Jungfrauen-Regal-Bass 4 »

XXIII.

Die Fürstliche Wittwe zu Braunschweig und Lüneburg lässt jetzo
in ihrer F. G. Schloss-Copelle zu
Schöningen durch den Churf. Sächs.
Orgelmacher M. Gottfried [190]
Fritzschen eine Orgel von schwarz-
gebeiztem *fornirtem* Holz mit Gold
gestaffiret, fertigen: Welche nachfolgende 20 Stimmen in sich begreift.

Im Ober-Werke
10 Stimmen.

1. Ganz vergüldete Posaunen
dem äufserlichen Ansehen nach,
sonsten soll es Krumbhörner-
Art sein, und also das erste
und vörderste *Principal* uff
8 Fufs.

2. Schön zinnern *Super-Octav* von
2 Fufs und ist das ander *Principal.*

3. Schön zinnern *Octav* von 4 Fufs
und ist das dritte *Principal.*

4. Gedacter *Sub*bass uff 16 Fufs.
Durchs ganze Clavir, aber doch mit
zwei Registern, also, dass ein
jedes absonderlich, eins zum Manual, das andere zum Pedal zu
gebrauchen.

5. Und dahero seind es 2 Stimmen.

6. Holzern *Principal* gar enger *Mensur*, lieblich und rechter Flöten-Art von 8 Fuſs

7. Quintadehna von 8 Fuſs

8. Spitzflöte, ist fast wie ein Gemshorn, doch lieblicher 4 ,

9. *Mixtur* 3 fach

10. Posaunen, doch nicht so gar stark, sondern uff Dolcianen-Art uff 16 Fuſs

Welche auch mit zwei Registern, gleich wie der *Subbass* soll gemacht werden, wofern es wegen des engen und kleinen Raums die Lade ertragen und leiden will.

In der Brust
5 Stimmen.

11. Blockflötlein 2 Fuſs

12. Nasatt *Quinta* anderthalb ,

13. Siefflötlin oder Schwiegelpfeiff 1 Fuſs.

14. Zimbeln 2 Chöricht

15. Geigend Regal 4 Fuſs

Im Rückpositiv
5 Stimmen.

16. Kleine Trommeten, oder Posaunen zum vördersten *Principal*, allein zum Augenschein, und dass es mit dem Oberwerklin dem ansehen nach *correspondirt*, seind aber blind und an deren statt eine Baerpfeiffe von 8 Fuſs.

17. Octävlin, das ander *Principal*, Querpfeiffen-Art 2 Fuſs

18. Querflöten, das dritte und rechte *Principal* von 4 Fuſs

19. Nachthorn , 4 ,

20. Quintlein scharf, offen, anderthalb Fuſs.

1. Coppel zu beiden Claviren.

2. Tremulant zum ganzen Werk durch und durch.

3. Bock zum Rückpositiv absonderlich.

4. Zimbelglöcklin.

5. Vogelgesang. *D E*

Die Claves im *Manual C F G A* bis ins *cis d̄* und die *dis* gedoppelt.

D E

Claves im Pedal *C F G A* bis ins *cis d̄*.

XXIII.

Hierauf folget nun ein Verzeichniss

etlicher Orgeln, derer *Dispositiones* von mir selber nach meiner wenigkeit uffgesetzet sind.

I.

Eine Orgel sampt ihren Registern zu setzen.

Von 27 Stimmen.

1. Zinnern *Principal* 8 Fuſs

2. Grob-Gedactflöte   8 Fufs
3. *Octava*   4 »
4. Gemshorn   4 »
5. Gedact-Holflöte v. Holz   4 »
6. Nasatt   3 »
7. Scharf *Quinta*   4 »
8. *Superoctava*   2 »
9. *Mixtur* 3 fach   2 »

Brust-Positiv

10. Krumbhorn, hölzern   8 »
11. Quinttetz   anderthalb
12. Doppelte Zimbel.
13. Sufflöit   1 Fufs

Rück-Positiv oder unter Clavir.

14. Schön zinnern *Principal* 4 Fufs
15. Quintadeena   8 »
16. Holflöt   4 »
17. Nachthorn von Holz   4 »
18. Klein Blockflötlein   2 »
19. *Octav*   2 »
20. *Quinta*   anderthalb
21. Kleiner Zimbel.
22. Schallmey   8 Fufs

Zum Pedal.

23. Offener untersatz von holz   16 Fufs
24. Posaunen Sordun.-Art 16 »
25. Starker Dulcian   8 »
26. Bauerflötlein   1 »
27. Singend Cornett   2 »

Hierzu werden erfordert:

2 *Tremulanten* im Ober-Werke und Rück-Positiv, ein jeden sonderlichen zu gebrauchen.
Coppel zu beiden Claviren.
Coppel des Pedals zum Positiv.
8 gute beständige Blasbälge.

II.

Designatio einer andern von 19 Stimmen, Coppel zu beiden *Manualn.* Coppel des Pedals zum Rückpositiv. Stern zum Zimbelglöcklin. Vogelgesang. Trummel.

Ober-Werk.

1. *Principal*   8 Fufs
2. *Octava*   4 »
3. *Mixtur* 4 fach, darinnen *Octav*, 2 Fufs, Quint, anderhalb Fufs.
4. Grob-Gedact, Rohrflöte 8 Fufs
5. Nachthorn   4 »
6. Schwiegelpfeiff   1 »
7. Ranckct od. stille Posaun 16 »
[192]

Rückpositiv.

8. Quintadeena   8 »
9. Blockflöte   4 »
10. Gemshörnlein   2 »
11. Zimbel doppeit, gar klein und scharf.
12. Spitzflöt oder Spillflöt 4 Fufs
13. Krumbhorn   8

In die Brüst.

14. Klein lieblich Gedactflöt. Rohrflöt   2 Fufs
15. Baerpfeiff   8 »
16. Geigend Regal   4 »

Zum Pedal.

17. Untersatz stark   16 »
18. Posaunen-Bass   16 »
19. Cornett   2 »

III.

Ein Werk von 15 Stimmen zu
setzen.

1. *Principal*   4 Fufs
2. Gedact lieblich   8 »
3. Spitzflöt   4 »
4. *Octaven* lieblich   2 »
5. Schwiegel oder Schweizerpfeiff,
lieblich   1 Fufs
6. Zimbel, darinnen eine kleine
Quint, 3 fach, gar klein.

In die Brust.

7. Geigend Regal   4 Fufs
8. Sordun oder Rancket 16 »

Seiten-Positivlein.

9. Krumbhorn   8 Fufs
10. Nachthorn   4 »
11. Spitzflöt   2 »
12. Nasatt   anderthalb Fufs
13. Zimbel 2 fach.

Pedal.

14. Untersatz von Holz   16 Fufs
15. Posaun-Bass   16 oder 8 »
Coppel des Pedals zum Rück-
positiv.
Coppel zu beiden *Manualn.*
Trummel.
Tremulant zum ganzen Werk.
Bock zum Rückpositiv.
Vogelgeschrei.

IV.

Disposition einer gar kleinen
Orgel,
von 10 oder 11 Stimmen.

1. *Principal*   4 Fufs
2. Rohrflöt oder Gedact mit einem
abgesonderten Bass   8 Fufs
3. *Octava*   2 »
4. Sciffloit (Sifflöte)   1 »
5. Nasatt *Quinta* anderthalb »
6. Zimbel gar klein, 2 oder 3
Chöricht, anstatt der *Mixtur.*
7. Blockflöt   4 Fufs
8. Nachthorn   4 »
9. Krumbhorn   8 »
10. Pedal-Untersatz v. Holz 16 »

[193]

Könnte er aber durchs ganze
Manual durchgehen und hernacher
zum Pedal abgesondert werden, wäre
es desto besser.

Ein Clavir, doch dass uff beiden Seiten die Register halbirt, bis ins c etc., darmit man den Choral drufführen kan, mit unterschiedlichen Stimmen. *Tremulant.* Vom C bis ins c oder d, welches besser. Pedal vom C bis ins d.

Der Organist soll hinter dem Werke sitzen, dass das Werk vornen herauskömpt.

Weil man eine Quintadeen von 8 Füfsen darzu setzen und den Bass auch absondern, so kan mans in acht nehmen.

V.

Disposition einer Orgel von 16 und 48 Stimmen.

				Ober-Positiv.	
1.	Unter-Bass von dickem Dannenholz	16 Fufs			
2.	Gedactflöte	16 ›		Untersatz	8 Fufs
3.	Sordun od. Posaun	16 ›		Gedactflöt	8 ›
4.	Krumbhorn	8 ›		Sorduen	8 ›
5.	Trommet oder stark Regal	8 Fufs		Krumbhorn	4 ›
				Regal	4 ›
6.	*Principal*	8 ›		*Principal*	4 ›
7.	Gemshorn	8 ›		Gemshorn	4 ›
8.	Quintadeen	8 ›		Quintadeena	4 ›
9.	*Octava* offen	4 ›		*Superoctava*	2 ›
10.	Klein Blockflöt	4 ›		*Super*-Blockflötlein	2 ›
11.	Gemshorn	4 ›		S.-Gemshörnlein	2 ›
12.	Nachthorn	4 ›		S.-Nachthörnlein	2 ›
13.	*Quinta*	3 ›		Nasatt	anderthalb
14.	*Superoctava*	2 ›		Sieffloit	2 Fufs
15.	Klein-Zimbel.			Klein Zimbel.	
16.	*Mixtur*, 4, 5, 6 Pfeiffen oder mehr.			*Mixtur*.	

(Seitlicher Text:) Gibt im Ober-Positiv eben so viel Stimmen, doch alle in der *Octava* höher.

Summa 48 Stimmen und noch darüber.

1. *Tremulant.*
2. Stern-Zimbelglöcklin.
3. Kuckuck.
4. Vogelgesang.

5. Hummelchen.
6. Bock.

VI.   [194]

Disposition einer Orgel
von 18 Stimmen.

Im Ober-Werke
9 Stimmen.

1. *Principal* von   8 Fufs
2. Koppel oder Blockflöte, oder
   lieblich Gedact von   8 Fufs
3. Nachthorn   4   ›
4. *Octava* von   4   ›
5. Gemshorn lieblich von 2   ›
6. *Quinta* von   drittehalb Fufs
7. *Mixtur* von 2 Ffs. Pfeiffen stark.
8. Untersatz von Holz auf 16 Fufs
9. Trommeten auf 8 Fufs Ton
   und 8 Fufs lang.

Im Rück-Positiv
9 Stimmen.

1. *Principal* von   4 Fufs
2. Koppelflöten von   4   ·›
3. Quintadeen   8   ›
4. Assat*) uff die *Quinten* anderthalb Fufs.
5. Querpfeiffe lieblich von 4 Fufs
6. Cymballen lieblich.
7. Zifflit von (Sifflöte)   1   ›
8. Schallmeyen von   4   ›
9. Krumbhorn von   ·8   ›

*) Nasat?

7. Trummel.

Tremulant.
2 Coppeln, etc.

VII.

Disposition einer Orgel von
22 Stimmen.

Ober-Werk zum Manual.

1. *Principal*   8 Fufs
2. {Grofs-Quin-{Im*Man.* u.}
3. { tadeena {Ped. abg.} 16   ›
4. Gedacte Flöt od. Rohrflöt lieblich   8 Fufs
5. *Octava* enger *Mensur* 4   ›
6. Nachthorn oder Quintadeena
                  4 Fufs
7. Nasatt-*Quinta*   3   ›
8. *Mixtur*, 4, 5, 6, 7 Chöricht, do
   man denn auch ein abgesondert
   Register zur 2 Chörichten Zimbel machen könnte.

Zum Pedal alleine im Ober-
Werk.

9. Gedacter starker Untersatz
                  16 Fufs
10. Posaunen-Bass   16   ›

Brust.

11. Klein-Blockflöt   2   ›
12. Siflöt od. Schwiegelpfeiff 1   ·
13. Geigend Regal   4   ›

NB.

Wo nicht fleifsige Organisten verhanden, da sind viel Regal- und Schnarrwerke nichts nütze, sonderlich von 4 Füfsen, denn dieselbe wollen einen unverdrossenen fleifsigen Organisten haben, der sich nicht verdriefsen lässt, alle acht Tage alle Schnarrwerke durch und durch zu stimmen und in ihrem Stande zu erhalten: Inmafsen ich dann in der Grüningschen Orgel bei den vierzehn Schnarrwerken solches ohne Ruhm mir nicht wenig angelegen sein lassen.

Wollte man nun auch die Brust ganz [195] aufsen lassen, so kann man das kleine Blockflötlin von 2 Füfsen ins Oberwerk, und das Siflötlein von 1 Fufs ins Rückpositiv bringen.

Rück-Positiv.

1. Schweizer-Pfeiff zum *Principal* vornen an   4 Fufs
2. Quintadeena   8 »
3. Gemshorn od. Spitzflöt   4 »
4. Holflöt oder Querflöt   4 »
5. Klein-*Octava*   2 »
6. Holquinten oder Scharfquinten anderthalb Fufs.
7. Zimbeln   2 Chörich

8. Trommeten   8 Fufs
9. Krumbhorn   8 »

Wiewol man eins unter diesen beiden Schnarrwerken auch aufsen lassen könnte.

Coppeln und *Tremulanten*, wie in den vorigen *Dispositionibus*.

(Darauf folgt die Ankündigung des *Tomus Tertius*, bis Seite 196, mit dem Schlussworte: Ende.)

[197]

Noch hab ich etlicher Orgeln *Dispositiones* allhier mit anhengen wollen.

Als:

1. Zu Sondershausen: So der Hoch- und Wohlgeborne Graf und Herr, Herr Graf zu Schwarzenburg durch M. Gottfried Fritschen, Churf. Sächsischen Orgelmachern zu Dresden, *Anno* 1616, Hat 36 Stimmen.

Im Ober-Werk
11 Stimmen.

1. Schön *Principal*   8 Fufs
2. Hölzern *Principal* eng und lieblich   8 Fufs
3. *Quintadehna*   8 »
4. Scharf *Octav*   4 »
5. Nachthorn offen, weiter *Mensur*, ist sehr lieblich   4 »

6. *Quinta* 3 Fuſs
7. Nasatt lieblich 3 »
8. *Mixtur* 6 fach
9. Zimbel 2 fach
10. *Quintadehn Sub*-Bass, 16 Fuſs
11. Dolcian oder Rancket 16 f. Holz

Pedal-Bäſse in den Thürmen,
8 Stimmen.

12. *Principal Sub-Bass* von reinem Zinn in 16 Fuſs, darinnen sind die 3 untersten Pfeiffen als *C*, *D*, *E* doppelt klingend gesetzet, also dass die grofsen *Principal-*Pfeifen auf beiden Seiten an der Gröfse und Länge einander gleich *respondiren*.
13. Hölzern *Sub-Bass* 16 Fuſs
14. Rohrflöt-*Bass* 16 »
15. Zimbel-*Bass*.
16. Posaunen 16 »
17. Trommet 8 »
18. Singend Cornett.
19. Allerlei Vogelgesang.

Brust-Positiv
6 Stimmen.

20. Gemshorn 4 Fuſs
21. *Octav* 2 »
22. Blockflöt 2 »
23. *Quintadetz*.
24. Schwiegelpfeiff 1 »
25. Geigen-Regal 4 »

Rück-Positiv
8 Stimmen.

26. *Principal* 4 Fuſs
27. Grob Gedact-Flöt 8 »
28. Klein-Gedact 4 »
29. Querflöt 4 »
30. Octävlin 2 »
31. Quintlein.
32. Zimbeln.
33. Rancket od. Bärpfeiffe 8 Fuſs
34. Umlaufender Stern.
35. Rechte Heerpauken.
   Zween Tremulanten.
   Zwölf Blasbälge.
   Vom *C*. bis ins $\bar{f}$ und doppelte *Semitonia* im *dis*.

[198]

II.

Auch hab ich an selbem Orte ein sehr fein Orgelwerklin gesehen, welches gar subtil, sauber und kleinlich in Gestalt eines kleinen Schäpleins oder *Contors* gearbeitet, also dass man nimmermehr vermeinen sollte, so viel Stimmen darinn vorhanden sein könnten: ist vor etlichen siebenzig Jahren von einem Mönche gefertiget worden. Dasselbe hat vierzehn Stimmen, 2 *Manual* und 1 Pedal.

Die Pfeiffen zum Pedal liegen unten, zu beiden Manualen oben.

15

Zum Obern Clavir
5 Stimmen.

1. Regal   8 Fufs
2. Gedact lieblich   4 ,
3. *Principal*   2 Fufs
4. *Octav*   1 ,
5. Zimbel.
   Vogelgesang.

Zum untern Clavir
4 Stimmen.

6. *Quintadehn* od. Nachthorn sehr
   lieblich   4 Fufs
7. Klein Gedact   2 ,
8. Octävlin   1 ,
9. Zimbel.

Im Pedal
5 Stimmen.

10. *Sub-Bass* von Holz, Gedact
        8 Fufs
11. Posaunen   8 ,
12. Gedact   4 ,
13. *Principal*   2 ,
14. Schweizer Bässlein in der *Octav*
    repetirende.
    Trummel.
    Tremulant und noch andere
    extraordinarii Stimmen.

III.

Disposition der Orgel zu *S. Got-
hart* in Hildesheim, von Meister
Henning, welcher anfangs ein
Tischler gewesen und durch Gottes
Gnad so weit kommen, dass er
nebens dem grofsen 32 füfsigen Orgelwerk im Stift *S. Blasii* zu Braunschweig, *sub num.* XIII, noch viele
andere herrliche, liebliche und wolklingende Orgeln verfertiget.

Ober-Werk zum Manual und
Pedal
12 Stimmen.

1. Grofs-*Praestant*   16 Fufs
2. *Octav* uff   8 ,
3. *Octav*   4 ,
4. *Quint*   3 ,
5. *Mixtur* im Discant von 12
   Choren.
6. Untersatz, Gedact im Pedal
       16 Fufs
7. Gedactflöt, auch Manualiter
       16 Fufs
8. Holflöt   8 ,
9. Coppelflöt   4 ,
10. Gemshorn   2 ,
11. Dolcian im Manual   16 Fufs
12. Trommet im Manual   8 ,

Im Rückpositiv
11 Stimmen.

13. *Principal*   8 Fufs
14. *Octava*   4
15. *Quintadehna*   8

16. Zimbeln doppelt.
17. Holflöt   8 Fuſs

[199]

18. Holflöt   4 . »
19. Querflöt   4 »
20. Quintflöt   4 »
21. Assat (Nasat?)   2 »
22. Krumbhorn   8 »
23. Cornett   4 »
Vogelgeschrei, Kuckuck, Drommel, 5 Blasbälge.

NB.

Es hat aber dieser Meister Henning eine gar sonderliche Art von Blasbälgen im brauch, die den andern Spaenbälgen, vielmehr aber den ledern Bälgen weit vorgehen, und haben nur ein einige Falten so eines Schuchs, das ist einer halben Ellen hoch in die Höh aufgehet und sich gleich als 2 dicke (drei Finger breit) eichene Bretter zusammenschleust, dass man also nichts mehr davon siehet und also weder von der Luft noch von Menschen Schaden nehmen kann. Die Länge ist gemeiniglich 8 oder neuntehalb Schuch lang und fünftehalb Schuch breit; zu den groſsen Orgeln aber 9 Schuch lang und 5 oder sechstehalb Schuch breit. Etliche

machen auch nur 2 Falten an Blasbälge, welche auch gar gut sein.

IV.
Orgel im Kloster Riddageshausen

von 31 Stimmen, welche der jetzige Abt, Herr Heinricus, durch den Fürstl. Erzbischoffl. Magdeb. Orgelmacher, *Heinricum Compenium* verfertigen lassen.

Im Oberwerk
11 Stimmen.

1. *Principal* von reinem Zinn, etwas weiter Mensur   8 Fuſs
2. Groſse Rohrflöt durchs ganze *Manual*   16 Fuſs
3. Abgesonderter Bass im Pedal allein, von vorgedachter Rohrflöt   16 Fuſs
4. Gedacte Rohrflöt lieblich uff 8 Fuſs.
5. Grofs Gemshorn   8 Fuſs
6. *Octava*   4 »
7. Spitzflöt oder Flachflöt   4 »
8. *Quinta* scharf   3 »
9. Querflöt lieblich   3 »
10. *Mixtur* unten 5 fach, mitten 6, oben 8 fach, die gröſste von 4 Füſsen. (11 fehlt.)

In der Brust

4 Stimmen mit einem Abzuge.

12.	Blockflötlin	2 Fufs
13.	Nachthorn	4 »
14.	Rancket od. Krumbhorn	8 »
15.	Geigend Regälchen	4 »

Rück-Positiv

10 Stimmen.

16.	*Principal*	4 Fufs
17.	*Quintadehna*	8 »
18.	Grofs hölzern Gedact	8 »
19.	Rohrflötlin	4 »
20.	Gemshörnlin	2 »
21.	Nasat anderthalb Fufs	
22.	Siflöt	1 Fufs
23.	Zimbeln einfach gar klein.	

6 { 24. Trommeten gedämpft 8 Fufs
25. Sorduen von Holz Dolcianen-
Art 16 Fufs

Pedal-Bässe

6 Stimmen

26. Ein starker offner untersatzer
Sub-Bass von Holz 16 Fufs
[200]

27. *Jula* 8 Fufs

7 | 28. Nachthorn oder Bauerbäss-
lein 2 oder 1 Fufs

8 | 29. Starker Posaunen-Bass 16 »
30. Posaun od. Trommet 8 »

9 | 31. Singend Cornettbäss-
lein 2 »

Summa 31 Stimmen.

Ueber diese

1. Zimbelglöcklein mit ein
Stern, 2. Trummel, 3. Vogelgesang.

Vier *Ventile* {
1. Zum Oberwerk.
2. Brust.
3. Rückpositiv.
4. Pedal.

1. Tremulant zum ganzen Werk.
2. Bocktremulant zum Rückpositv
allein, und dass die Regal und
Schnarrwerke auch zum Tremulanten gebraucht werden
können.

1. Coppel zum Rückpositiv und
Pedal.

2. Spaenbälge stark und wolver-
wart. Mit einer doppelten Windladen neuer *Invention*, da die
Ventile sich von einander kehren,
damit man zu allen Sachen
mit dem Gesichte reichen und
sehen kann.

Pedal-Clavir.

fis Gis
D E B cis dis fis gis b cis
Cs D A H c d e f g a h c d e

V.

Eine andere

Ohngefährliche *Disposition* eines
Orgelwerks von 34 oder 35 Stimmen

nach Art der Dresdnischen und Schöningischen: Dergleichen vielleicht zu Barait (Baireuth) im Voigtlande von mehr gedachtem Churf. Sächs. Orgelmacher Gottfried Fritschen diesen Sommer wird gefertiget werden.

Oberwerk
13 Stimmen.

Drei *Principal*-Pfeiffen so im Augenschein kommen {
1. Posaunen v. Holz ganz übergüldet. Am laut Trommeten - Art uff 8 Fuſs Ton.
2. Das ander *Principal*, zinnern *Octav*, offen von 4 Fuſs Ton.
3. Das dritte *Principal*, zinnern *Principal* von 8 Fuſs Ton.
}
4. Zimbel 2 fach.
5. *Mixtur* 6 fach.
6. Gedacter *Sub - Bass* lieblich durchs ganze *Manual* mit einem abgesonderten Bass zum Pedal allein.
7. Und gibt zwo Stimmen 16 Ffs.
8. Hölzern *Principal* enger *Mensur* uff rechte Blockflötenart 8 Fuſs.
9. *Quintadehna* uff   8 Fuſs
10. Spitzflöt lieblich   4 ,

[210]

11. Nachthorn, offen, weiter *Mensur*, gar lieblich   4 Fuſs
12. *Quinta* scharf   3 ,
13. Rancket oder Sorduen uff 16 Fuſs Ton.

Brust-Positivlin
6 Stimmen.

auch 3 *Prin-cipalia* {
14. Geigend Regal von Holz, ganz vergüldet, uff   4 Fuſs
15. Schön zinnern Schwiegel oder Holflöten uff   1 Fuſs
16. Gemshorn, still oder klein Gedact, auch von schönem Zinn   4 Fuſs
}
17. *Superoctavlin* scharf uff 2 Fuſs Ton.
18. Blockflötlin   2 Fuſs
19. Klein *Quintadetz* an statt der Zimbeln.

Rück-Positiv
11 Stimmen.

Auch 3 *Principalia* {
20. Kleine Trommeten, von Holz, ganz vergüldet, müssen aber blind sein, dieweil man von vornen zum stimmen nit kommen kann, es wäre denn, dass ein Chor oder Poer-Kirche
}

Auch 3 *Principalia.*

unter die Orgel von deren
man zu den vörder Pfeif-
fen des Rückpositivs kom-
men könnte.

21. Schön zinnern *Super-
octava*, Querpfeiffen-Art
2 Fufs.
22. Schön zinnern *Principal*
2 Fufs.

23. Grofse Coppel oder liebliche
Flöten uff   8 Fufs
24. Klein *Quintadehn*   4 „
25. Querflöten   4 „
26. Gembshörnlein oder gedact-
Flötlein   2 Fufs
27. Nasatt *Quinta*, lieblich, anderthalb Fufs.
28. Zimbeln klein einfach.
29. Rancket od. Baer-Pfeiffen 8 Ffs.
30. Krumbhorn   8 Fufs

Bässe im Pedal
5 Stimmen.

3 *Principalia.*

31. Grofs Posaunen-B. 16 Ffs.
32. Starker *Sub-Bass* gedact
Zinnern   16 Fufs
33. Grob-*Principal-Bass* Zinnern von   16 Fufs
34. *Cornett*-Bässlin.
35. Vogelgesang durchs ganze *Pedal.*

Extraordinarii-Stimmen.

36. Umblaufender Stern mit Zimbelglöcklin.
37. Kuckuck: Nachtigal.
1. Coppel zu beiden *Manualen.*
2. Coppel zum Pedal und Rückpositiv.

Wollte man drei Manual-Clavir
haben, so könnte man noch eins
zum Brust-Positiv machen.

1. Tremulant zum ganzen Werke
durch und durch.
2. Tremulant zum Rückpositiv
ab-   [202]
sonderlich, wird sonsten der
Bock genannt, 9 oder 11 Blasbälge.

Clavir zum Manual.

Fis Gis   es
B C D   dis
Cis A H C D e f bis ins d oder f

Zum Pedal.

Dis Fis Gis B   bis fis
C D E F G A H C D e f etc. bis
cis
ins c d e

Es gefält mir auch gar wol,
dass man zu einer jeden Laden ein
absonderlich Ventil macht, damit
1. nicht ein jeder, so uff die Orgel
gelaufen kömpt, wisse sich drein
finden könne, ob er gleich die Re-

gister ziehet. 2. Dass der Wind nicht so bald alle Laden erfüllet, wenn man nicht auf allen Claviren schlagen will.

VI.

Noch ein *Disposition* zu eim kleinen Werklein uff gar liebliche Art gerichtet,

von 13 Stimmen.

Ober-Werk.

1. Liebliche Rohrflöt   8 Fufs
2. Nachthorn   4 »
3. Gemshorn Spitzflöt   4 ».
4. Octävlin scharf   2 »
5. Krumbhorn   8 »

Unter-Positiv.

6. Quintadehna   8 »
7. Blockflöt   4 »
8. Zimbel scharf, gar klein 2 und 3 fach
9. Nasatquint   anderthalb Fufs

10. Rancket 16 oder Baerpfeiff   8 Fufs
11. Klein Regal.

Pedal.

12. Untersatz   16 Fufs
13. Sordunen, oder gar stille liebliche Posaunen   16 Fufs
Coppeln zu beiden Manualn. Und was sonsten mehr bei andern Orgeln erinnert werden.

Wollte man es etwas schärfer haben, so kann man ein lieblich *Principal* von 4 Füfsen darzu setzen.

Es müssen aber alle Stimmen auf die enge *Mensuren* gerichtet und gar lieblich *intoniret* werden.

NB.

Was sonsten etwa allhier nicht erinnert worden, dasselbe wird in dem träctätlin vom Verdingnis, Bauen und Lieferung einer Orgel vielleicht angedeutet werden.

Darauf folgt von Seite 204 bis 230 der Index, den ich aber, den modernen Ansprüchen gemäfs, durch einen brauchbareren ersetze.
Seite 231 bis 234 befinden sich noch Nachträge.

NB. [231]

Dieweil in diesem *Tomo Secundo* zum oftern des rechten *Chor-Tons* erwähnet, und ich befunden, dass an vielen örtern, auch wol in sehr grofsen und vornehmen Städten und doselbst befindlichen herrlichen Orgelwerken, die rechte Chormafs, wornach sich die Menschen-Stimmen, so wol als die *Instrumenta* richten müssen, nicht — sondern der *Tonus* derselben entweder zu hoch oder zu niedrig: Und solches einer von den fürnembsten *Defecten* der Orgeln ist. So hab ich uff allerlei Mittel und Wege gedacht, wie und welcher gestalt solchem abzuhelfen und einem jeden, so wol Orgelmachern als Organisten der rechte *Tonus* und Chormafs bekannt würde, wornach ein Orgelmacher sich richten, die neue Orgeln nach demselben *intoniren*, die alten aber *renoviren* und *corrigiren* könte. Derowegen hierunter einen richtigen Abriss der rechten Chormafs setzen wollen; von dem $\bar{c}$, so nach Orgelmacher-Mensur ein halben Fufs-Ton (wenn das grofse C von 8 Fufsen ist) bringet.

      C 8 Fufs, *c* 4 Fufs, $\bar{c}$ 2 Fufs, *c* 1 Fufs, $\bar{\bar{c}}$ ¹/₂ Fufs.

Nach welcher Mensur etliche Pfeifflin zur rechten Chormafs durch eine gantze *Octav* gar just und rein können gearbeitet werden: Deren sich, neben den Orgelmachern, auch die Organisten und *Cantores* zum anstimmen zu gebrauchen.

Inmafsen dann auch in folgendem *Tractat* von der Orgeln Verding-nüss, Bau und Lieferung soll angezeigt werden: Welcher gestalt man mit gar geringer Müh, auch ohne sonderbahren Kosten, eine Orgel, so wol auch *Clavi-Cimbel* und *Instrument* entweder umb einen *Tonum* oder *Semitonium* höher oder niedriger zur rechten Chormafs bringen könne.

Welches alles dann ein jeder Orgelmacher (die ich wegen ihrer Kunst

sehr liebe, *venerire* und ihnen alles Liebes und Gutes gönne und wünsche)
im besten und nicht zum ergesten von mir aufnehmen und verstehen wolle.
Denn was ich an einem und anderm Ort, bevorab pag. 159, 160 erinnert, desselben hat sich kein rechtschaffener Orgelmacher, sondern allein
die Hümpler und Stümpler, die noch nicht eine Pfeiffe recht anzurichten
gelernet und flugs Meister spielen wollen, anzunehmen. Sintemahl ich
wol weifs, was von dieser Kunst, so auch in Wahrheit mit unter hohe
Künste zu rechnen, zu halten sei: Darvon vielleicht an eim andern Ort
weitläuftiger zu *tractiren* ich gute gelegenheit *offeriren* könte.   [232]

Pfeifflin zum Chormafs.

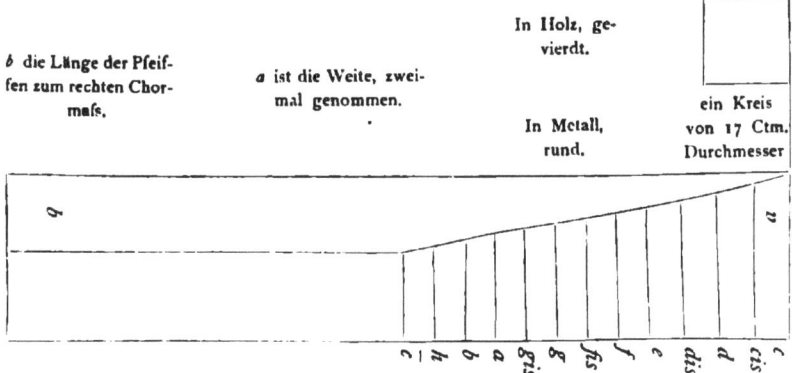

Auch halte ich vor meine Wenigkeit kein besser *Instrument*, den
rechten Ton zuerfahren, als eine Posaune, sonderlich die vor der zeit und
noch zu Nürnberg gefertiget sein: Dass man nemblich den Zug umb zwei
Finger breit vom ende ausziehe, so gibt es gar und just in rechter Chor-
mafse das *alamire* im Tenor:

Dieweil die *Cornet* sonderlich und auch die Flöten leichtlich überblasen, so wol die *Fagot* und *Dolician*, nach dem sie beröhret sein, bald niedriger, bald höher *intonirt* werden können: Und man also sich darauf nicht zu verlassen hat. Derowegen dann auch in die Regalia, so unter meine Hände gerahten, Ich ein Pfeifflin zur rechten *Intonation* des *c*, oder *f*, oder *g* einrichten lassen, darmit man allzeit die Regalia oder andere *Instrumenta pennata* nach solchem Pfeifflein stimmen und einziehen könne. Dieweil man doch nimmermehr ein Pfeifflein mit dem Winde und anblasen des Mundes, so gewis intoniren kann, als mit den Blasebälgen des Regals, welche den Wind allzeit gleich halten und nicht *falliren* können. [233]

Ad fol. 170 sol auch die *Disposition* nachfolgender Orgel referiret werden.

Orgel zu S. Lambrecht in **Lüneburg**, hat 60 Stimmen und drei Manual-Clavir. Mittel- oder Grofs-Werk: zum mittlern Clavir:

Hat 13 Stimmen:

1.	*Principal*	16 Fufs	16.	Querpfeiff	8 halbirt	
2.	Gedact	16 »	17.	Quintflöt	3 Fufs	
3	Octava	8 »	18.	Nasat	3 »	
4.	*Jula* oder Spitzflöt	8 »	19.	Gedact	2 »	
5.	Querpfeiff	8 »	20.	Gemshorn	1 »	
6.	Octava	4 »	21.	Waldflötlein	1 »	
7.	Spillpfeiff	4 »	22.	Feldpfeiff	} »	
8.	Flöte	4 »	23.	Zimbel.		
9.	Spitz-Quinta	3 »	24.	Trummet	8 »	
10.	Octava	2 »	25.	Regal	8 »	
11.	Rufspfeiff.		26.	Krumbhorn	8 »	
12.	Zimbel.		27.	Zinck, halbirt	8 »	
13.	Mixtur.					

Ober-Werk zum Obern Clavir.

Hat 14 Stimmen.

14. *Principal*   8 Fufs
15. Hellpfeiff   8 »

Rückpositiv.
Hat 15 Stimmen.

28. *Principal*   8 »
29. Quintadehna   8 »
30. Gedact   8 »

31	Blockflöt	4 Fuß		47.	*Superoctava*	4	.
32.	Holflöt	4 »		48.	Nachthorn	4 Fuß
33.	Quintflöt	3 .		49.	Spitz-Quint	3 .
34.	Octava	2 »		50.	Gemshorn	2 .
35	Sedetzen-Quint	1½ »		51.	Baur-Flöt	1 .
36.	Sciflöt (Sifflöt)	1 »		52.	Rauschpfeiff.	
37.	Repetirend Zimbel.			53.	Zimbel.	
38.	Scharp.			54.	Mixtur.	
39.	Mixtur.			55.	Posaunen	16 Fuß
40.	Regal.			56.	Krumbhorn	16 »
41.	Schalmey.			57.	Trommetten	8 »
42.	Baarpfeiff (Bauerpfeiff oder Baerpfeiff?)			58.	Schalmey	4 .
				59.	Cornet	2

Pedal-Bässe [234]

17 Stimmen.

43.	Principal-Bass	16 Fuß
44.	Untersatz	16 »
45.	Octava	8 »
46.	Gedact	» »

Tremulant.

1.	Ventil zum	Oberwerk.
2.		Mittelwerk.
3.		Pedal.

1. Coppel zu beiden Manualen.
2. Coppel, Pedal zum Rückpositiv.

(Darauf folgen die *Errata* bis Seite 236.)

Nachbemerkung. Eine Ausgabe vom Jahre 1619 unterscheidet sich auf dem Titelblatt durch einen rot und schwarzen Druck. Zeile 5 schließt mit einem Punkt, Zeile 8 mit *Einheimi-*', Zeile 11 heißt das letzte Wort *Abconterfeyung* für *Conterfeyung*, Zeile 13 *vnd* für *vnnd*, Zeile 15 *Regahl vnd* für *Regal vnnd*, Zeile 16 *stimen* für *stimmen*, *waß* für *was*, *vberliefferung*, Zeile 20 *vnd* für *vnnd*, *zugethanen*', Zeile 21 *Philosophis*, Zeile 22 *Philologis* etc. *sehr lustig*, Zeile 23: *vnd, anmütig zu le-| sen. Benebenst einem außführlichem Register. | Gedruckt zu Wolffenbüttel, bey Elias Holwein Fürstl. Brauns. Buch-| trucker vnd Formschneider daselbst. In Verlegung des Autoris. Anno Christi M.DC.XIX.|*

Blatt 2—6 eine Dedication: »Denen Ehrenvesten, Grofs- vnnd Hoch-| achtbarn, Hoch- vnd Wolgelarten, Hoch- vnd wolweisen, | auch Führnemen, Herren Bürgermeistern vnd gan- | tzen Raht der Stadt Leipzig, | Meinen grofsgünstigen Herren vnd mechti-'gen Beförderern,« etc. Er bringt darin einige historische Nachrichten über die Instrumente der Juden und der »Heyden«, worunter er Griechen, Römer und Türken versteht. Dann erwähnt er Georgius Rhaw, »welcher zu seiner zeit albereit eine *Missam* mit 12. Stimmen *Componiret*, in Sanct Thomas Kirchen in grofser Versamlung *Muficiret*, vnnd damit einen grofsen *applaufum promeriret* hat, auch hernach vmbs Jahr Christi 1530. eine besondere *Muficam practicam* in zwey Büchern aufsgehen lassen, welche auch annoch von den *Italis allegiret* wird: Dann auch Iohannem Galliculum, welcher in *praxi* also erfahren gewesen, dz er vmbs Jahr Christi 1520. einen sonderlichen *Tractat de compofitione Cantus* in öffentlichen Druck hat aufsgehen lassen: Anderer nach diesen, geliebter kurtze halben zu geschweigen, wird mit allen ehren vnd ruhm gedacht defs hocherfahrenen vnd vortrefflichen *Mathematici, Mufici* vnnd *Chronologi* Herrn *Sethi Calvifii S.* gedechtnüfs, welcher nicht allein in *Chronologicis* vnd *Muficis* jhm einen vnsterblichen Nahmen erlanget, besondern auch den trefflichen Mann *M. Johannem Lippium* dermafsen *Inftituiret*, dass er in *Muficis* weit kommen, auch viele *Scripta* ferner gemeinem Vaterland zum besten hette in *publicum* geben können, wo er nicht durch den früzeitigen Todt aus diesem leben wehre hinweg genommen worden, dessen stell aber numehr mit einem auch vornemen *Mufico practico* vnd *Componisten Johan Hermanno* Schein ersetzet worden. Alfs bin ich auch der meinung, das vorgedachtem vortrefflichem *Calvifio*, sonderlich, was *Theoriam* in *Muficis* anlangen thut, der Sinnreiche *Mathematicus* vnd *Muficus Theoricus Henricus Baryphonus Werniggerodano Cheruscus* jetziger zeit *Muficus* vnd *Cantor* zu Quedlinburg rühmlich nachfolgen, vnd seine *Opera Theorica-Mufica*, damit Teutscher *Nation* mercklichen wird gedienet seyn, auch albereit viele vorneme Leute mit verlangen darauff warten, in kurtzen an Tag geben wird.«

Darauf folgen noch einige Höflichkeitsformeln. Blatt 7 und 8 enthalt

das Vorwort der ersten Ausgabe auf Blatt 3—4, doch in gröfseren Druck-
lettern. Am Schluss folgt gleich nach Valete: DIe fVrCljt Des Herren Ift
Der VVcIsljeIt anfang." (Das ergiebt die Jahreszahl 1610.)

Nun folgt Blatt 8 v. bis 14 die Inhaltsangabe der ersten Ausgabe auf
Bl. 2, die aber hier in umständlicherer Weise und mit Hinzufügung eines
Registers mitgeteilt ist. Diesem schliefst sich dann ein neuer Abschnitt
an, überschrieben:

›Von Harmonischer Einigkeit der Kirchen Muficʻ, in dem er schlechten
Cantores und Organisten den Text lieft und ihnen schliefslich anbietet
seine ›publicirte lateinische Opera, als Missodia, Hymnodia, Megalodia und
Eulogia‹ zu schenken, wenn sie sich deshalb an ihn selbst wenden wollen.
Darauf giebt er ein Verzeichnis der von ihm gedruckten Gesänge. Dieser
Abschnitt schliefst dann auf Bl. 14 mit einigen Lobgedichten auf den
Verfasser.

Das nun Folgende ist von 1 ab paginirt und ein genauer Abdruck
der ersten Ausgabe, oder vielmehr derselbe Druck, nur Titel und Vor-
blätter sind neu gedruckt, denn das Druckfehler-Verzeichnis Seite 234 ist
genau dasselbe.

Namen- und Sach-Register*)

verfasst von *Robert Eitner.*

*) Das im Praetorius vorhandene Register auf den Seiten 204—228 und hinter den Ab-
bildungen Bogen F1 und F2 ist den heutigen Bedürfnissen nicht mehr entsprechend.

16

Aus dem Register zu den Abbildungen, letzte Seite Bog. **Fij v.**, wäre noch hinzuzufügen:

Tafel 35. Grofs Clavier so in der grofsen alten Orgel im Thumb zu Magdeburg gewesen.

Tafel 36. Zwey New erfundene Instrumenta, das Eine in gestalt eines Hackebretts, das Andere in gestalt einer Harfen.

Noch ein alt Italianisch Instrument, Num: 3, so von dem gemeinem Mann in Italia genennet wird: *Istromento di porco*, zu Teutsch, eine Saw oder Schweinekopff: von *Ludovico de Victoria, Istromento di Laurento:* von *Jofepho Zarlino Clodiensi, Musicorum Principi, Istromento di alto Basso.* Auf der einen Seiten sind die Wirbel von weifsen Knochen, etwas länger als die eiserne uffn Clavicymbeln zu sein pflegen, haben in der Mitten ein Löchlin, dadurch die Saiten gezogen werden: uff der andern seiten sind die Wirbel aus Holz geschnitten, inmafsen der daselbst beigefügte Abriss ausweiset. Der Saiten sind an der Zahl dreifsig und eine immer länger als die ander.

Tafel 40. 41. 42. Die Instrumenta und Abrisse, so uff diesen dreien Stöcken befindlichen: Hab Ich in einem Buch funden, so Anno 1613, zu Augsburg gedruckt, mit diesem Titel: Laurentii Pignorii Patavini de Servis, & eorum apud veteres ministeriis, Commentarius: In quo familia, tum urbana, tum rustica, odine producitur & illustratur. Und dieweil dieser Autor daselbsten von muficalischen Sachen nicht tractiret: So hat Er, so wol Ich keine eigentliche Nachrichtung davon haben noch geben können.

Es sind aber bei den Alten dieselbige Instrumenta mit nachfolgen Namen genennet worden:

Num: 1. 2. 3. Cymbala.

4. 5. 6. 7. Tympana.

8. 9. 10. Lyrae: Psaltria: Barbita.

11. 12. &c. Sambuca. Vtriculus: Crotalum: Tibiae: Fistulae: Cicuta.

F I N I S.

Druck von Gebr. Unger (Th. Grimm) in Berlin, Schöneberger str. 17a.

L

Alt Positiff mit einerley
Pfeiffen/ vnd dreyen vnter=
schiedene Registern: Also das
es dreyerley absonderliche
Stiffen gibt/vff zween Fueß/
auch anderhalb/vnd 1.Fuess=
Thon.

Dieses ist die rechte Lenge vnd Maß auf eines halben Schuhes oder Fusses nach dem Maßstab/ welches ein viertel von einer Braunschweigischen Ellen/ Vnd nach diesem sind alle Kreiß nach der selben Instrumenten auff dieser Maßstab/so also mit darvon geetzt/gedraet.

.

Hier muß das Rückposieflein
angeleistet werden.

Orgell.

Nürmbergisch Geigenwerck.

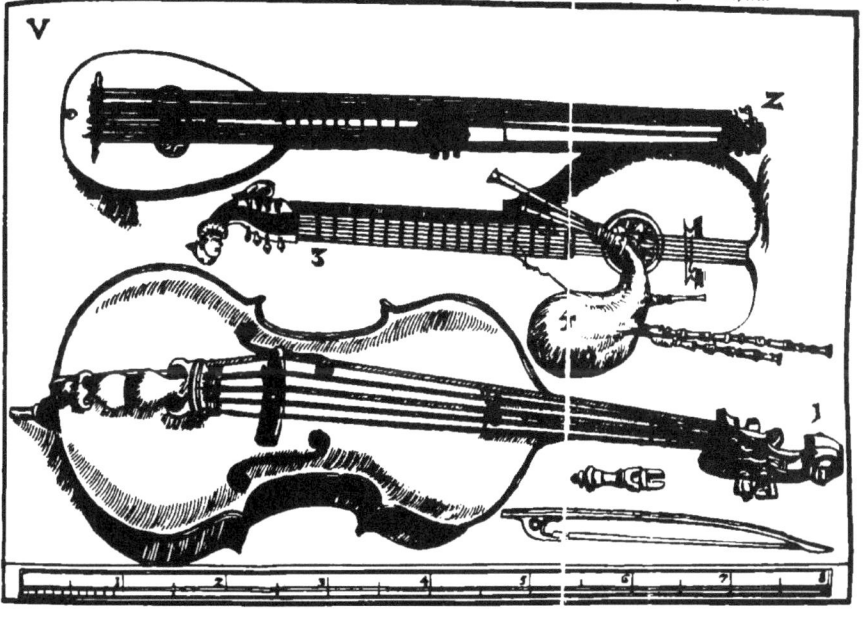

V

Z

3

5

1

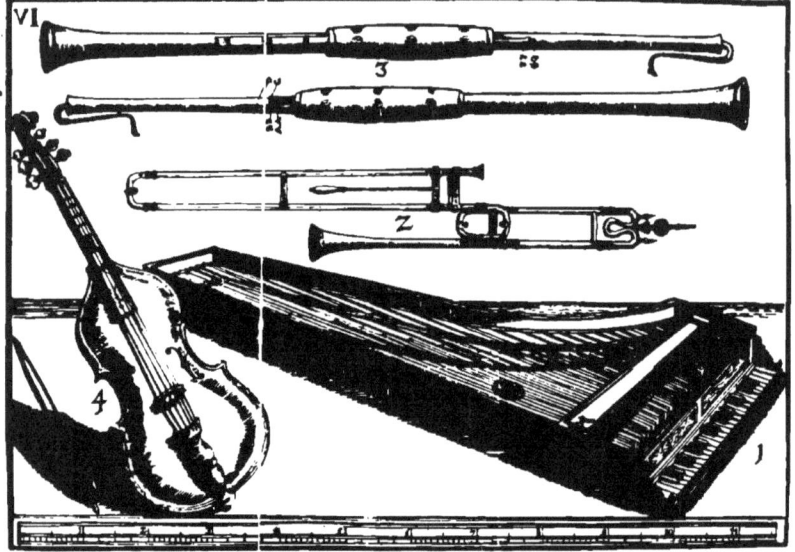

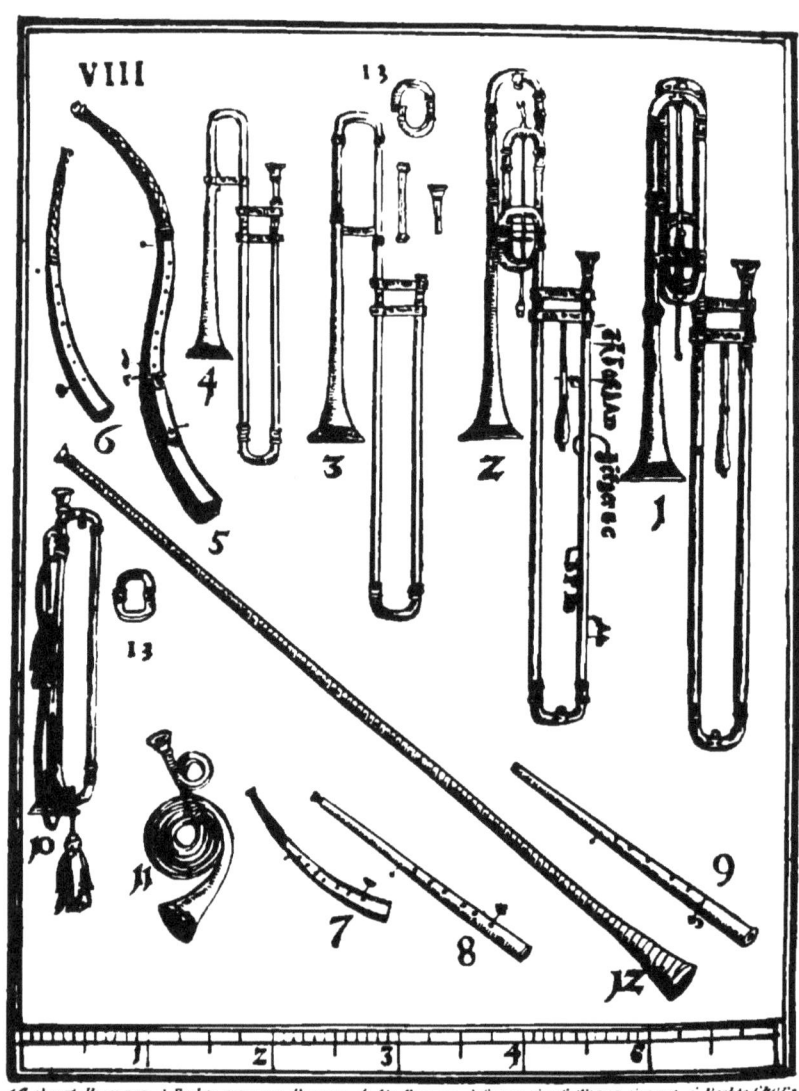

VIII

1.2 Quart-Posaunen 3 Rechte gemeine Posaun 4 Alt Posaun 5 Corno Gross Tenor Cornet 6 Rechte Chor-
Zinck 7 Klein Discant Zinck oben, Quint höher 8 Gerader Zinck mit eim Mundstück 9 Still Zinck
10 Trommet 11 Jäger Trommet 12 Holtzen Trommet 13 Krumbbügel und ein gantz Ton.

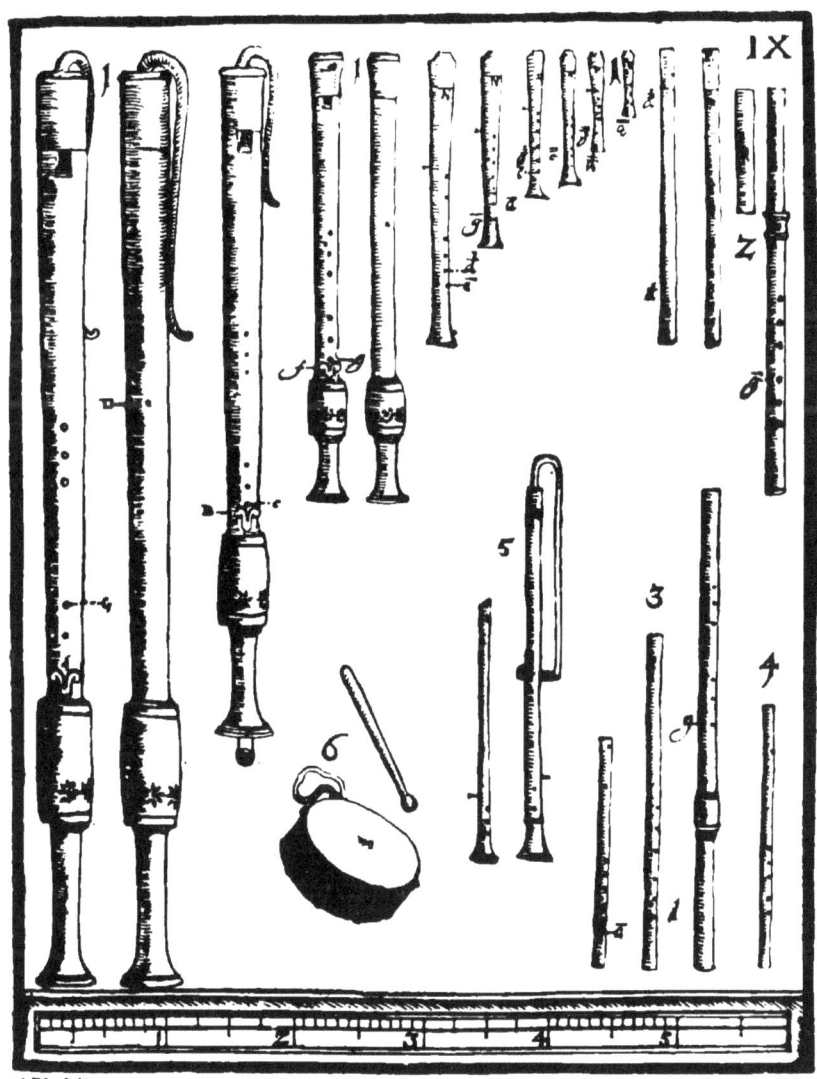

IX

1 Blockflöten, ganz Stimmwerck. 2 Dollzflöit it g 3 Querflöten, ganz Stimmwerck. 4 Schweizer Pfeiff
5 Stamentienbass und Discant 6 Klein Pauklin, zu den stamentien Pfeifflin zu gebrauchen.

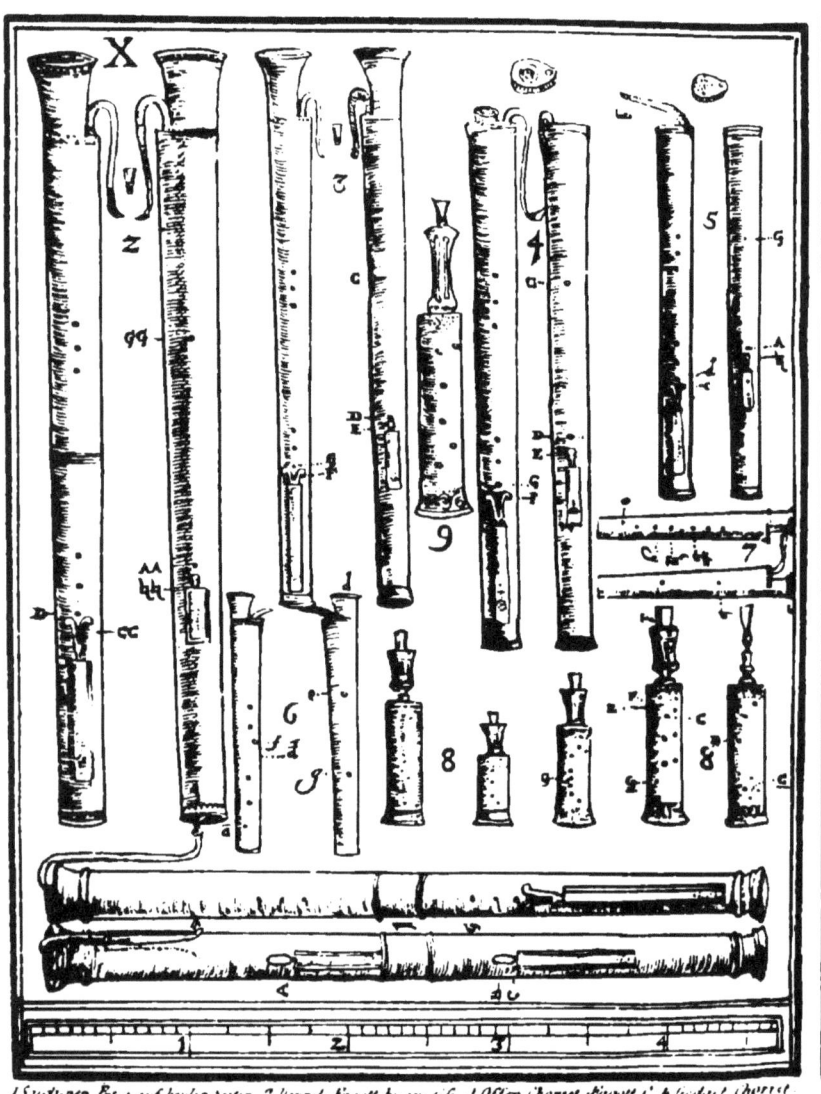

1 Contiaen Faß auf beiden Seiten 2 Doppel-Fagott in ein 3 Offen Chorist-Fagott c 4 Gedact Chorist
Fagott C 5 Kortholt, klingt wie Tenor- und Chorist-Fagott h III d 6 Discant oder Exilent zum Chor-Fagott a

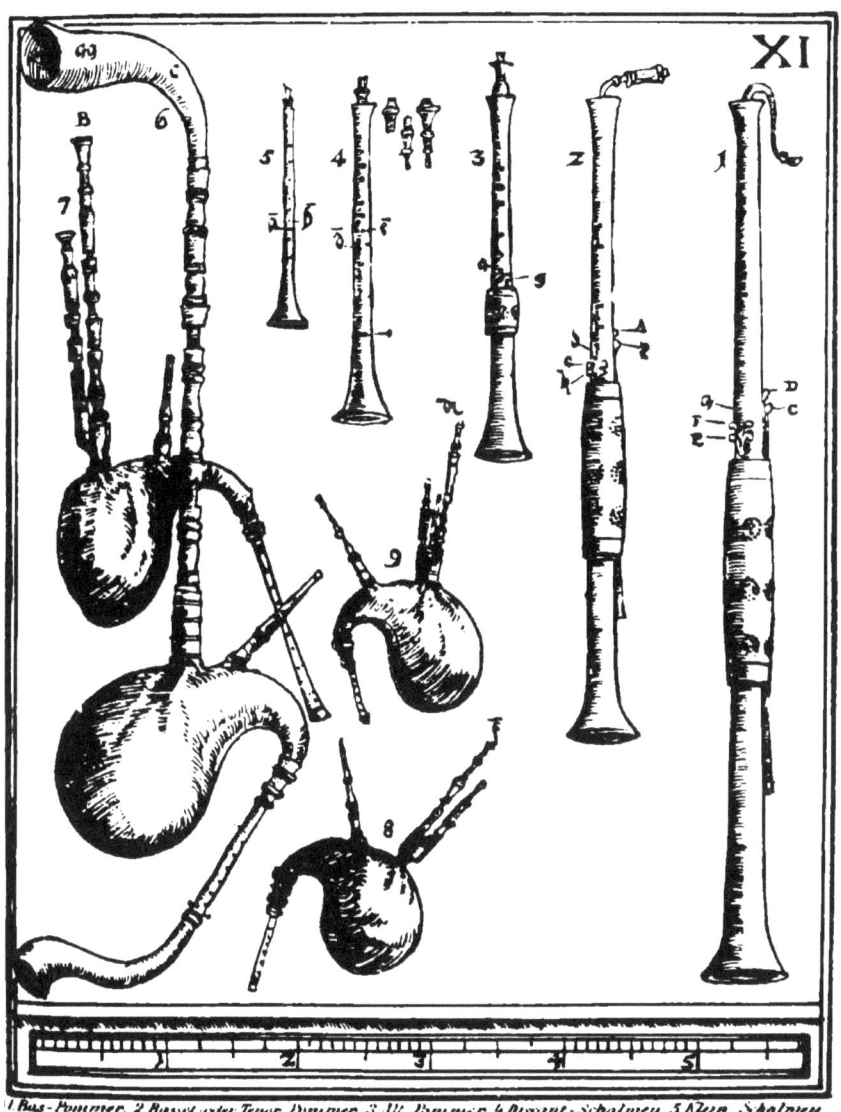

XI

1. Bass-Pommer. 2 Basset oder Tenor Pommer. 3 Alt Pommer 4 Disant-Schalmey 5 Klein Schalmey
6 Grosser Bock 7 Schaper Pfeiff. 8 Hummelchen. 9 Dudey

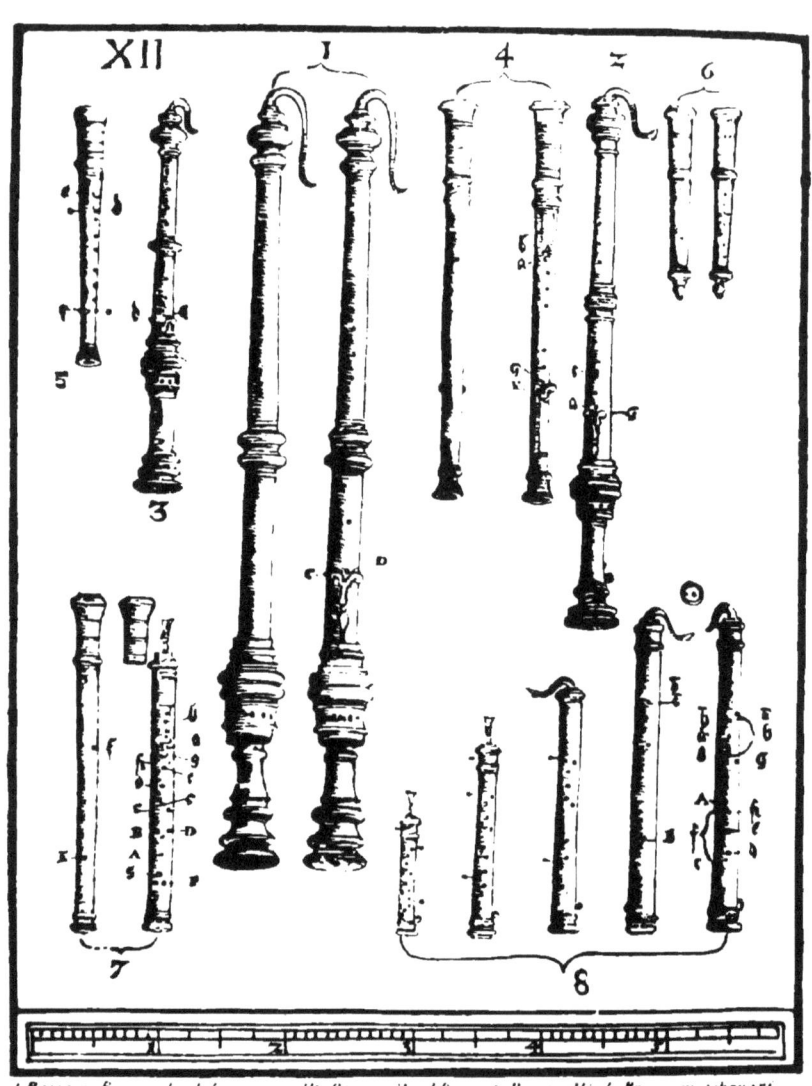

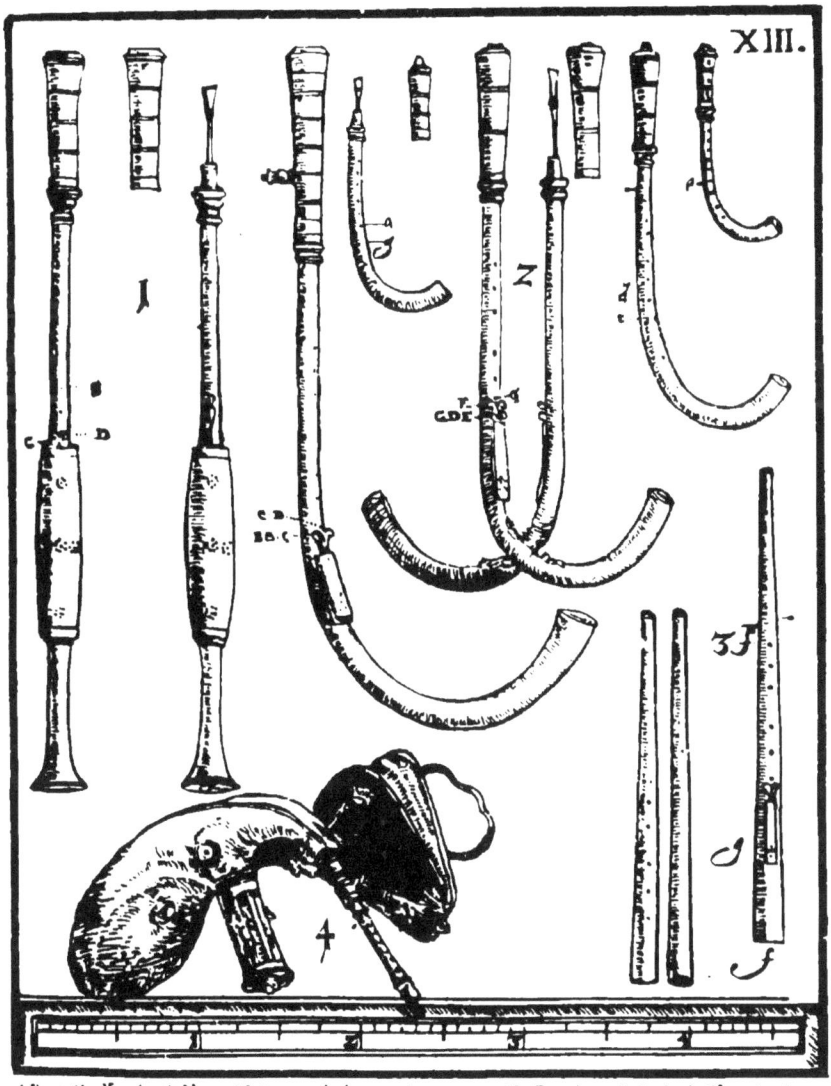

XIII.

1 Bassett Nicolo 2 Krumbhörner 3 Cornetti mute stille Zincken 4 Sackpfeiff mit dem

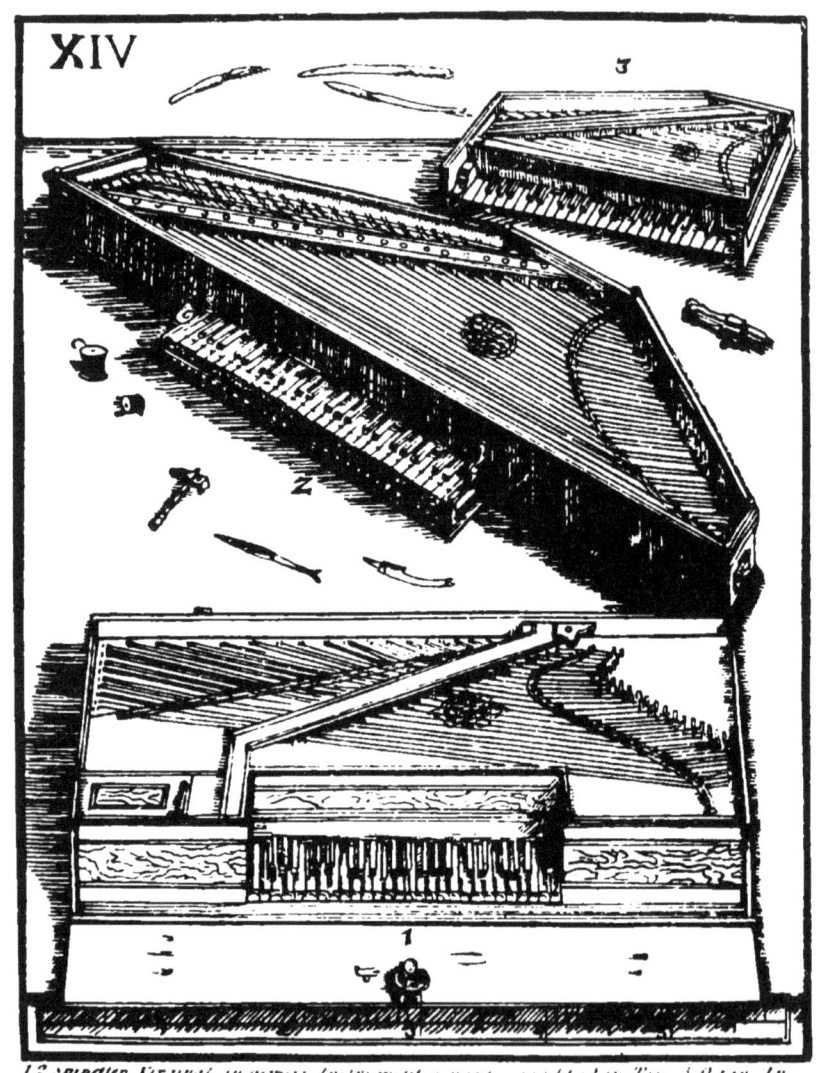

XIV

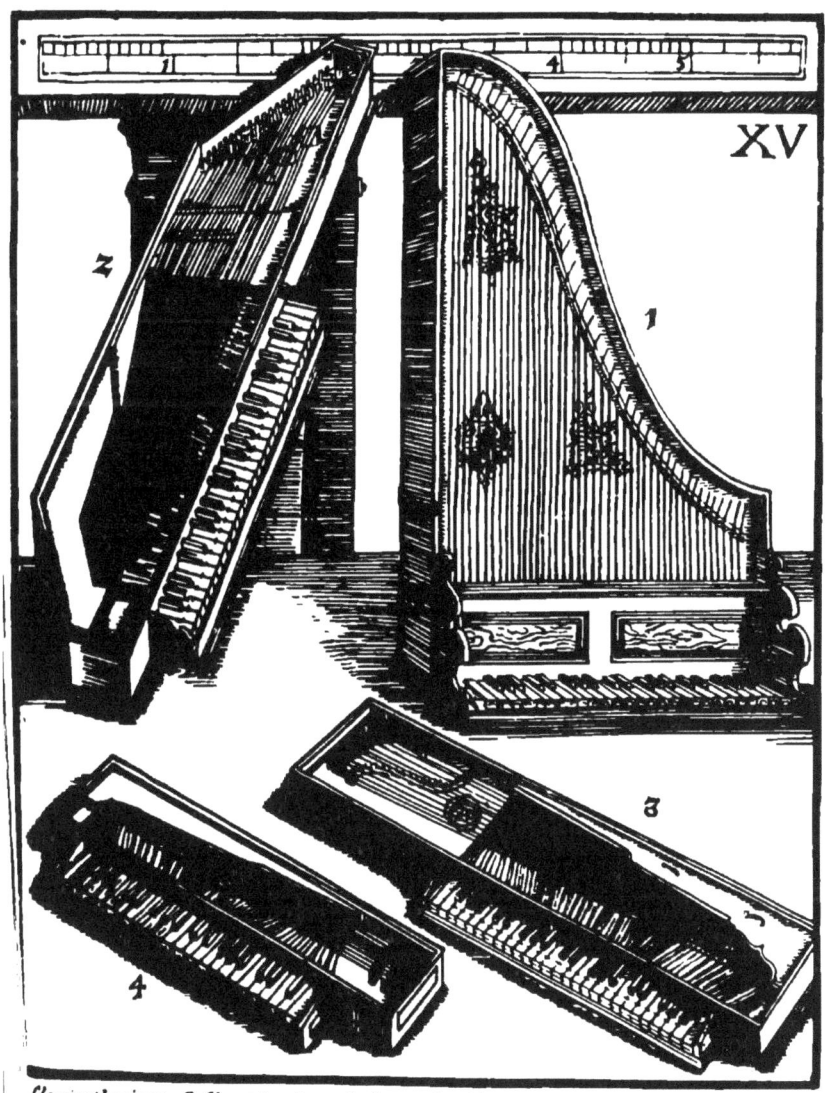

XV

*Claricytherium 2 Clavichordium, Italianischer Mensur 3 Gemein Clavichord
4 Octav Clavichordium*

XVI

1. Paduanische Theorba 2 Laute mit Abzügen oder Testudo Theorbata 3 Chor Lau
4 Quinterna 5 Mandörichen 6 Sechs ChorZchte ChorZitter 7 Klein Englisch Zitterk
8 Klein Geig, Posche genannt

XVII

1. Bandoer. 2. Orpheoreon. 3. Penorcon. 4. Italianische Lyra de Gamba.

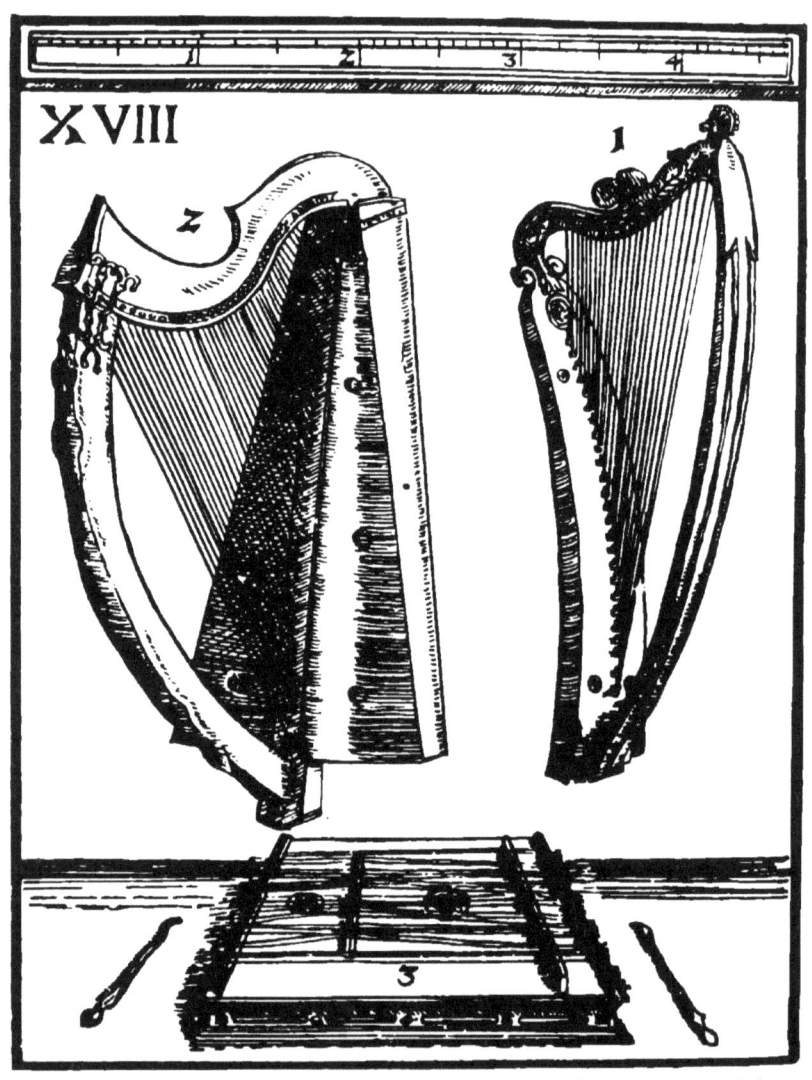

1. Gemeine Harff. 2. Irlendisch Harff mit Messinger Salten 3. Hackbret.

XIX

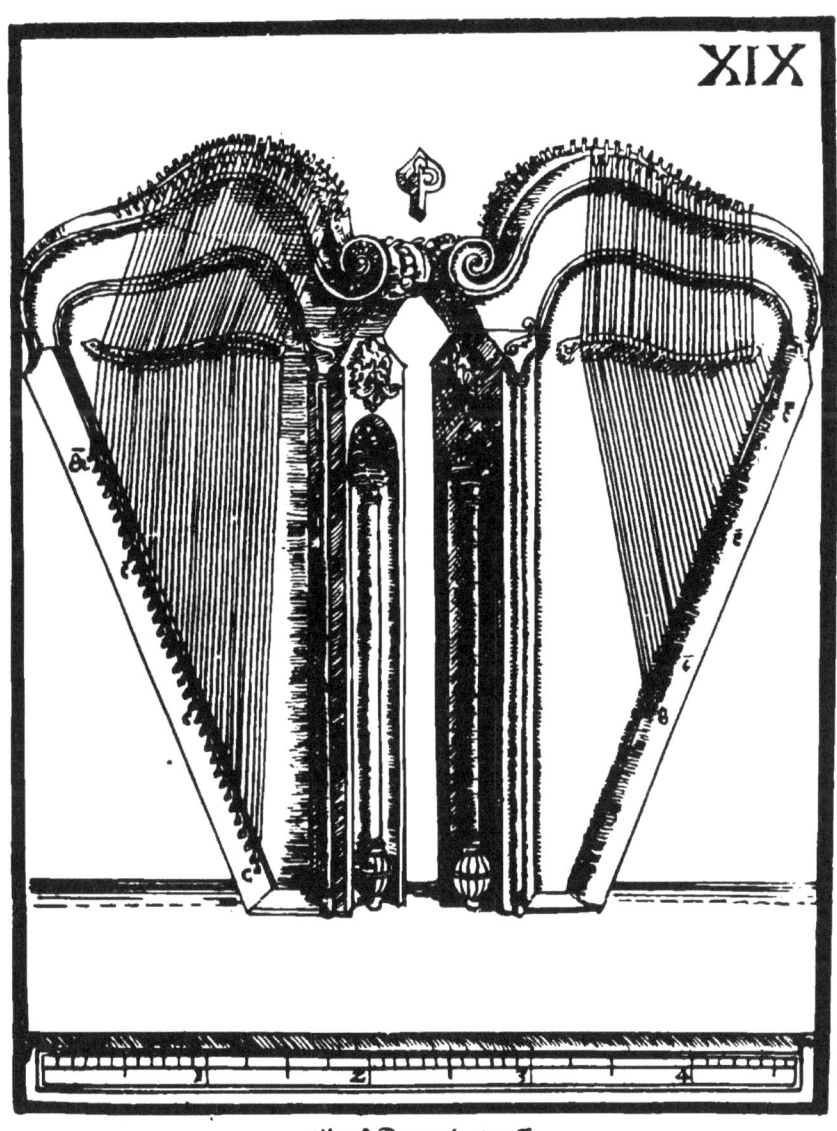

Groß Doppel-Harff.

1. 2. 3. Violn de Gamba. 4. Viol Baſtarda. 5. Italleniſche Lyra de braeio.

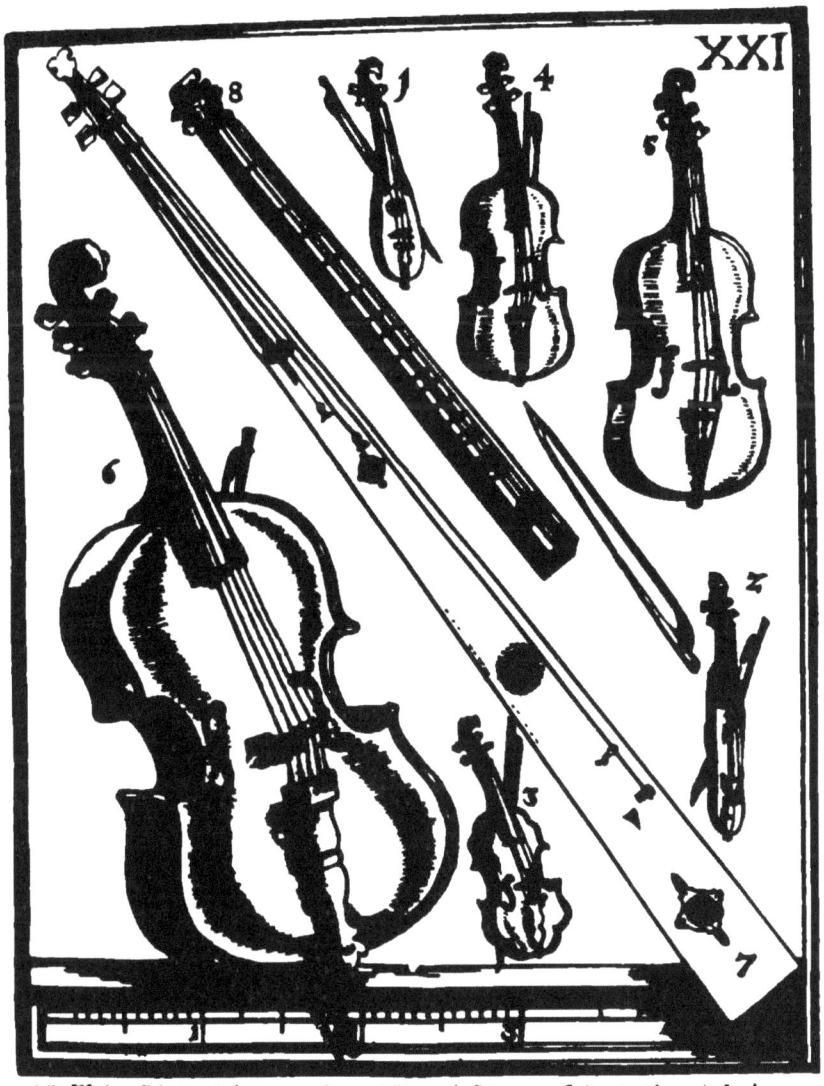

XXI

1.2. Kleine Posche, Geigen ein Octav höher. 3. Discant-Geig. ein Quart höher
4. Rechte Discant-Geig. 5. Tenor-Geig. 6. Bass-Geig de Braccio 7. Trumscheidt
8. Scheidtholt.

$\angle 4 = 2$

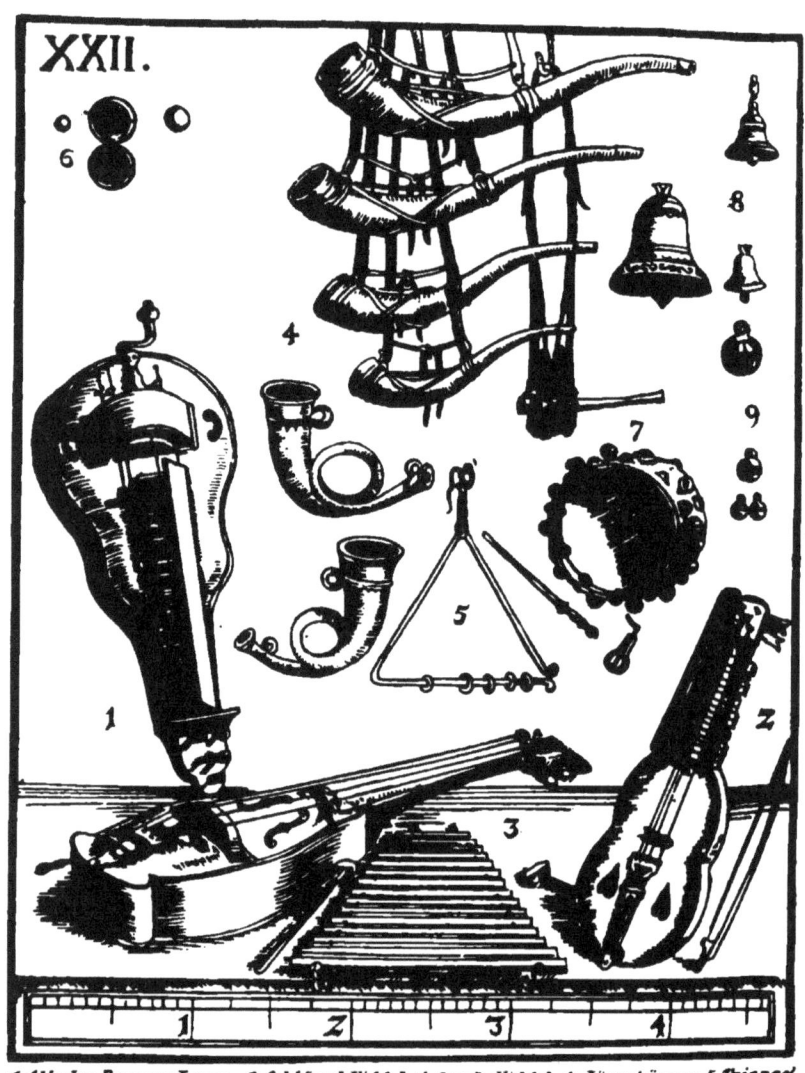

XXII.

1. Allerley Bawren Lyren. 2. Schlüssel Fiddel. 3. Stroh Fiddel. 4. Jägerhörner 5. Triangel
6. Singekugel. 7. Morenpäucklin. 8. Glocken 9. Cimbeln. Schellen. (NB. Im Original
fehlen die Zahlen bei den Abbildungen.)

1. Heerpaucken. 2. Soldaten Trummeln. 3. Schweitzer Pfeifflin. 4. Amboſs

2 45 27

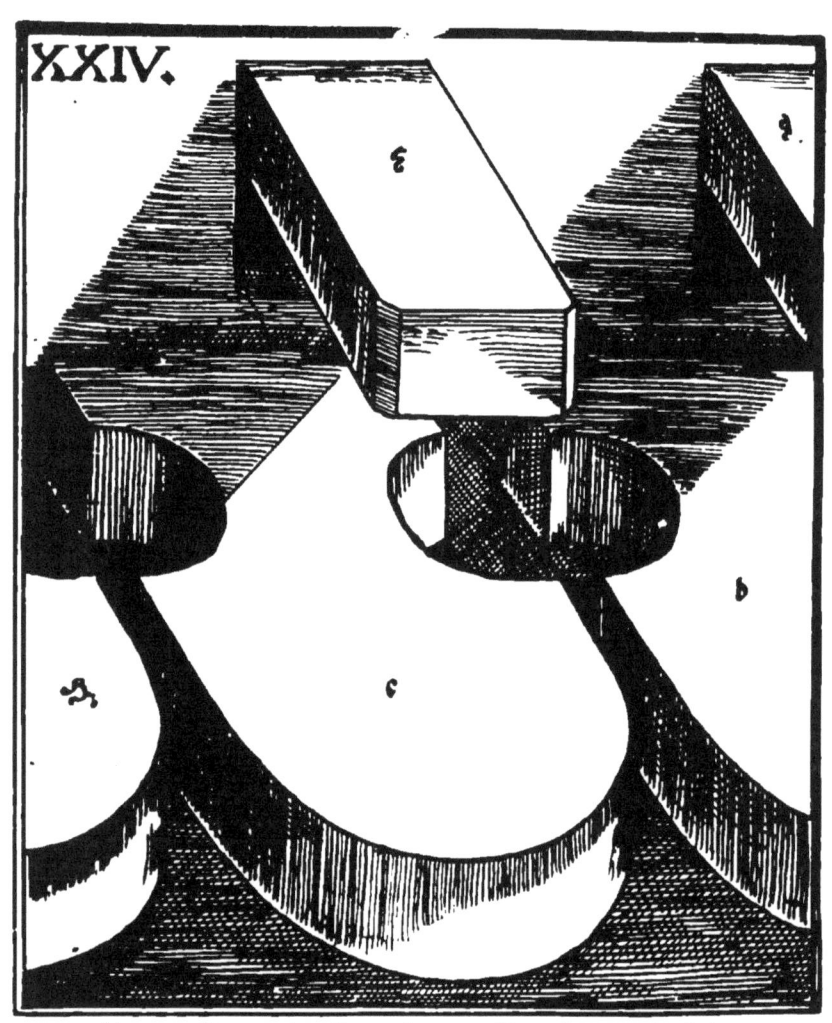

Manual-Clavir in der Alten Orgel im Thumb zu Halberstadt.

Das I. vnd II. Discant-clavier.

Das III. Clavier.

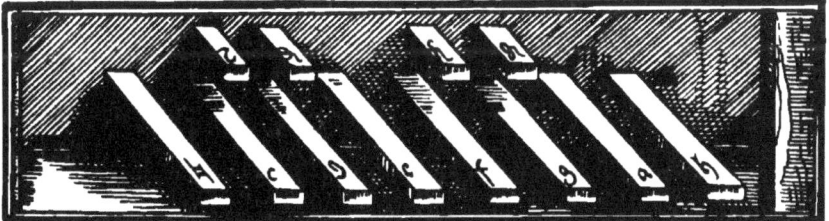

Das IV. Pedal-Clavier.

Diß sind die Manual-vnnd Pedal-Clavier, wie die in der gar grossen Orgel im
Thumb zu Halberstadt ober einander liegen.

Blaßbälge vnd Calcanten, so zu der zeit bey derselben Orgel gebraucht worden.

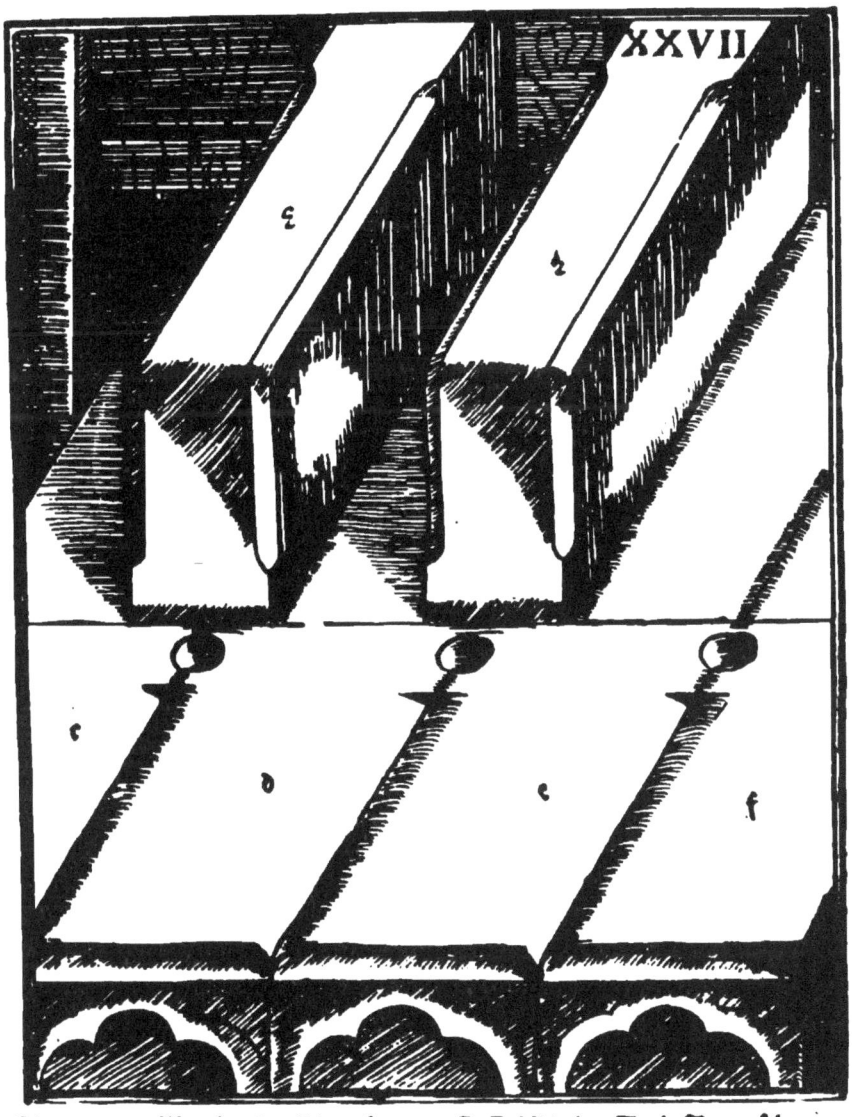

XXVII

Clavier zum Werck in der Alten Orgel zu S. Egidi in der Stadt Braunschweig.

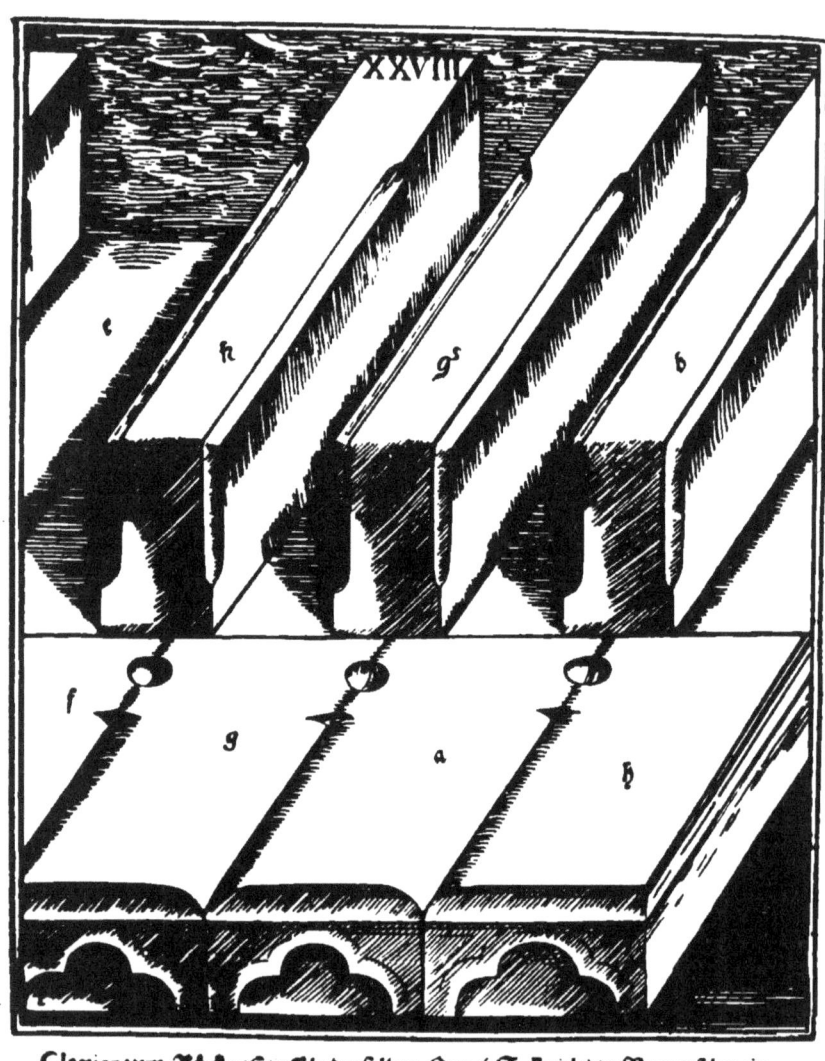

Clavier zum XXVIII poſitieff in derſelben Orgel S. Egidii zu Braunſchweig.

XXIX.

1. 2. Sind Satyri Pfeiffen. 3. Americanisch Horn oder Trommet. 4. Ein Ring so bey den
Amerikanern gleich wie ein Triangel geschlagen wird. 5. Americanische Schalmey.
6. Becken, daruff die Americaner, wie bey uns auff Glocken spielen. 7. Ein Ring
mit Schellen, die sie in die Höhe uffwerffen und wieder fangen etc. 8. 9. Americanische
Trummeln.

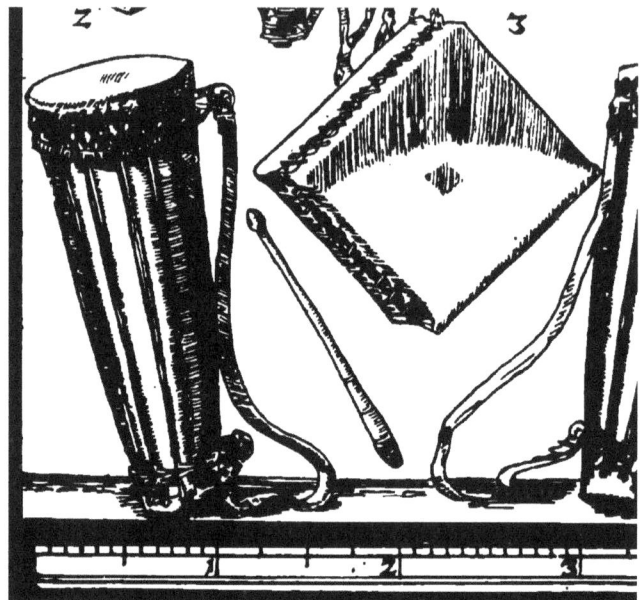

1. Ein Türckisch Trümlein oder Päucklein. 2.3. Moscowitische Trummeln oder Pa...
Horn von Helffenbein. 5 Ist von Eisen gemacht, wird darauff gespielet, wie bey...
trummeln 6.7 8, Indianische Trummeln vnd blasende Instrumenta.

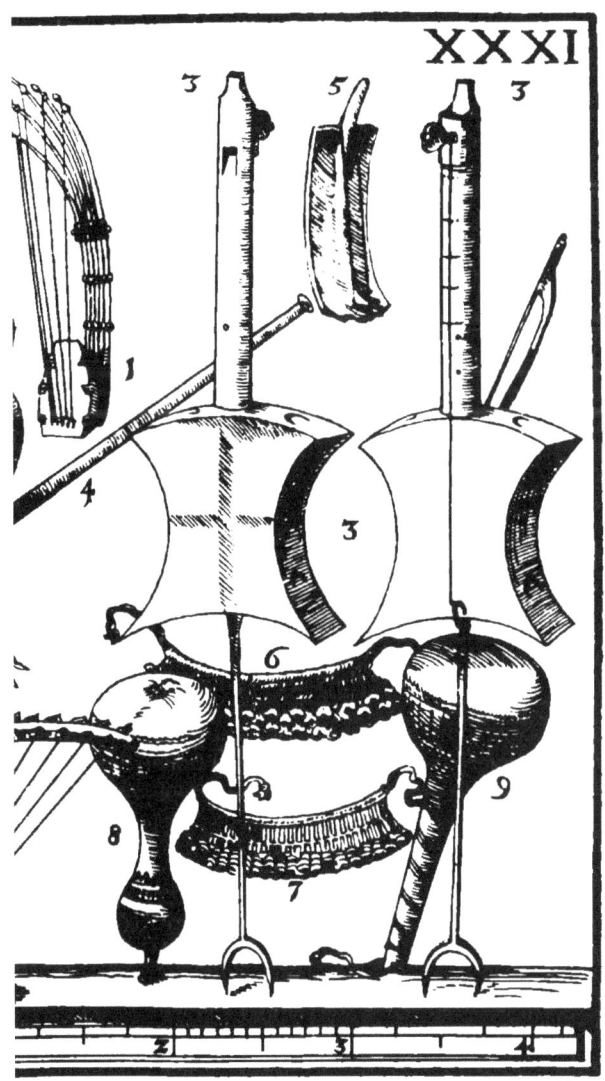

entu am Klang den Harfen gleich. 5 Monochordium, ist ein Pfeiff und
che mit dem Fidelbogen gestrichen wird bei den Arabern gebräuchlich
et. 7 Ein Pischtein, darauf auf einer Seiten eines Tons. 6 7 Sind Beinbander
itt den Schellen gebräuchlich. Sind Gewächse von Früchten zusam-
Indianer Rasseln von Gewächsen nicht

XXXII.

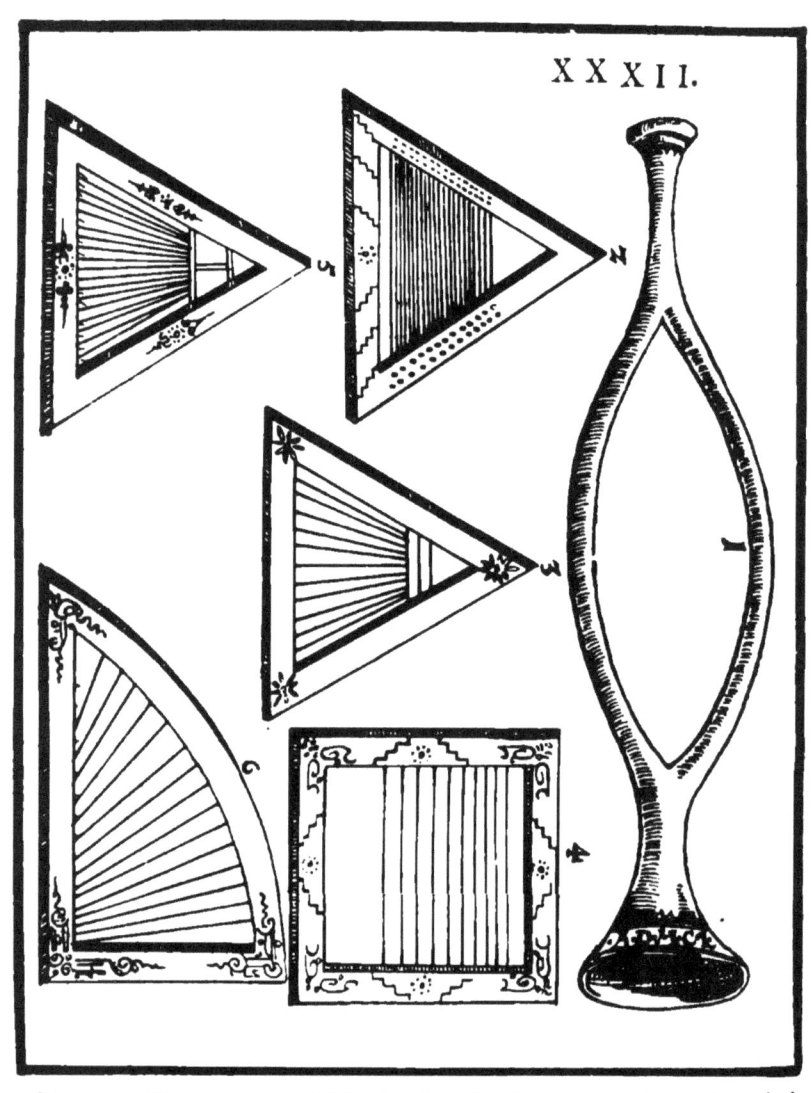

1. Chorus. 2. Pſalterium: 3. 4. Pſalterium Decahordum. 5. 6. Cithara Hieronimi.

XXXIII.

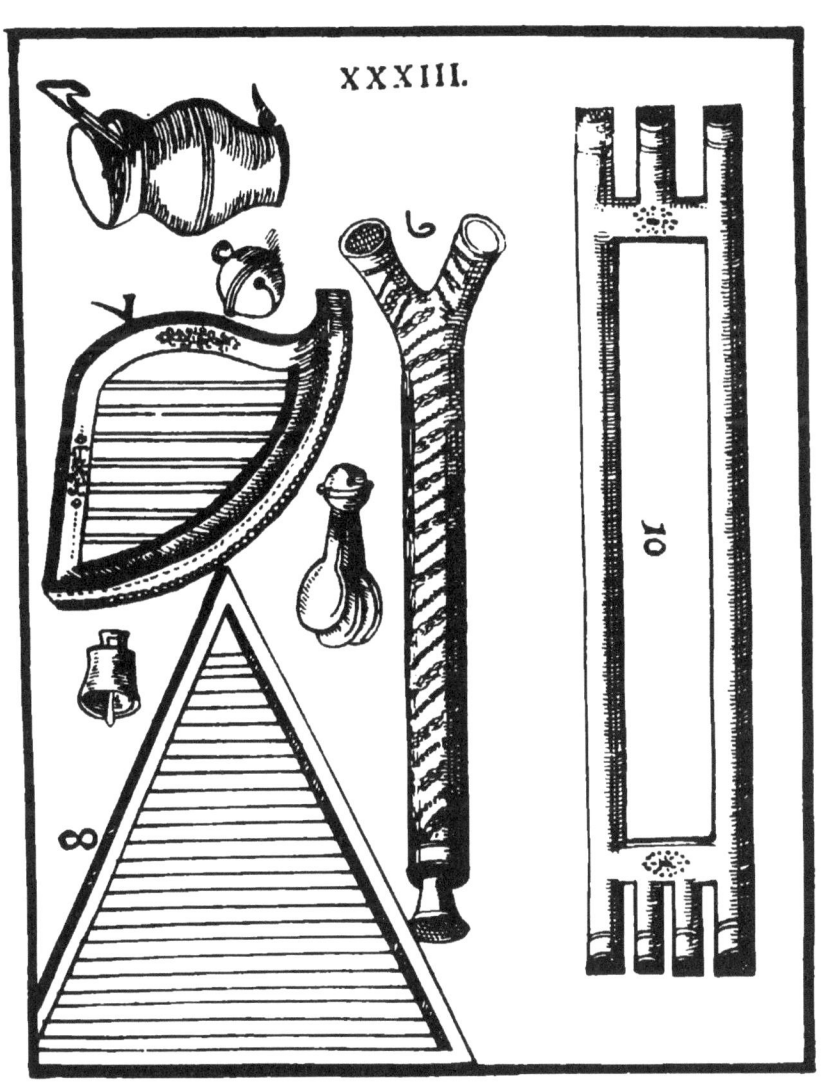

7.8. Pſalteria. 9.10. Tympanum Hieronimi. Rlappern: Schellen vnd Glocken.

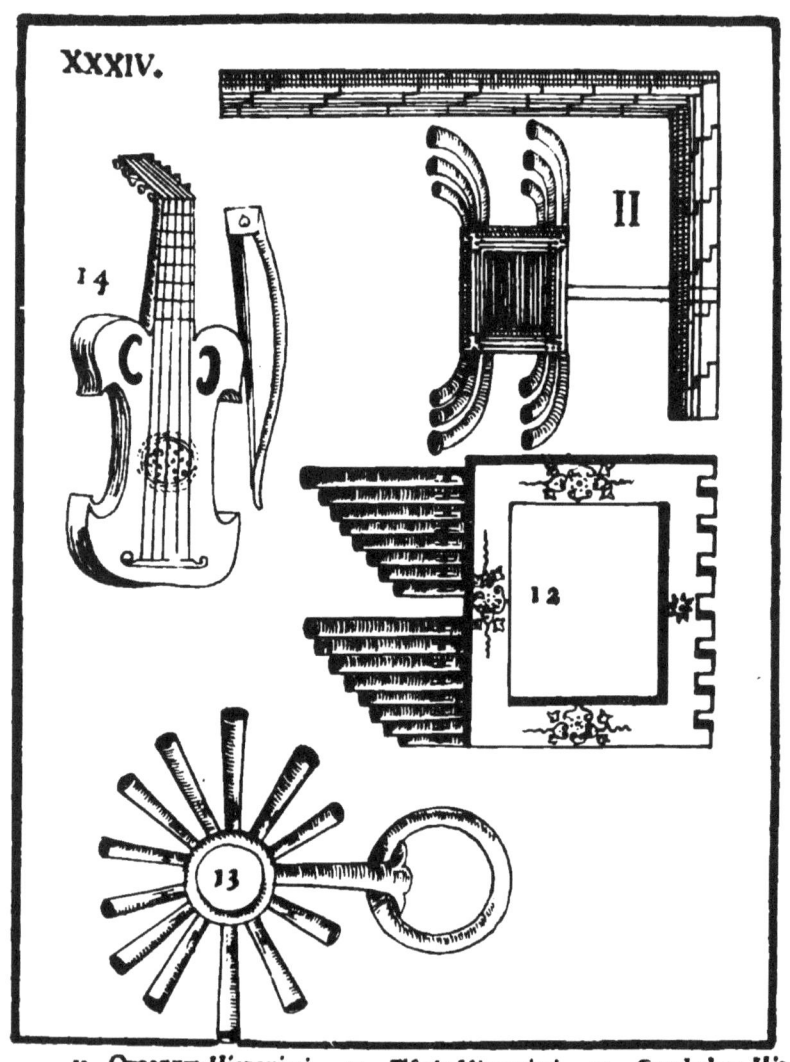

XXXIV.

11. Organum Hieronimi. 12. Fiſtula Hieronimi. 13. Cymbalum Hieronimi. 14. Alte Fibbel

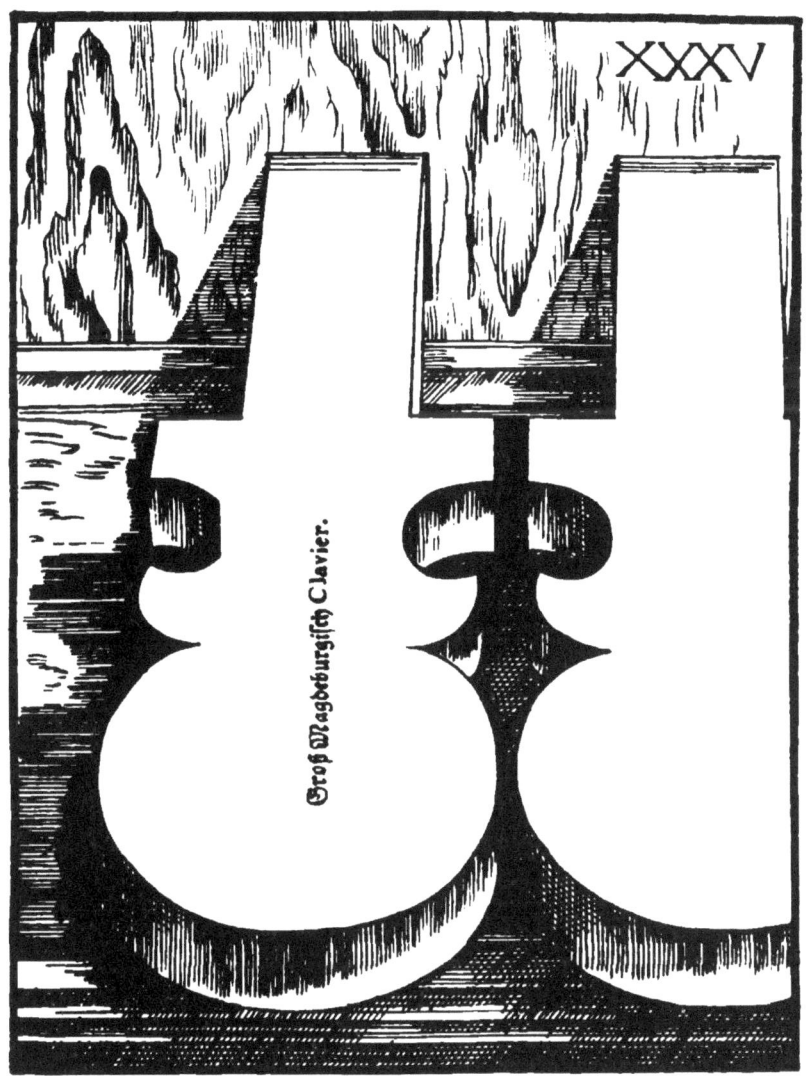

Groß Magdeburgisch Clavier.

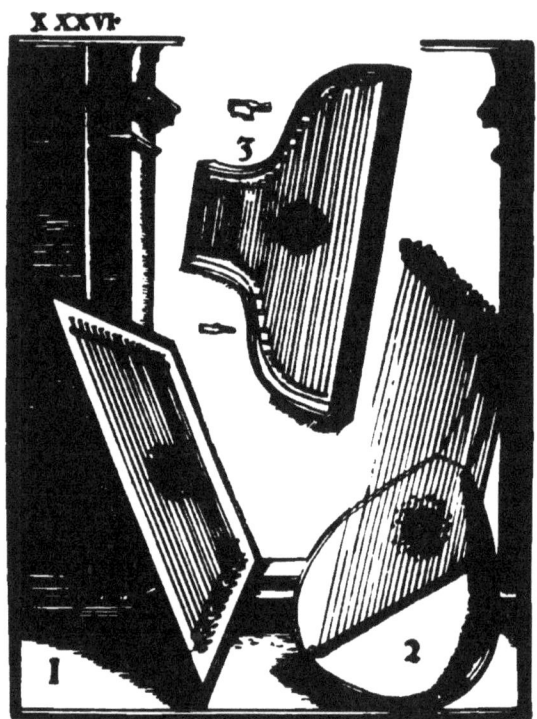

1 Ein tres eines Hackebretts wird aber mit Fingern gespielen 2 Eine wunderbare Laute wird nach Art der Harpten tractiret 3 Ein gar alt Italianisch Instrument dessen Historia im Luser bericht zu lesen

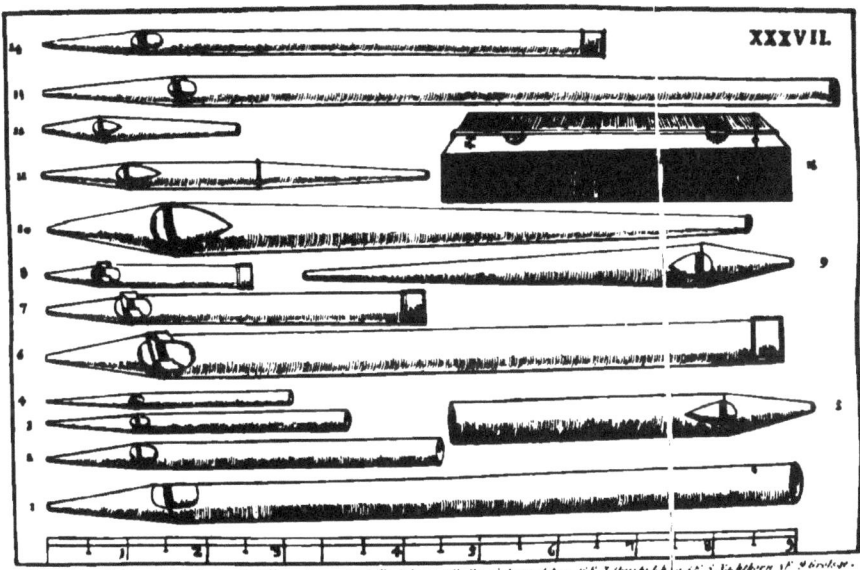

XXXVII

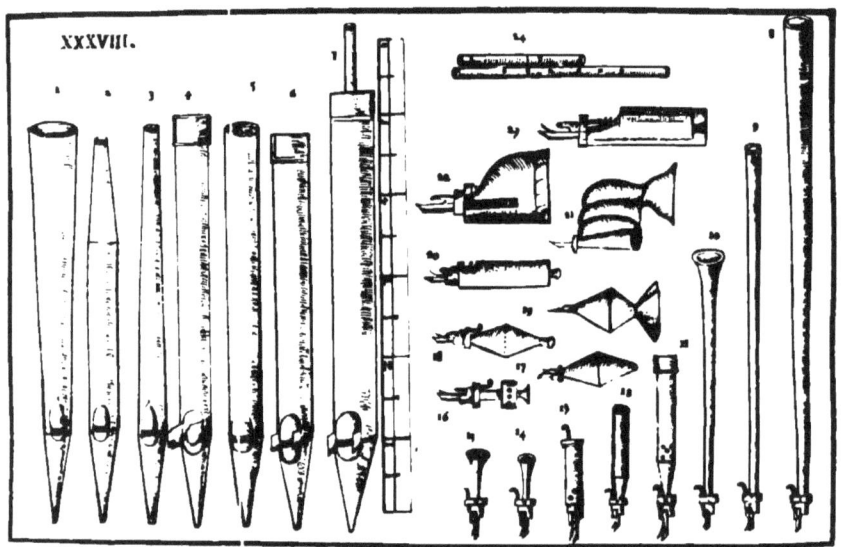

XXXVIII.

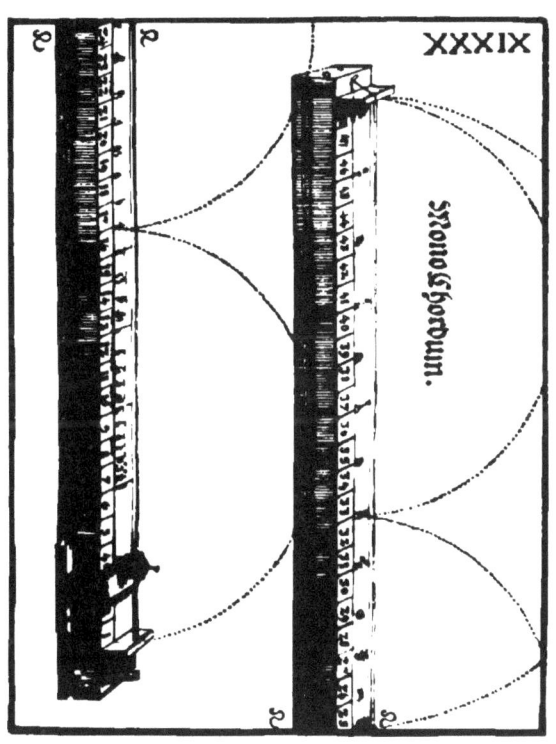

2

XL.

Cymbeln, Num: 1. wurden bey den Alten aus Erz, in gestalt den Blättern, so man im Lateinischen *Umbilicum Veneris* genennet, gemachet. Hatten auswendig einen Handgriff, dabey man sie fassete: In jeder Hand eine genommen und mit der andern zusammen geschlagen, gab einen sonderlichen Schall und Laut von sich, welchen die *Latini tinnitum* nennen. Und hieher gehört auch das 3. in *Columna* XLI.

Die andere Art von *Cymbeln* bey den Alten ist alhier auch *sub Num* 2 bezeichnet.

Num. 5. Ist eine Art Paucken, wie aus der alten Münze zuersehen, oben gleich und schlecht, unten aber rund (fast nach Art der jtzigen unserer Kesselpaucken) mit einem Fell überzogen gewesen: Welches mit einem Klupfel, bißweilen auch wol mit der Hand geschlagen worden. Hierzu gehören auch das *Num:* 4. 6. 7. in *Col.* XLI.

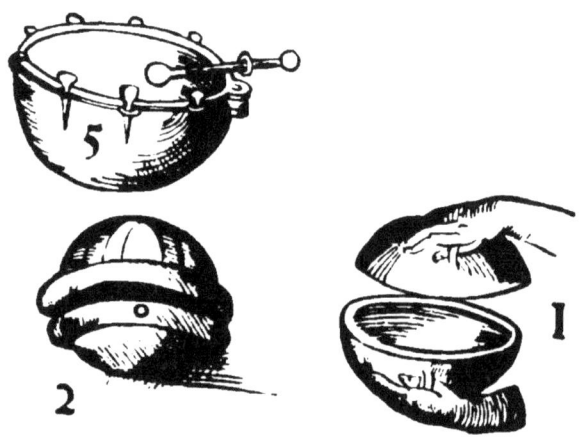

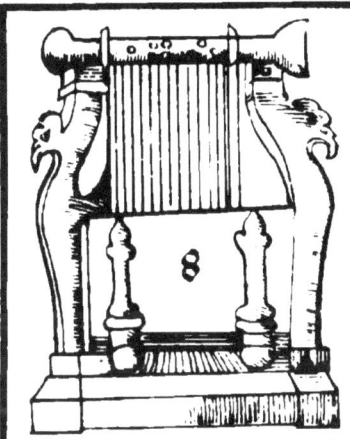

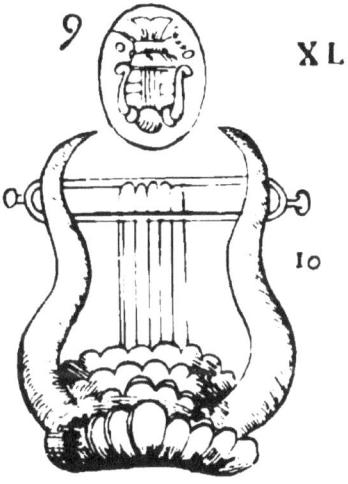

XLI

8

9

10

4. 6. 7. Sind Art von Paucken dem
euserlichem ansehen nach/ vnter welchen das
Num: 4. in gestalt eines Siebes; daher es
auch Tympanum Cribri bey dem Poëten
genennet wird. Oben sind sie alle mit einer
Eselsoder andern Haut vberzogen.

Num: 8. 9. 10. Babesante vnd vnge-
wöhnliche Art von Leyren daraus man derselben beschaffenheit/ so wol vnten vnd oben/
als an den seiten zuersehen hat. Das 9. ist
ein Abriß einer Leyren/ aus einer alten Medna
genomen/ vnd kömpt mit der Num: 10. vberein.

7

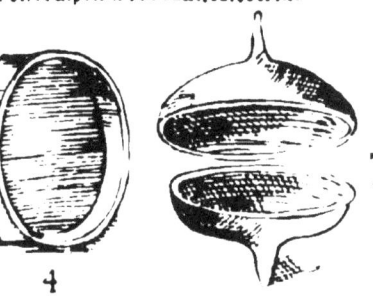

4

3

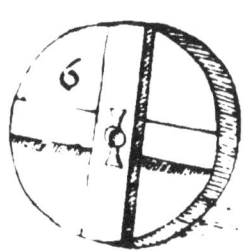

6

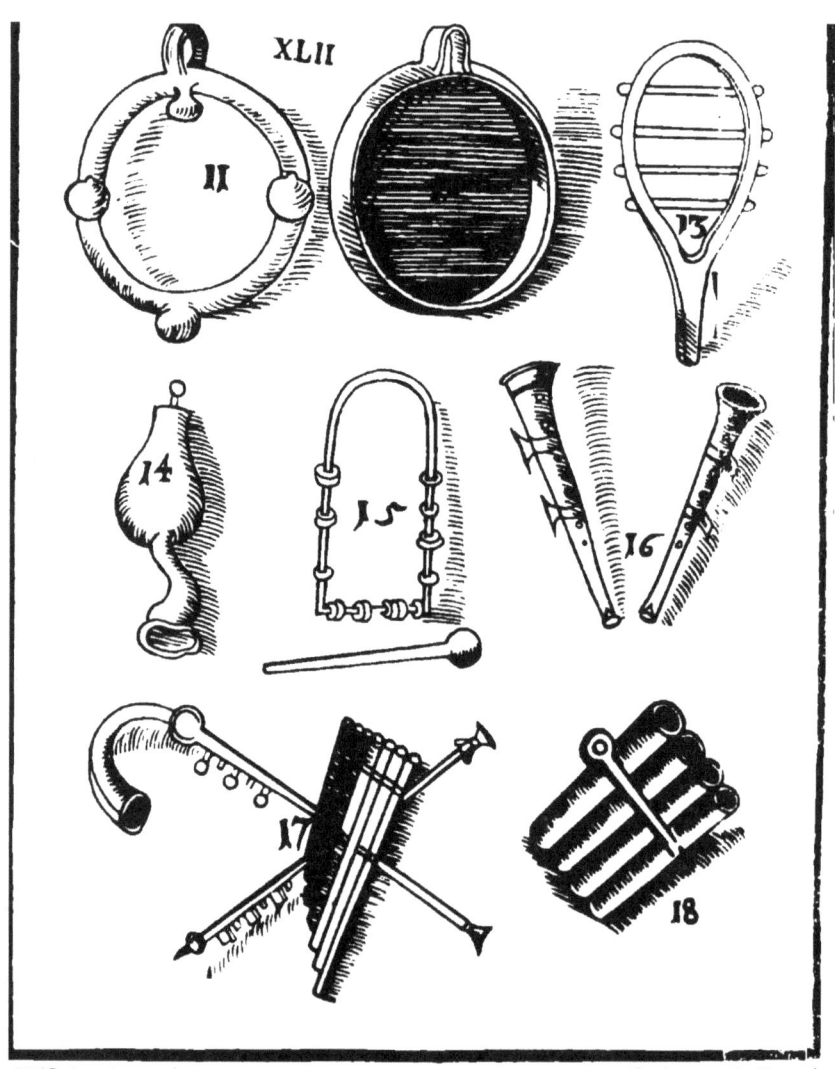

XLII

II

13

14

15

16

17

18

11 12. Sambuca, Organi genus, in quo chordae intendebantur. 13 Sistrum. 14 Cera.. lus
15 Crotalum, vulgo ein Triangel 16 Tibiae, Fistulae. 17 Ist die Fistula oder Hirten
Pfeiffe, davon Virgilius in Bucolicis: Fistula disparibus septem compa.
cientis. 18 Cicuta